雲南文庫

学术名家文丛

云南文库

学术名家文丛

生存和文化的选择
——摩梭母系制及其现代变迁

和钟华　著

云南人民出版社
云南大学出版社

作者简介

和钟华，纳西族女学者，云南省丽江县（今丽江市古城区）人。毕业于西南师范大学。1981年以前先后在西南师范大学、云南工业大学从事编辑、教学、管理等工作，1981年以后，在云南省社会科学院从事民族文学、民族文化、民族妇女/社会性别研究及参与民族社区发展项目。历任研究室主任、副所长等职务，担任过省政协工青妇委员会特邀委员、云南省女职工委员会委员、云南省妇女理论研究会常务理事、贵州社科院民族文化研究所客座研究员、丽江民族文化与性别研究会会长等社会职务。出席第四次世界妇女大会，担任云南代表团副团长。曾先后应邀赴美、加、泰、菲、不丹、印、韩等国参加学术会议和区域性妇女大会，进行学术访问。获省级以上科研奖7项（其中省政府奖3项），入选《中国专家大辞典》《中国文艺家传集》《少数民族作家词典》《世界文化名人辞海》等多种辞书。出版过专著8本，如《纳西族文学史》（合著，由和钟华、杨世光任主编。获云南省政府颁发的社会科学优秀成果二等奖）《在女神的天地里》（中、英文版。独著，获国家图书奖）、《回报太阳——中国少数民族儿童的现状与未来》（与胡本常合著，获四川省科普图书一等奖）、《生存和文化的选择——摩梭母系制及其现代变迁》（独著，获云南省人民政府颁发的社会科学优秀成果三等奖，被亚洲理工学院性别研究中心、韩国梨花女子大学翻译成英文、韩文）等，编著14本，如《大山的女儿——经验、心声和需求（山区妇女口述·西南卷）》《云南农村妇女现状研究》等。曾先后在《民族文学研究》《浙江学刊》《寻根》《云南社会科学》《云南师范大学学报》《云南民族学院学报》等杂志发表了《言出肺腑情发心底——谈纳西族古代作家文论》《纳西族神话的特点》《饶有意味的哲思——谈纳西族的挽歌》等论文及《母系文化与森林》《因地制宜多能互补——玉溪市农村能源利用情况调查》等调查报，计80余篇，近百万字。

先后主持或参与过国家课题、国际合作项目十余个，如：主持编写国家“七五”哲学社会科学重点项目“纳西族文学史”；参与云南省林业厅“妇女与能源调查”项目（担任项目组副组长）；受聘新西兰政府援助“滇西北农村综合发展试验示范项目”担任新方专家组成员；受聘IFAD（国际农业发展基金“武陵山区扶贫及发展项目”）担任社会性别评估专家等。

总　序

中共云南省委书记 李纪恒

“盖文章，经国之大业，不朽之盛事。”一部承载责任与使命的好作品，必将是一部千古不朽的立言典范，也必将是一部历久弥新的传世教科书。千百年来特别是明代以来，许多贤人君子和名人大家在广袤的云岭大地耕耘、思考和写作，留下了闪光的足迹和丰厚的作品，足以飨及后进，启迪晚辈。在搜集、遴选和整理云南明代以来学术大家、学术名家著作的基础上，由云南宣传部门牵头推出了《云南文库》，这一丛书的面世诚为云南学术研究和出版界之盛事。

编纂《云南文库》是传承云南地域文明、提高云南文化自觉的有益尝试。“七彩云南”这片神奇的土地孕育了对中国乃至世界文明都有重要影响的古人类，造就了云南文化的丰厚积淀，从而构成了博大精深的云南文化艺术宝库。作为中华文化圈、印度文化圈和东南亚文化圈的交汇地，云南自古以来都不缺乏学贯中西的大师和博古通今的大家，从来都不缺乏魅力四射的光辉著作和壮美奇绝的文化遗存。其中，许多学术作品都凝聚了深邃的思想和超凡的智慧，体现了鲜明的地域特色和民族特色，彰显了有云南自身特点的知识谱系和学术传统。今天，我们将历史长河中的明珠拾起，用心记载云南学术史上的灿烂篇章，正是为了守护云南优秀的地域文化，为了汲取进一步繁荣发展云南哲学社会科学的养分和动力，进而筑牢云南文化自信的根基。

编纂《云南文库》是树立云南文化品牌、增强云南文化影响力的重要举措。云南文化是中华文化的有机组成部分，其悠久的历史文化、多彩的民族文化、独特的生态文化、包容的宗教文化，已经成为文化百花园中一枝流光溢彩、香飘四海的奇葩。千百年来，云南学者中英奇瑰伟之士以及众多寓居云南的外省学者念兹在兹，深植于云南沃土，扎根于传统文化，不懈探索、勤奋撰述，留下了一批经得住历史和实践检验的珍贵成果。特别是抗战时期，随着西南联合大学和相关研究机构的到来，昆明一时风云际会，云集了大批我国现代学术史上开宗立派的学术大师和著名专家，云南成为当时中国学术中心之一，诞生了大批学术经典。新中国成立后，云南学术研究取得很大进展，研究队伍空前壮大，学科建设卓有成效，学术成果日益丰硕，推出了一批享誉国内外的学术精品。近年来，《云南史料丛刊》《云南丛书》等一批历史文献和地方文献丛书相继刊印，云南文化的影响力和竞争力不断增强。今天，我们隆重推出《云南文库》，就是要为更多的人了解云南、熟悉云南、研究云南搭建一个平台和载体，为云南的经济社会发展、文化建设、文史学术研究等提供有益的历史借鉴，为在更广领域传播云南文化、打造云南品牌、增强云南软实力创造更好条件。

编纂《云南文库》是保障人民群众的基本文化权益的有效途径。文化建设的根本就是要用健康高雅的艺术、用智慧明辨的思想、用善良温厚的德行启迪人、引导人。编纂《云南文库》一个重要目的是丰富人民群众的精神文化生活、增进人民群众的幸福感。此次收入《云南文库》的著作，涉及哲学、历史、文学、语言、艺术、民族、宗教、政治、军事、外交等诸多方面，包含着丰富的自然、社会和人生哲理知识，体现了高度的人文关怀。阅读这些著作，有助于培育读者自尊自信、理性平和、积极向上的心态，有助于引导人们去发现、享用、珍惜世界和人生之美，能使大众的精神世界得以滋养和美化、人格得以陶冶和熏陶、心灵得以安顿和抚慰、情感得以丰富和升华，从而更好地满足人民群众多层次、多方面、多样性的审美需求。

编纂《云南文库》是推动云南跨越发展的必然要求。云南早在1996年就提出了建设“民族文化大省”的目标，是全国最早提出建设民族文化大省的省份之一。2000年，我省正式确立了“建设绿色经济强省、民族文化大省和中国连接东南亚南亚的国际大通道”的三大目标，把文化事业和文化产业的发展纳入了全省经济社会发展战略的范畴。2009年召开的中共云南省委八届八次全委会，作出了把云南建设成为“绿色经济强省、民族文化强省、中国面向西南开放的桥头堡”的重大决策，把云南文化建设推向了一个新的阶段。2011年11月，云南省第九次党代会进一步明确了科学发展、和谐发展、跨越发展的发展主题，要求更加自觉、更加主动地推动文化大发展大繁荣。当前，云南人民正豪情满怀地沿着建设民族文化强省的道路阔步前行，具有云南特色的文化模式已经也必将进一步焕发动人而耀眼的光芒。我们将以打造《云南文库》等一批社科品牌和文化精品为契机，继承优良传统，发挥优势，突出特色，以面向现代化、面向世界、面向未来的宏大眼光，锐意进取，积极开展学术研究，努力创造出无愧于时代、无愧于人民、无愧于历史的优秀学术成果和文化产品，更好地弘扬以高远、开放、包容的高原情怀和坚定、担当、务实的大山品质为主要内容的云南精神。

《云南文库》最终得以发行，首先是众位先贤心血和智慧的结晶。在此，我们要对创造了云南学术精品并因此而为中华文化做出杰出贡献的学者们表示崇高的敬意！在《云南文库》的编纂过程中，相关编纂单位、出版单位和参加整理的学者，以高度的责任感和使命感，兢兢业业地做好编校和出版工作，正是有了他们的辛勤劳动和精心工作，才有如今的翰墨流芳。在此，我要诚恳地道一声，大家辛苦了！《云南文库》从构想走向现实，离不开众多读者和社会各界人士的支持，我也一并向你们表示诚挚的谢意！同时，衷心希望同志们一如既往地为云南文化建设献智献策，欢迎更多的同仁志士参与到云南文化建设的伟大事业中来！

谨为序。

序

李小江

20世纪90年代初，我第一次到云南就想去永宁泸沽湖看看。无论国内国外，对每一位从事妇女研究的人来讲，很自然地会对传说中泸沽湖畔存留至今的“母系社会”发生兴趣。记得在美国麻省理工学院妇女研究中心，有人带去一部早年拍摄的摩梭社会记录片，引出整整一个下午的讨论。我和大家一样兴味昂然，除去好奇，心里也留下来许多疑团。

第一次赴滇未能去到永宁，却因为对“泸沽湖”的兴趣认识了和钟华老师。读到了他们不久前发表的文章《古老的传统与现代的选择——永宁摩梭人婚姻家庭现状探讨》，又得知她是纳西族人，我在印象中便将她和泸沽湖连为一体。她告诉我，“走婚”和“母系制家庭”不在纳西人中而是摩梭人特殊的生活方式，因她曾经做过的实地考察，校正了一些我从以往的研究成果中读来的看法，也进一步激发了我去那里做实地考察的愿望。

1993年春天，有机会与云南工青妇干校合作，再赴云南，我将丽江和永宁并行作为“妇女生育健康”项目的考察点，带队带车深入乡村。和老师自愿与我们同行，以她丰富的“田野”经验和前期调查成果为我们提供了许多宝贵的建议。那些日子，风尘仆仆，日夜兼程，白天进村访谈，晚上开碰头会交流信息，很是辛苦。和老师自始至终参与其间，经常提醒我们一些必须注意到的民族习俗和禁忌，不断发现和提出新的问题，表现出一个人文科学工作者必备的研究素质和高度的负责精神。

还记得那个细雨霏霏的傍晚，她和我一起去拜访活佛，细心倾听来自“母系社会”中男性精神领袖的声音。第二天正午大太阳下，又是她不辞劳苦，翻越好几座山包，与我同去寻访一位摩梭土司后裔——“母系”世俗社会中的男性代表。更多的时候，我们一起倾听摩梭女人的声音……日后，她将这些声音忠实地记录在笔下书中，力图让它们成为“她”们自己的“声音”。

岁月匆匆。我们的考察结束了，和老师却仍然眷恋着那片土地和那些她深深热爱着的人们，继续做她未竟的研究工作，一干就是十多年。她拖着羸弱的身体，十赴永宁，研究视野不断扩大，将原来“有距离的”外来视角，深入到“他们自己”的视角，又扩展到今天呈现给我们的多元文化的比较视角。难能可贵的是，她的关怀没有停留在所谓的“原始”状态，而是把摩梭人的生活和“母系制”放在当代社会进程中，追踪摩梭人的发展，关注他们的明天。在这种动态的追踪调查中，她自己也不断地吸收新的观点和新的文化思潮，尝试新的研究方法，在持续增进自身学术功力的同时，也更深入了对那块土地和人们的认识。因此，当她说她在写书，并且寄来了她的书稿，我一点不惊奇，像是看到了久已盼望的老朋友。

凡做过相关研究的人，在和钟华的这本书中都不难发现，她在永宁摩梭人研究中提出了许多新的见解，使我们对所谓“母系社会”的生成原因和发展产生了一些新的理解。比如：她明确提出：今天永宁摩梭人的“母系制”不是在完全封闭的状态中而是一个发展过程，不是“原始社会”的遗迹而是当地特殊文化环境和适应人们生存需要的产物，有它自身的历史逻辑，不能套用其他民族的发展模式，也不能用摩尔根的母系社会理论做简单的阐释。第一次和她交谈时，她就发表了如上见解。她用十多年的实地考察求证自己的理论假设，写出了“父系——母系的演进程序”，将民族发展的历史进程与人的生存选择紧密地联系在一起，在人类学和民族学研究中给我们新的例证和启示。

我注意到，无论是在实证材料分析还是在理论抽象中，作者始终保持高度的学术警觉，极力避免用自己原有的民族立场和学术观念“代人发言”，尽量避免造成单一视角，以偏概全的模式化定论。比如，她在书中首先提出了“文化隔层”问题，力图摆正作为外来研究者的“适当位置”，这一立场在当代民族学研究中至关重要。又比如，她在“母系家庭”之外注意到父权社会的存在、影响和作用，在着重研究“母系制”的同时，特别加入了对摩梭人中父系家庭的考察。

就摩梭“母系制”而言，书中有两个特点值得强调：

一是女性的视角。在我所阅读到的相关资料中，尽管做的都是“母系制”研究，却极少有人从女性的视角和女性主体的身份进行实地考察。本书作者长期直接深入当地女性生活，“让她们自己发言”，不仅增加了材料的可信性和生命力，也为我们展示出摩梭“母系制”妇女生活的丰富画卷。

二是历史的视角。从来的摩梭“母系”研究中，着重“母系”的原始性质，力图用永宁摩梭这样一个所谓“活化石”去证明某一种先验的理论。本书作者的出发点有所不同，她没有继续编制或强化原有的“母权”神话，不去迎合旧说，而是深入实地面对现实生活，把摩梭人的生存和发展放在整个社会历史进程中，把摩梭“母系制”的存留和演变看做民族自身历史演进的结果，因此将对它的研究一直推进到当代，不仅具有鲜明的历史感，也充分表现出对摩梭人自身选择的尊重。

从认识和老师的第一天起，我对她也怀着同样的敬重。这些年来，许多时间在民族地区考察，结识了很多少数民族学者——我很不情愿使用“少数民族”这个字眼，在他们生活的土地上，他们其实是多数——但几乎全是男性学者。因此我以为，作为纳西族女性学者，和老师的出现和她的研究在我国民族学领域和妇女研究中都极为难能可贵，她在我国女性民族学研究中堪称先驱者，也为日后的少数民族女性学者树立了一个好榜样。

在少数民族学者和女性学者中极易产生的自卑心理，在和老师这里很难看到——她将民族的尊严感和自信心与身为女性的成长融为一体，变“弱势”为“优势”，甘愿以“少数民族”的心态去理解和揣摩人数不多的摩梭人的心理，自觉以“女性”人的身份去做母系制的研究，字里行间，体贴入微，情理交融，为我们做客观描述的同时，也在情感上给我们留下了许多想像空间。

1999年1月16日

写于北京西郊圆明园花园

目　录
Contents

绪 论

中国云南省西北部宁蒗彝族自治县境内的永宁乡，聚居着近万纳西族摩梭人[①]，他们盛行着一种与中国传统父系制家庭迥然不同的家庭和婚姻模式——母系制家庭及走婚，并由此生发出了一系列特殊的行为方式、思想观念和信念等文化现象，引起了外界的注目。早在20世纪20年代至30年代，美国学者洛克（J.F. ROCK 1884–1962）博士，就曾在那里考察过，并在《中国西南古纳西王国》(《The Ancient Na–Khi Kingdom of Southwest China》) 一书中，详细介绍了当时的所见所闻和所历，还配有不少照片，为我们今天的研究提供了十分珍贵的资料。1936年，纳西族学者周汝诚先生应当时中央研究院陶云逵先生之委派[②]，曾专程赴永宁考察，写下了《宁蒗见闻录》书稿（未刊印面世）。台湾前故宫博物院副院长、著名纳西研究专家李霖灿先生于1942年考察过泸沽湖，在他的《玉龙大雪山》一书中描述了当时的所见、所闻、所感。20世纪50年代中期至60年代初期，刘尧汉、宋兆麟、严汝娴、詹承绪、王承权、李近春、刘龙初、宋恩常等一批民族学家，曾到该地做了系统深入的调查，提供了一批有影响的调查报告和论文，把对摩梭母系制的调查和研究推向了一个新的阶段。进入20世纪80年代以后，他们又在原有基础上做了进一步调查研究，撰写出了《永宁纳西族的阿注婚姻和母系家庭》《永宁纳西族的母系制》两部专著，以及《宁蒗县纳西族家庭婚姻调查》(之一、之二、之三）三集调查资料丛刊，为摩梭母系制的深入研究作了开拓性的工作，引起了国内外的重视。之后，

① 摩梭人属于纳西族的一部分，为行文方便，以下简称摩梭人或摩梭。

② 参加当时的中央民族考察团前往考察。

一些有关的论文、文学作品、电视记录片等相继问世，吸引了更多的人前往寻觅、探奇、调查、研究，更成为人类学、历史学研究的关注点。

问题的提出

随着世界妇女运动及女性研究的广泛而深入的发展，性别不平等的现实，促动着一些女权运动者及妇女研究者们探寻一种女性能作为社会主体、两性平等的社会模式。于是摩梭母系制被纳入他们的视野，成了他们及一些宣传媒体的兴趣所在。

就这样，在对待摩梭母系制上，出现了种种现象：某些西方女权主义者将其想像成性别平等的理想模式，有的国内研究者却把它当成原始母系制残余或"活化石"标本，有的文艺作品则以其"奇"来赢得观众和读者。总之，仁者见仁，智者见智，摩梭母系制成了一个谜。

为了揭开这个秘密，了解它究竟是怎么回事，在今天那里的人们又是怎样生活着的？1987年夏天，我和同事攸延春赴永宁进行了实地考察，用二十多天的时间重点考察了一镇三乡①，撰写了《古老的传统与现代的选择——永宁摩梭人婚姻家庭现状探讨》一文，并对其产生的社会历史、文化背景以及它的性质、存在的合理性等提出了一些看法。随着我自己的研究领域由少数民族文化向少数民族女性文化的延伸，摩梭母系制自然成为我的研究内容。在男性本位、男性中心的当今世界大氛围内，在偏处滇、川交界地区，然而并不是完全封闭的永宁摩梭人，居然经久不衰地盛行着母系制，它所依托的是什么？其生命力究竟何在？它究竟经历了哪些演变？在市场经济和外来文化强大冲击的今天，它又怎样在进行着文化的调适和整合？这些问题不断在我脑海中盘旋。所以从1987年以来，我先后于1987、1990、1992、1993、1994、1996、1997、1998年8次到永宁做实地调查，另外还有两次附带考察，1999年又做了两次母系制与林业资源调查，总计前后12次到了这一地区。每隔一两年对重点对象及重点问题做一次跟踪调

① 现在的三个行政村。

查，以不断有新的体验和新的发现。

作为一个少数民族科研工作者，我深切体味到“文化隔层”对调查研究所施予的自觉或不自觉的巨大影响。也就是说，当研究者在考察一种与自己所身处其中、耳濡目染的传统文化大异其趣的另一种文化现象时，往往难以摆脱自己固有的文化观念，从而不自觉地用既定的观念模式去审视或框套自己所不熟悉的另一种文化模式，于是或居高临下地用文明人看“野蛮人”的眼光，或强者怜悯弱者的态势来对待另一种文化现象，这，为我们所难以接受。基于这样的体验和认识，在研究摩梭母系文化时，我力图站在摩梭姐妹兄弟的立场上，来解释“是什么”和“为什么”，设身处地地来想、来看，努力用科学的眼光作评价，以求得较为符合实际的认识。

纳西与摩梭由于长期异地而居，生存环境与外界信息交流的差异，产生了文化上一定的差异，因此仍存文化隔层问题。但我们在基础语言、文化心理、思维方式、行为准则上有许多共通之处，相互易于理解和体察，我把它当成研究摩梭母系文化的有利条件和信心所在。

作为一个少数民族妇女，我一直在关注着摩梭母系制的今天，关注着摩梭母系文化的变迁，除了对永宁摩梭社区进行调查外，也对宁蒗境内的实行父系制的摩梭社区大兴镇堰口坝村、新营盘乡东风村及永宁乡拉伯村进行调查，以便找寻出其间的联系与区别。就这样，陆续写了约七万余字的调查报告及论文，同时也写了一些随感性的散文。1992年暑天，我赴美国参加国际地理学会性别与地理学委员会组织的一次学术会议，在会上我将自己的研究成果做了发言，引起了与会者浓厚的兴趣，他们希望我写出书来，以让他们共享。这就引发了我从少数民族的角度、从女性的角度写出一部专著来。然而迟迟动不了笔，主要是调查经费有限，同时考虑到观察一种文化的变迁，需要有一个相对不算太短的时段。

1993年，我随同李小江教授一行赴永宁考察。小江是国际知名的妇女研究专家、中国妇女理论研究的代表人物，她对我的研究及一些观点很感兴趣，并给予我十分有益的启示。以后她又把我的有关论文《摩梭母系家庭再认识》收入《性别与中国》一书，并鼓励我完成此书的写作。

1995年在北京召开的第四次世界妇女大会期间，我有幸参加了NGO论坛，我所始料不及的是：当我作为“云南各民族姐妹和睦相处”专题论坛的主旨发言人走下讲台时，向我提出的问题，几乎都是有关摩梭母系制问题。国外的研究者及传播媒体希望我能更进一步详细阐明自己的观点，提供翔实的材料。这才使我意识到不能再拖了，一种强烈的责任感驱使着我。尽管以12年时间来观察一种文化的变迁过程，时间不算充裕，但这是处于一个特定的社会转型期、一个社会急剧变化的时代，截取其间的一个断面来做一些考察，不无裨益，于是下决心动笔为文。

基本思路

一种文化模式的形成，自有其自然和社会的诸多因素，且经历了历史的筛选；各民族根据自己特定的生存环境、生存条件和自身发展的需要，创造了自己的行为方式和规范，不可能只有一种模式、一种演进程序，这是攸延春和我共同的观点。我想我们这种认识是符合唯物主义实事求是的观点的。因为大千世界，千差万别，既有共同的，又有特殊的；既有普遍的，又有个别的（这里并不是否认普遍寓于个别，个别含有普遍）。基于这样的认识，我们认为摩梭母系制决非原始意义上的母系制，而是存活于当今世界，为其特定的社会历史、生存环境、生存状况、思想观念等所决定的一种生存方式，是一种生存和文化的选择，一种有别于当今世界上普遍盛行的、男性中心主义的父系或父权制家庭的文化模式。这种文化模式以其特有的组织形式、家庭结构、伦理规范、社会功能等发挥着自己的优势，顺应着社会的发展，创造出了平等、和谐的两性关系。可以这样说，在相当长的时期以来，母系文化一直弥漫于永宁摩梭社会的各个领域，经济、政治、教育、宗教、伦理、习俗等等，无不打上鲜明的烙印。在漫长的岁月中，没有形成足以与之抗衡的力量能冲击这种文化，因而显示出了它那顽强的生命力，无论历史上的土司制度也好，还是当今的那场“文化大革命”，都无法改变它。历史上的土司制度，土司实行父系家长制，而百姓实行母系制，且对土司的父系家庭格局施以强大影响，致使其显得苍白无力。当年的那场“文化大革命”，以扣工分、扣口粮等强制行为，强迫其“进步”到“文明”的父系制，然而上演了一场场闹剧之后，随着“四人帮”

的被粉碎，许多被扭合的父系夫妻小家庭纷纷瓦解，人们又回到原来的母系大家庭之中。而今，这种以母系家庭及走婚为代表的母系文化，又以自己特有的思维方式和伦理观念，在经济开发中进行着新的调适和整合。

勿庸讳言，永宁摩梭母系制，是建立在社会环境相对封闭、生产力欠发达的基础之上的，随着改革开放的大气候的形成，商品经济开始发展，对外交流日益增多，它开始面临文化的前所未有的冲撞。初期，它以其传统文化的力量，进行了饶富特色的自我调适：向家庭规模小型化和固定单偶走婚发展。那么，随着经济的进一步发展，与外界信息交流的进一步加强，在新的价值观念、生活方式、现代文明的夹击下，它又将起何种变化呢？当社会物质生产力达到能聚集起足够的能量与传统文化相抗衡时，又会是怎样一种情况呢？囿于水平，本人不敢做全面预测，但作为一个社会科学工作者，我将以脚踏实地的田野调查资料，来说明母系文化在当今永宁摩梭社会的地位和作用，说明摩梭母系文化的变迁及发展趋势。本书力图记录世纪交替之期摩梭母系文化发展状况，为人类社会婚姻家庭发展史留下一个有价值的足迹，为寻求平等、和谐的两性关系的文化模式提供些许资料和参考，为商品经济发展以后能否保持平等的两性关系这一命题作些探索。

研究的方法

古人云："工欲善其事，必先利其器。"作为一名研究者，要做好研究工作，同样离不开"利器"（方法）。毛泽东把方法比喻为过河离不开的桥和船，可见方法的重要性。对于摩梭母系制的研究，以往学者多从民族学的角度、用民族学的方法进行，为我们提供了有益的借鉴。我本人为文做学问，不拘一格，以能表达自己的思想、观点为原则，所以无特定的方法。进行这一课题的研究，同样改不了习惯，杂揉各种方法：以社会学、民族学方法为主，辅以历史、经济、地理等学科方法，查阅文献资料、绘制图表、社会调查（抽样调查、典型调查、个案分析）、统计分析、定性定量相结合，进行综合的、立体的研究，从民族的、女性的视角来观察和评价摩梭文化现象，力求科学地得出较为符合实际的结论。为此，我是按这样的步骤进行研究的：

一、理论假设

在我初步调查研究的基础上，理出了基本思路和我的观点：摩梭母系制是一种独立的文化模式，它经历了父系——母系的演进程序，在今天的商品经济条件下，它正在进行着文化的调适和整合，在相当一段时间内，它将以既保持传统、又顺应变化的文化心态来进行自我调整，母系制还会以新的形式存在下去，并对摩梭社会、文化施以影响。由此得出的理论假设是：外来文化的冲击必将引起摩梭文化内部结构的变化，从而将导致母系制的变化，这种变化是正向或是逆向，即母系制的发展或是削弱，在于摩梭母系文化自身的聚合力之强弱。

二、社会调查

理论假设能否成立要靠实际来检验。所以必须反复进行较为全面和翔实的社会调查。为了搞好这些调查，我做了较为充分的准备：（1）参阅有关资料；（2）拟订调查提纲；（3）设计调查问卷；（4）确定调查的面和点；（5）确定调查的重点人物、事件。

关于摩梭母系制，就我本人所掌握，文献资料较少，古籍只有历史事件和人物的介绍，乾隆及光绪两套府志[①]，仅写了以土司为代表的父系制婚俗，只有20世纪20年代至30年代以后几位先驱者的调查材料，才为我们提供了较为详细的调查线索。中华人民共和国成立后首批民族学家的调查资料及两部专著、摩梭青年作家拉木·嘎吐萨的几部专集、报刊上的一些论文，是最新成果。此外，有关社会学、民族学、女性学的著述，使我受益匪浅。我就是从这些资料及著述中汲取养料，得以充实和开阔视野的。

我的调查从总体上采取了口头访谈及问卷调查相结合的方法，即定性与定量相结合的方法。

调查提纲分为乡级及村级。乡级调查要点是：

① 当时皆属永北府。

1. 自然环境及基本情况（土地、人口、民族成分、社会生产等）
2. 乡级组织状况
3. 乡政府的任务、权威性
4. 社会服务体系
5. 社会控制（政治统治及社会约束）
6. 教育体系
7. 宗教的作用

村（行政村或自然村）级调查要点：

1. 自然情况
2. 资源利用情况、经济发展水平
3. 村委会的组织、任务及权威性
4. 村与“斯日”（家族）的关系
5. “斯日”组织的作用及其变迁
6. 血缘、地缘关系网络及其变迁
7. 婚姻关系网络及其变迁

问卷调查侧重于家庭结构、家庭经济、家庭成员性别分工、家庭成员的社会及家庭参与程度、择偶条件及通婚范围等。目的在于对摩梭母系制的自然及社会文化生态环境、母系制的结构及内容、母系制的伦理观念，以及它们在市场经济条件下的变化，有一个较为广泛和符合实际的认识和了解。

此次问卷调查涉及永宁乡的纳哈瓦、平静、开基、八株、八旗、海衣角、争波、拖支、下落水、里格、竹地、瓦拉片等村寨，它们分属永宁、泥鳅沟、拖支、落水、温泉五个中心地区的行政村，这是盛行母系制的地区（样本的具体分布见附件）。还有盛行父系制的新营盘乡东风村。

在方法上，我采取分层抽样和随机抽样两种方式。行政村一级采用分层抽样，按特征分类：母系制在该社区的比重及发展、演变程度。村寨（含自然村及社）采用任意随机抽样，样本比重在村寨人口的40%以上。在永宁乡，我们做了200份问卷调查，新营盘乡东风衙门村做了16份问卷调查，皆按上述比例确定样本数。由于语言及文化水平的限制，问卷采用调查员边问边填写的方式。

问卷调查有助于我们从宏观层面上对社会现象进行调查和预测，即用其中可以量化的部分进行测量和计算，并对变量之间的相关关系进行研究和分析，以便对事物作总体性的把握。然而它的不足之处是研究者从自己事先设定的假设入手，难于在自然情境下对微观层面进行深入、细致、动态地描述和分析。惟其如此，在进行问卷调查的同时，必须进行典型调查和个案分析。这样，才能在把握宏观的同时，对微观的、有血有肉的、具体生动的事物有个“质”的了解。这就是我花了很大力气进行问卷调查、典型调查和个案调查的缘由。

为此，我个人以更多的时间和精力进行微观的社区、农户及个人的调查。典型调查的重点村寨有永宁乡的平静、拖支、下落水、瓦拉片、纳哈瓦、达市六个村寨，新营盘乡的衙门、喇叭河二个村寨作为参照进行粗略调查。这些村寨都是摩梭人聚居的小社区。平静村（原皮匠村）系民族杂居村，文化交融性强；拖支村为土司嫡系阿占胜的领地及住地，土司文化影响大；瓦拉片及下落水离土司统治中心稍远，昔日又以典型的母系制为其特点，而今成为风景旅游区，外来文化冲击大。纳哈瓦及达市属同一行政村处于不同区位的村寨，有利于做对比调查。对这几种不同类型的社区进行典型调查和个案分析，有利于从不同角度了解、探寻摩梭母系制的历史及发展演变，从而探索其发展趋势。与此同时，我又对10户重点户进行了跟踪调查，他们分别为我1987年以来12年跟踪的重点户，以及20世纪50年代至60年代民族学家调查过的典型户。典型调查，以访谈法为主，辅以文件法及观察法。访谈法中以一一对应的直接访谈为主，辅以相关人员的座谈讨论。这种方法有利于调查者与被调查者之间的彼此沟通，有利于随时掌握被调查者的情绪反应，有利于对问题的深入了解及判断所回答问题的可信度。在访谈中，我们以尊重和信赖取得了摩梭姐妹兄弟们的真诚合作，达到了预期的效果。此外，我们还到永宁乡的工商所、法庭、卫生院、校区教育办公室、扎美寺（喇嘛寺）、各有关行政村公所、土司及总管后裔等进行了调查，以便全面掌握摩梭母系制变迁的方方面面。

通过上述调查，使我获得了动态的、立体的、生动的资料，这是我确定本书以实证性研究的基点。

在初稿写就后，我又进行了两次补充调查和核实资料，以保证所用材料的真实性和准确性。

三、理论的验证——结论

通过对摩梭社区的反复实地调查，对所掌握资料的分析研究，我认为自己的理论假设可以基本成立，即：外来文化冲击引起了摩梭母系文化结构的变化，并由此带来了母系制的变化。然而由于母系文化自身的聚合力较强，故其核心仍保留了下来，尚未引起整体的质变。从我们所调查的社区看，摩梭母系制及与之相适应的母系文化，处于一种动态系统，决非一成不变，只是变化程度的大或小、变化形式的显或隐而已。摩梭社会由游牧到定耕，由原始社会到封建社会，经历了一系列的社会变迁，只因没有成文史，只能用"求诸野"的方法窥视其一二。然而自唐代受制于吐蕃以来，接受了藏文化的绝对影响，于是本民族的固有宗教被削弱，乃至形成了今天的全民信奉藏传佛教（俗称喇嘛教）的局面，在思想、生活习俗、衣饰方面，都刻上了明显的印记，但母系制却在文化的调适中保留下来了，于是形成了吸纳藏文化而又有自身特点的当今摩梭母系制及其文化。而在元代接受了中原文化以后，随着与内地中央政权的联系之不断加强，形成了封建领主统治下的母系制为主、母系父系两种家庭婚姻制度并存于民间、统治阶级行父系制的永宁摩梭社会的特点。这些，是在受了外来文化冲击之后引起摩梭文化结构改变而形成的文化现象，它正好说明了外来文化冲击与摩梭文化结构变化的正相关关系。当今，面对我国改革开放、经济发展的大潮，摩梭文化又在进行着新的调适和整合：家庭趋于小型化、走婚趋于专偶、居住格局趋向现代、行为半径在扩大、习惯法的约束力在削弱……如此等等，摩梭文化结构在进行着前所未有的巨大改变。

我们调查所得的资料也证明，摩梭母系文化的聚合力之大小，还取决于其对外来文化的适应力：往昔，它曾以"不变（某种程度）应万变"；今日，在强大的物质力量的冲击面前，它已呈现出不同情况、不同程度的

“变”。这种变，大致有三种类型：(一) 母系家庭以其与当前经济发展格局相适应的姿态，不断在巩固和发展；(二) 母系家庭衍生出走婚配偶小合作，但合作双方仍归宿、依附于各自的母系家庭；(三) 母系家庭中分裂出夫妻小家庭。这种变化的程度，与社区历史、成员成分、经济结构、经济发展、所处区位等有着密切的关系。从总的情况来看，母系制将在相当一段时期内继续发挥着它的优长之处，成为永宁摩梭社会的主流。但同时因社区而异，会有不同的变化，并向多元化发展。最后的预测，将不会是纯母系或纯父系的单一存在，而是两者并存于一个家庭、一个社会。根据是：摩梭人的社会——文化心理：崇尚自然、宽松和谐、不拘泥于某一模式、一切从“需要”出发。它将遵从家庭和个人的需要，去选择自己的生活方式，自然而然地形成自己的家庭和婚姻形式，而不是遵从某种理念化的、既定的模式。

摩梭母系文化塑造了自强、自立的女人，她们以无私的爱和无休止的劳动赢得了家庭和社会的尊重，取得了相对平等的地位 (主要是家庭地位)。然而她们，尤其是当家的“达布”，是家庭中最苦最累的人，绝非外界人所想像的那种“女儿国”的“国中之王”(当然我们不期盼以“王”权去压人！)。

摩梭文化也塑造了自信、强悍的男人，他们同样拥有自己平等的地位和施展才干的领域，他们有独立的人格，在社会上更是大显身手。只是在母亲的庇荫下，在家庭中显得更为省心和轻松。他们决非“女儿国”里的“二等公民”。

在摩梭社会，阴阳是谐调的，男女原本是天生而平等的，按自然行性别分工，以血缘为纽带形成人际关系网，婚姻自主，家庭和睦，一切皆自然而然。后来出现的某些社会性别差异，是外来文化所施予的影响。

框架和体例

摩梭母系文化蕴含着极为丰富的内容，囿于水平、精力和财力，本书无意于全面阐述，且有的方面前人已作过详细的介绍和阐述。本书只着眼于围绕摩梭母系制的核心——母系家庭及走婚来展开论述，并把重点放在母系制及其文化的变迁上。为此，本书采取了不分章节的办法，以时序为经，以问题为纬，以说明问题、表达观点为原则，各部分、各问题既可合，又可分，存在相对的独立性，没有严密的逻辑关系，从这个意义上讲，从结构、方法到行文，都有随意性。因为它正便于自然而然地表达自己的思想观点，自然而然地反映那存在于摩梭社会的“自然而然”。

本书分为三大部分：

第一编：摩梭母系文化质辩。着重阐述研究的立场、对摩梭母系文化及其发展变迁的基本观点。

第二编：母系文化的当代变迁。重在探讨当今摩梭母系制的现状，进一步阐明母系文化变迁的方方面面，并把它作为本书的重点。

第三编：对发展趋势的预测。从六个摩梭小社区的四份典型调查报告及若干个案分析来探讨母系制的发展趋势。并以对理论假设的理论论证作结。

以上三大部分，实际上概括反映了摩梭母系制的过去、现在和未来。在行文上力图简明通俗、易看易懂，让事实说话，以便能拥有更广泛的读者，并希望做出评判。

应说明的是，文化变迁是个“动”的过程，尤其是在进入信息时代的今天，其“动”的速度尤快，因此及时捕捉、及时反映其动态十分必要，不然昨天的情况，今天说不定有了新的变化，明天就可能成为“故事”了。本书的写作过程亦如此。由于诸多因素的限制，从完成初稿到正式出版，历经三载，尽管在修改过程中不断进行了补充，但仍免不了挂一漏万，只有请后来者补充和修正了。

为了反映近期的变迁，征得作者同意，本次再版时把泸沽湖摩梭研究会会长、摩梭女曹建平的《旅游发展中的反思——泸沽湖落水村的现状分析与思考》及摩梭作家、学者石高峰的《泸沽湖：16年旅游开发的是与非》附录于书后，以供读者参看，并向作者致意。

第一编　摩梭母系文化质辩

“文化隔层”与误解

对于“文化”这一概念的界定，众说纷纭，各种中外辞书，从文化的一个或多个层面进行了不同的解释。《辞海》将“文化”一词诠释为：“从广义来说，指人类社会历史实践过程中所创造的物质财富和精神财富的总和。从狭义来说，指社会的意识形态，以及与之相适应的制度和组织机构。”① 我认为最通俗的理解，就是文化包括了人类所创造的物质财富和精神财富。

正因文化为人类所创造，因而它是一种社会现象，对于一个人而言，它系后天所习得；就社会整体而言，每一社会都有与之相适应的文化。同时，文化又是一种历史现象，它随物质生产的发展而发展，但又具有历史的连续性，决不能割断历史而成为无源之水、无本之木。文化还具有民族性、地域性、排他性、融合性等等，这些都是我们在研究一种文化形态或文化现象时所不能忽略的。

文化的民族性，这是一种文化现象或文化模式区别于它种文化现象或文化模式的重要标志之一，也就是为我所独有的独特性的体现，它表现在民族文化的方方面面，如民族性格——民族心理素质、民族语言、民族风俗、民族生产生活方式等等，都刻着深深的民族的印记。惟其如此，文化具有强大的力量。从某种意义讲，人们可以培植或改变自己的个性，选择

① 辞海编辑委员会编．《辞海》1版．上海：上海辞书出版社，1980：3510页．

自己的生活方式，却无法选择自己所属的文化环境。一个人从呱呱坠地开始，就注定要生活在某一既定的文化圈里，受其濡染，终身难以超越或摆脱。即使在长大成人后，换了个环境，又生活于一种异文化圈中，但自幼所受的熏陶，已给你打下了深深的烙印，难以逾越。这是有这种经历的人一般都会有所体会的。正因一种文化对一个身处其中的人有如此顽强的影响，因而生存于此文化环境或深受此文化影响的人，去研究、观察彼文化形态时，就存在一个隔层，即彼此之间不同的思维方式、价值观、信念和行为，直接影响着对事物的理解和评判，攸延春和我把它称之为“文化隔层”。这一隔层不是不可逾越的，但有相当的难度，关键是要承认并正视这一问题，并有意识地转换立场、转换角度，认真调查研究，解决“是什么”和“为什么”，再以科学的态度予以评价。

在进入正题之前，之所以首先提出文化隔层问题，这是基于我自己的切身体会。作为一个少数民族知识分子，当我具有了一定的文化知识和生活体验之后，再来审视古今外界人有关我的民族的一些史籍、作品时，深感文化隔层的存在。且不说昔日民族歧视的“蛮”“夷”等贬损之辞及文明人看“野蛮”人那种眼光，以及惟我正统的立论，就是在当今，有些书在描述一种文化现象时，也总是以自己所熟悉或了解的文化模式为尺度，难于实事求是、切合实际地反映事物本质。当然这不同于旧时，它往往是不自觉的，然而不能回避这一问题。譬如，我们丽江纳西族在旧时曾有“抢婚”的习俗，它是由多种原因造成的：或因双方或一方经济困难，负担不起庞杂的聘礼及婚礼开支；或因女子对包办婚姻不满而准备去殉情、被男方发觉；或因女方对原定婚姻反悔，导致男方强行抢婚……等等，它是在包办婚姻制度下出现的一种缔结婚姻方式，本身是一种悲剧。然而在有的影视作品中却把它变成一种喜剧性的“故意做的”娱乐情节，这就与事实大相径庭。这种情况在看待永宁摩梭人的婚姻家庭时，更为突出，影响也更大。乃至有的作者或观光者把今天的摩梭社会看成“母系部落”“活化石”，把他们淳朴自然的两性生活当成一种淫乱，这完全是一种误解，难怪引起摩梭人的反感。就我所见，这是由文化隔层所造成的，并非有意，但是必须澄清。至于学者的学术观点，则另当别论。

由于我们自己所属的文化早已溶入我们自身，所以我们在观察或研究另一种文化时，往往不自觉地用自己所熟悉的观念、情感和习惯来看待和分析，就造成了这种结果。

大千世界，色彩缤纷，社会生活，纷纭繁杂，一个人所熟悉并溶入其中的毕竟只是自己所土生土长的文化圈，所不熟悉的（指的是深层的）却是多种多样，特别是民族心理，更是难以逾越。因此，作为研究者，在研究某种与自己身处其中、深受濡染的传统文化迥然不同的文化现象时，一定要努力克服这一天生造成的“文化隔层”，一定要注意该社会群体的人们是怎样想的，他们为什么要这样做，以避免不自觉地用自己的各种想像和既定的观念模式去认识和框套自己所不熟悉的文化现象，进而去印证既定的观念模式。各民族根据自己的条件和需要，筛选和创造了自己的生存方式，不可能只有一种模式和一种演进程序，这是我们考虑问题的出发点（攸延春和我的观点）。这也就是我在开篇就提出“文化隔层”这一问题的原因所在。

需要说明的是，提出这一问题，并不意味着否定不同民族和种族的人去研究非本民族和种族的文化。其实，就我自己的体会，非同一个民族的人研究另一民族，更有一种为本民族人所没有的敏感性。因为本民族的人对自己的文化现象往往见怪不怪，习以为常，“只缘身在此山中”。而非本民族的“局外人”，则对一种自己所未曾接触过的文化现象，是一种新异的刺激，特别敏感。这有利于对该事物的本质进行深入的探讨认识。一个民族及其文化，研究的人越多，对其了解也就越多、越深入，也就越有利于该民族文化的弘扬和发展。就研究者而言，在研究异民族的异文化时，注意“文化隔层”的问题，就会使自己的研究深入而符合客观实际。毛泽东在《在延安文艺座谈会上的讲话》中，强调文艺工作者要熟悉和了解自己工作的对象，必须使自己的“思想感情来一个变化”，我认为作为一个研究者，同样也有一个思想感情的问题。譬如，对研究对象不是深入其中，而是高居其上，以文明人看“野蛮人”的眼光来俯视、来看待一种自己不熟悉的文化现象（或文化模式），这就有一个思想感情的问题。一种文化的存在，必然有其彼时彼地的合理内核，必然有其存在的自然的、社会的、历史的及观念的、心理的因素。这就要求研究者来一个“感情的转变”，设身处地地细心体验和观察，再以科学的眼光对其做出实事求是的评价。

在长期的社会历史发展过程中，永宁摩梭人创造了一种与中国主流社会迥然不同的文化模式，稳固地实行着母系家庭及走婚，这种文化模式的存在，为其自然环境、社会原因所使然。并形成了一系列特殊的社会习俗及思维方式、思想观念，同时它们又以其自身的力量促进并维护着母系家庭及走婚，二者形成了互动关系。

那么，摩梭人在长期的、以母系家庭及走婚为核心的母系制下所形成的特殊观念，究竟是哪些呢？

首先，是家庭的观念。在永宁摩梭人的观念里，很少有各自独立成家、生儿育女的这种要求，总认为生活在自己母亲身边、生活在“母亲的屋里”，才是自己温暖的家，才是少有所养、残有所靠、老有所终的家。自己的责任是维护这个家庭的富裕、和睦和团结，对上辈——用我们的习惯称呼就是外祖母及其兄弟姐妹们、母亲及其兄弟姐妹们，尽到赡养之责；对下辈——姐妹们的子女们，尽到抚养教育之责。至于父亲，并非孩子们的抚养人和教育者，在传统的父系家庭中父亲所担负的职责，是由舅舅（他们称阿乌）们来体现的，父亲则以自己所属母系家庭的舅舅的身份，来对自己的甥男甥女（他们称为自己的孩子）尽责。所以舅舅与孩子们的感情，超过了生父与孩子的感情。如果说孩子们把父亲视如路人的话，则把舅舅当成自己的至亲。这种舅舅与父亲的权利与义务的互换，在中国传统的父系家庭中是没有的，它正是母系制的特点之一。正因长期生活于这种家庭制度中，也才孕育了摩梭人那种以母系家庭为终身依托、血缘感情超越了配偶感情及父子感情、血缘群体超越了自我等特有的观念。乃至当今在外面工作、已过起了夫妻小家庭生活的干部，仍把自己置于母系大家庭成员之中。他们说：走出来了，但我们决没有离开我们的大家庭，没有离开自己的母亲。

其二，婚姻观念。与家庭制度相联系，传统上摩梭男女的走婚主要基于性爱及为母系家庭延续后代之需要，故当事人双方无需建立共同的经济生活，不承担共同抚育子女之责任，亦无双方互相承担的义务，不建立共同的家庭。因此，他们无贞节、从一而终等伦理观念，少有独占欲或嫉妒心理，彼此结交异性自由，极少发生情杀、自杀和婚姻纠纷。一位在中华人民共和国成立后当过永宁第一任区委书记的老干部感慨地告诉笔者："我在永宁工作六年，没有碰见过一桩婚姻纠纷。"值得注意的是，由于婚姻关系是建立在双方自由、自愿的基础上，所以他们采取的是非常自然的、无拘无束的态度，合得来就同宿，合不来就分手，想过婚姻生活就过，不想过就不过[①]，不一定强制实行某种形式不可，也不一定非与某人固定婚姻关系不可，同时也不一定非要一生与数人建立婚姻关系不可。总之，完全根据自己的意愿，任何人也不能强求，也无一定要遵循某种既定模式的强制行为，一切任其自然。这种婚姻观念，与他们的家庭观念及崇尚自然的社会——文化心理密切相连。

其三，群体观念。家庭作为一种社会现象，它是一种社会小群体。与社会大群体相对而言，小群体成员之间形成了面对面的互动关系，相互了解，感情投入多，家庭在上述方面表现得更为稳固。在传统的父系家庭中，以父系为核心，出现成员之间关系的亲疏，出现成员之间相互的感情依赖及相应的义务感有所减缓，从而往往导致群体的分离。比如传统中国社会所宣扬的联合家庭越来越少，而今连主干家庭也逐渐为核心小家庭所取代，正是这个道理。然而摩梭母系大家庭却以其超乎寻常的凝聚力，以一系列超越于个体之上的价值和信念，把全体成员凝聚在这一群体里。维护大家庭的富裕、团结、和睦，这是每个成员所自觉认同的目标，这一目标是在其出生后的社会化过程中所受的教育、所经历的生活中潜移默化形成的。与此同时，长幼有序、明确的性别分工以及角色意识，同样贯穿于每一个成员的社会化过程中，而且自觉地履行自己的权利和义务，表现出不容置疑的认同感。成员之间无论是从感情的依恋或是相处的融洽一致，都强化着这种凝聚力。这种强大的凝聚力铸就了家庭成员非同寻常的群体意识，他们把家庭群体当成人生最可靠而坚实的依托，把家庭群体的利益放在个人利益之上，并以此作为自己行事的准则。惟其如此，对大多数人而言，他们难以想像离开这一群体后个体将如何生存，就像失群的孤雁，漂泊无定、生活无着。当我们问一些年轻人是否愿意到外面去工作时，多数人都回答：不愿意。理由是家中有家人可以商量，外面再好，一个人孤零

① 在调查中我们发现有为数不少的青壮年男女未过婚姻生活。

零的，多可怕。为了家庭群体的利益，他们可以自觉地牺牲个体利益。我们在调查中发现不少这样的事例：由于哥哥娶了妻或妹妹招了婿，弟弟妹妹（或姐姐）主动上门或外嫁或过走婚生活，以避免家庭“参沙”而发生矛盾。甚至在生育方面，如果姐姐（妹妹）孩子生得多，妹妹（姐姐）主动少生或不生，以避免人口增多而影响家庭利益。如此等等，用他们的话来说，就是“方便些”。总之，一切行事从维护母系家庭这一群体的利益出发，群体超越了个体。

其四，崇母观念。摩梭人有一种超乎寻常的崇母观念、一种特别厚重的恋母情结。母亲成为他们生活的依托，母成为一种尊严的象征，凡是大或神圣的事物，都冠以“母”的称谓，神圣的泸沽湖和格姆山，被称为母亲湖和女神山，祖房被称为日米（母屋），其他如大篮子被称为“卡米”，大坛子被称为“依米”，房屋大梁被称为“达米”等等，“米”代表女性和母亲，并引申为大。民间故事及民间歌谣中歌颂母亲、眷恋母亲的特多，比如：

一切烦恼的事情都可以忘记，
惟独忘不了我母亲的恩情。

听到妈妈慈爱的呼唤，
就像喝了一杯香醇的苏里玛[1]。

又如：

月亮最亮的时候也只有五天，
母亲在儿女心中一辈子都明亮。

世上的人像星星一样多，

① 陈烈主编．《云南摩梭人民间文学集成》1版．北京：中国民间文艺出版社，1990，251～263页．

没有一个人像我母亲一样可爱[①]。

再如：

会干活的人多得很，
可没一个抵得上我妈；
有知识的多得很，
可没一个赶得上我妈；
善歌舞的人多得很，
可没一个赛得过我妈。[②]

这方面，摩梭青年作家拉木·嘎吐萨在他的作品中表现得淋漓尽致，不妨摘引他的几段表述：

恋母的情绪，又是摩梭文化中的一座高山，这种心理是与有史以来的生活环境缠绕在一起的，这并不是现代人的爱母模式，不是失去母亲后表示出的孝子状，不仅仅是哭泣，而是一种灵魂的颤动，是失去生命支柱后的挽歌，是天塌地陷的悲愤。摩梭人对母亲的爱是绝对的，是一种崇高的尊严和人格力量的升华。失去母亲时的摩梭人，表现的是：在故乡感到举目无亲时的彻底绝望，达到了一种炽热的火焰的最后燃烧，以至于，这种爱不是一种愉快，而是一种苦香。只要爱的心灵真诚，她无处不在，像风，像水，像路，连石头也能唱歌，连树木也能舞蹈[③]……

非身处其境的人，决不可能有那么真切的体验。亲情超越物质、群体

① 陈烈主编．《云南摩梭人民间文学集成》1版．北京：中国民间文艺出版社，1990：251～265页．

② 云南省宁蒗彝族自治县志编纂委员会编纂．《宁蒗彝族自治县志》1版．昆明：云南民族出版社，1993：211页．

③ 拉木·嘎吐萨著．《梦幻泸沽湖》1版．昆明：云南美术出版社，1993：10页．

超越个体、母亲高于其他，这，就是摩梭人的价值取向。

其五，心理——文化特征。在长期的社会实践中，摩梭社会形成了一种宽松、自然、和谐的文化氛围，生活在其中的人们喜爱平静、安宁、谦让、和睦，崇尚感情，这就是他们的心理——文化特征。以此为基础，形成了一种文化规范，它以强有力的、无所不在的、无形的力量规范着人们的社会行为。这种特征和规范，囊括了摩梭社会的一切社会成员，包括百姓和土司，也浸入了当地喇嘛教的一些清规戒律。凡到过永宁的人，都不难感受到那种平和、浓郁的感情，住地是永宁，学校是平静，神山是女山，湖泊是母湖，他们让所崇敬的女神和男神，过着惟情而亲的走婚生活，他们把伟大的母爱推崇为至上之爱。这种文化心理，支配着他们的行为方式。惟其如此，森严的等级鸿沟，可以以情跨越：情之所钟，土司等级的男子可以娶女奴为妻，土司等级的女儿可以与责卡及俄等级的男子过走婚生活，乃至神圣的喇嘛教也可以世俗化。家庭形式的选择，也具有灵活性的特点，可以是母系，可以是父系，也可以母系、父系并存于同一个家庭中，一切从实际需要出发，决无一定的、非如此不可的范式和约束，一切都显得那么自然、那么和谐，决没有人为的桎梏。

正因为有上述这些思想观念、价值取向上的特点，它可以使得不同文化特质、不同文化元素的融合成为可能：母系家庭和父系家庭、喇嘛教和女神崇拜、封建体制与人性的独立，等等，共融共存于摩梭社会中。我们在考察摩梭社会生活、文化现象时，决不能忽略了这一深层的文化心理因素，不然将难于如实理解我们所不熟悉的异文化现象，不自觉地为“文化隔层”所隔开。

母系家庭及走婚辨析

摩梭母系制，包含了多种文化内涵，家庭、婚姻、生育制度、丧葬习俗、伦理道德规范、亲属制度、宗教信仰、居住形式、社区格局等。其中最为核心、最能体现其文化特质的，当为母系家庭及走婚，其余方面紧紧围绕此而展开或由此而生发，并对其施以反作用，从而又强化了母系制的家庭和婚姻制度，其间的互动关系很密切，由此形成了一个完整的动态系统。

母系家庭面面观

母系家庭，摩梭话叫“依杜”，直译是指一个具体住宅及宅内成员。因为摩梭人的一个住宅（院落）内住的都是同一母系血统的成员，它不同于有的民族一个住宅（院落）内住有不同血统乃至姓氏的人家。对摩梭“依杜”，民族学界有不同的称谓，有谓“母系家庭”① 的，也有谓“母系亲族”② 的。之所以如此，盖源于对“家庭”这一概念的不同理解。

关于家庭的界定，学界有不同的见解，张光博主编的《社会学词典》云：“由婚姻关系、血缘关系或收养关系而发生的亲属间的社会生活组织。有广狭两义。狭义的‘家庭’，仅指一夫一妻制个体家庭（单偶家庭），广义的‘家庭’则泛指群婚制出现后的各种家庭形式，包括血缘家庭、亚血缘家庭（普那路亚家庭）、对偶家庭和一夫一妻制个体家庭。”③ 笔者认为它较全面地概括了家庭这一社会生活组织的特点及内涵。它把“家庭”这个概念从一般理解的夫妻或父母子女所组成的概念中脱出，包含了古往今来许多实际意义上的家庭。我与攸延春的观点是：只要包含和具备主要成员是配偶或亲子女（含养子女）关系，他们之间的社会关系有连续性，存在劳动分工，进行经济交换和社会交换，有赡养和抚育的义务等关系的最小的社会单位，就可以称为家庭。永宁摩梭母系“依杜”的成员，由母系血统组成，用我们习惯的称谓讲，就是：外祖母及其兄弟姐妹们；母亲及其兄弟姐妹们；自己（女性）及兄弟姐妹、姨表兄弟姐妹们；子女及姐妹、姨表姐们的子女们。若用摩梭人的亲属称谓图示，则为：

① 詹承绪，王承权，李近春，刘龙初著．《永宁纳西族的阿注婚姻和母系家庭》1版．上海：上海人民出版社，1980：141页．

② 严汝娴，宋兆麟著．《永宁纳西族的母系制》3版．昆明：云南人民出版社，1991：55页．

③ 张光博主编．《社会学辞典》1版．北京：人民出版社，1989：490页．

- 阿斯（曾外祖母）
  - 阿依（外祖母）
    - 阿咪（姨妈）
      - 阿姆姑咪（姨表姐妹）
        - 姆（姨表侄女）
          - 如咪（姨孙女）
          - 如乌（姨孙子）
        - 若（姨表侄子）
      - 阿姆格日（姨表兄弟）
    - 阿咪（母亲）
      - 粘（女）（自己）
        - 姆（女）
          - 如咪（孙女）
          - 如乌（孙子）
        - 若（子）
      - 阿姆格日（兄弟）
    - 阿乌（舅舅）
  - 阿普（舅公）

这种家庭的主要特点是以母系血缘关系为主干发生的亲属关系，它已超出了狭义的家庭范畴。这种母系家庭人口也较多，一般由三代以上的人组成，过去十多二十人左右较多，现在八至十人左右较普遍。比如里格岛阿加家，1998年6月我们去调查时，其家庭结构是（为表述方便，除第一代人名前冠以家名外，其余人名前省去家名，下同）：

- 阿加·阿纳（母，69岁，走婚）
  - 丹史（男，50岁，未过婚姻生活）
  - 平措（男，走婚）
  - 茨尔（女，39岁，走婚）
    - 独玛（女，23岁）
    - 车尔其都（女，20岁）
    - 尔车（男，16岁）
  - 独玛拉措—给若得玛（女）（女，走婚）
  - 独支拉措—丹史独支（男）（女，走婚）

这个家庭由3代11人组成，全系母系血统。又如下落水村腊古家，其家庭结构是：

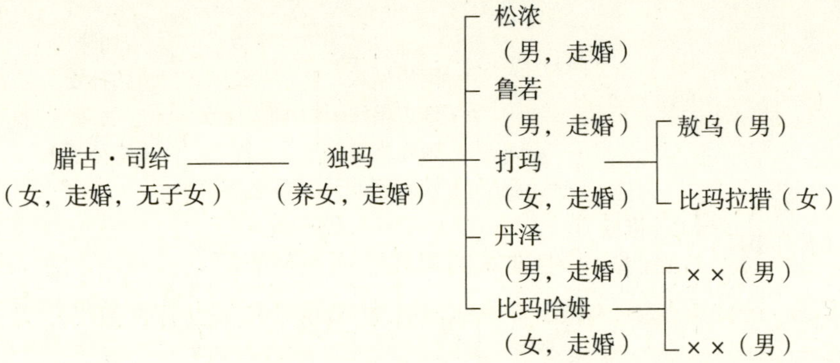

这是家庭成员中几代男女全都过走婚生活的典型的母系家庭，这种家庭目前在逐步减少。传统上，母系家庭是永宁摩梭人的主要家庭形式，据1956年对温泉乡调查的资料，当时母系家庭占家庭总数的61.7%①，1996年我们对温泉瓦拉片村的调查，母系家庭仍占了家庭总数的68.63%。当然，各个地区有些差异。

母系家庭形态对当地存在的父系家庭起着巨大影响，作为统治者的土司家庭即为一例，为此，我将在后面做专题论述。此外，对民间的父系家庭更有明显的影响。众所周知，除了母系家庭，永宁摩梭社会还存在父系家庭形态。父系家庭的特征是血统以父系计，财产由男子继承，但它与我们所熟悉的父系家庭不尽相同，男女较为平等，且带有不少母系制的特点，女性在家庭中仍担任达布（当家）角色者并不鲜见，且家名多沿用了女方家名，这种情况，与早已实行父系制家庭的拉伯、新营盘、堰口坝等地的摩梭家庭有些近似。崇母之风仍盛行，婚后性关系也相对宽松。在永宁摩梭社区，父系家庭比重较母系家庭小，而且历代以父系相传者，是土司家族，与其他行父系家庭的民族杂居、通婚而受其影响实行父系制的也有少数。此外，昔日的土司奴俾由土司为其婚配而成为父系家庭者，也有部分人。但从总体来看，父系家庭仍少于母系家庭。

摩梭家庭都有个家名，命名方式主要有：1. 以始建该家庭的主人之名字命名；2. 以始建者的地位、官职命名；3. 以家庭居住地、方位等命名；

① 詹承绪，王承权，李近春，刘龙初著．《永宁纳西族的阿注婚姻和母系家庭》1版．上海：上海人民出版社，1980：142页．

4. 以古代的氏族图腾命名。故在摩梭地区，说某个家庭，一般都用家名。若这个家庭分了家，就在原家名前冠以老和新，或以新分出去的主人名字来加以区分，如下落水村格则家一分为三，住在原地的那家就叫老格则家，其余两家就以分出去的主人格则·独玛、格则·车拉姆加以区分。在不少情况下，分出去的父系小家庭，多用女方的家名，如阿姆阿乌家，有一男子占都甲泽娶妻另立门户，但他家的家名已不用阿姆阿乌，却用了妻子的家名阿它。这种情况多出现在母系家庭比重大的地区。也有少数沿用男方家名的，一般在民族杂居区出现。显然，它与接受外来文化的程度有关。

摩梭家庭成员的名字前要冠以家名，比如汝享·独支玛、阿加·丹史、阿姆阿乌·车尔独玛等，汝享、阿加、阿姆阿乌都是家名，独支玛、丹史、车尔独玛就是个人名字。摩梭家名近似汉族的姓，但不完全等同，姓氏是不能改变的，但家名则会随着血缘亲族集团的不断分裂和组合而变化。据学者的研究，摩梭家名由“斯日”（近似于家族——引者）中繁衍而出现，所以家名多与“斯日”名称相同①。

摩梭人名，多请“打巴”或喇嘛取名。在佛教未传入时，多由本民族原始宗教人员打巴所取，有根据个人出生年庚、方位、属相而取的，如木鸟、高土（年庚属南方者）、甲阿、阿再尔（属西方者）、汝尔、古玛（属北方者）；有以动物命名的，如苦若（狗儿）、苦姆（狗女）、拉若（虎儿）、拉姆（虎女）等。佛教传入摩梭地区以后，由喇嘛取名，取成藏名，如打史登珠（福禄完成）、则忍达瓦（长命）、尼玛甲泽（太阳之光）、而钦拉姆（宝贵女神）、独玛（慈悲女神）等等②。上述取名方法，形成了同名者很多，所以在第三人称时，一定要冠以家名，以示区别。我们在调查中，曾发生过这样一件事：1987年夏秋之交，我们在泸沽湖里格岛认识了阿加·丹史这位因伤致残的退伍军人，母系家庭使他残有所依，我们的调查得益于他的帮助，最终成了好朋友。1994年夏，我再次踏上里格岛，那时天将擦黑，急于赶路，向房东打听丹史的近况，不料得知他刚于昨晚去世，

① 云南省宁蒗彝族自治县志编纂委员会编纂：《宁蒗彝族自治县志》1版，昆明：云南民族出版社，1993：191页 .

② 云南省宁蒗彝族自治县志编纂委员会编纂：《宁蒗彝族自治县志》1版，昆明：云南民族出版社，1993：192页 .

我很难过，匆忙买上两瓶酒，由房东带路，抄小路到他家，向他家人表示慰问，并代表我的朋友小攸向他灵前深深鞠躬，寄托对老朋友的哀思。谁料，1996年我第三次到里格岛时，竟发现丹史还健在。原来头次是闹了场误会：死的是他家邻居拉扣·丹史，一位老者，当时由于太仓促，且两家人都在小岛同一侧，房屋布局一个样，我分不清楚——毕竟八年了。只怪我少说了“阿加”这个家名，结果向导把我引进了另外一个丹史家。这一事实说明了家名的重要。

摩梭母系家庭有一套自己不成文的管理制度：遵循“舅掌礼仪母掌财”的准则，有一管理内务的当家人，称为“达布”，一般由母亲或长女或家庭中最精明能干的妇女担任，达布主要负责安排家庭的生产生活、财产保管、经济开支、家务劳动、接待宾客等等，实际上起内当家的作用。舅舅或有本事的男性成员，则主持家庭的祭典、较大的买卖、对外交往等，实际上起着外当家的作用。因此，有的称摩梭母系家庭有内外两个当家人。家庭中男女平等，民主空气浓。家庭内的重要事务，如建盖房屋、大牲畜买卖、借贷、土地典当（昔日）等，须经全家成年人一起商量决定，内外当家人都无权自作主张。家庭财产系家庭集体所有，继承权属本集体（母系群体），男女皆有权利。家庭中有明确的年龄和性别分工：成年男子担负犁田耙田、起房盖屋、赶马运输等消耗体力较多的活计，青壮年女子承担栽种薅插、收割送肥、家庭手工业及饲养猪鸡牛马等生产活动及家务劳动。老年人及小孩进行些力所能及的辅助性劳动，如放牧牲畜、割草、带小孩等。我们的问卷调查结果显示，这种性别分工，至今仍保持了下来（见附件）。

母系家庭有一套协调各代、各成员之间的伦理道德规范。尊老爱幼，相互体谅，相互关心，相互礼让，已形成个人自觉的行为准则；长幼有序，团结和睦，维护大家庭的团结和富裕，成为家庭伦理道德的最高准则。老人是全家的尊长，舅祖父或年长的舅舅，曾经是家庭的供养者和对晚辈的教育者，外祖母或母亲是孩子们的生育者和教养者，他们都受到特别的尊重，要坐尊位，吃饭（此地习惯吃分饭）先递送给他们，在他们面前不能说不礼貌的话。孩子们作为家庭的未来，受到全家人的爱抚，全家人对他们承担起了抚养教育的责任，不分己出或他出，一视同仁。家中若有残疾人，他们被视为“菩萨派来守家的人”，备受关怀和照顾。各人完成好分内的工作后，主动去帮助他人，碰到利益相关者，相互谦让。男女和睦相处，相互尊重，既不行母权，也不行舅权。吃饭依长幼次序坐，待客依宾主位坐，兄弟姐妹之间不能说过头话，等等。这一套伦理道德规范，维系着母系家庭的团结和睦，作为一种社会现象，它已突破血缘的纽带，泛化为一种社会风尚、文化传统，并以其泛化了的力量维系和巩固着母系家庭。

“双系家庭”质辨

在永宁摩梭社会，有相当一部分家庭，其成员中有走婚的，有招赘或上门的，也有出嫁或娶妻的。这种几种婚姻形式交错出现于同一家庭者，民族学家把它称为“双系家庭”，大体有如下几种类型：

1. 上辈走婚，下辈娶嫁的，如平静村埃雄家，其家庭结构是：

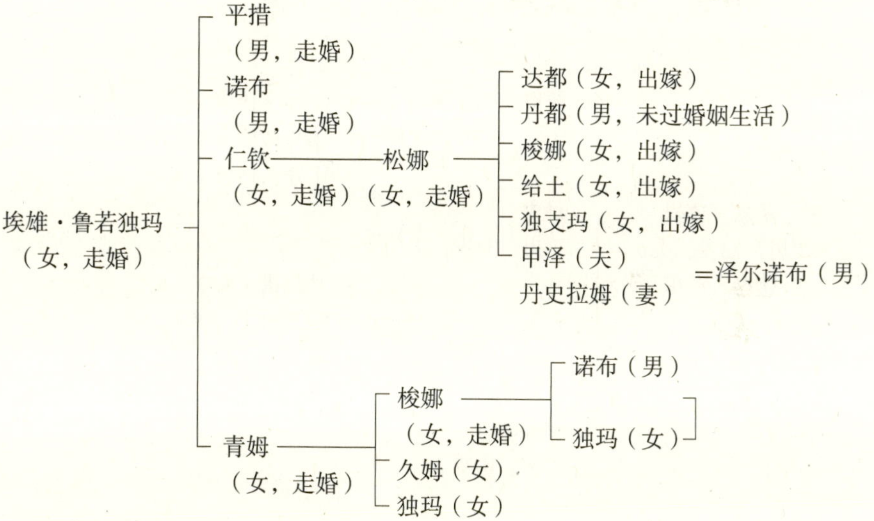

前三代都是走婚，第四代出现了嫁娶现象。又如海衣角杨·给汝家，其家庭结构是：

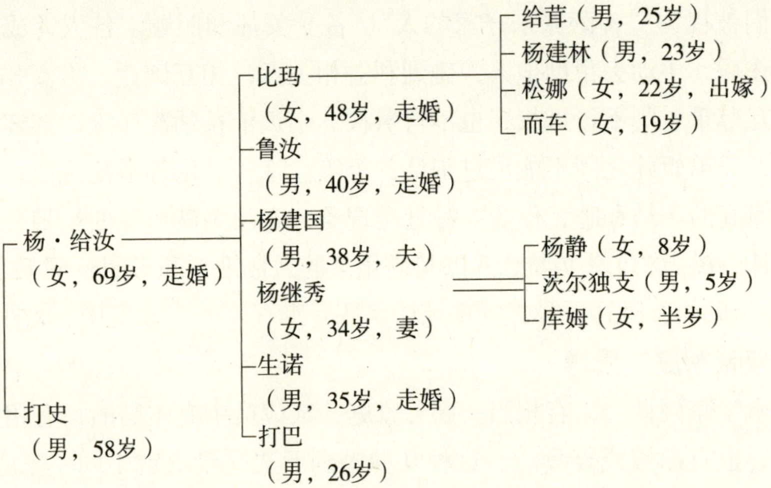

三代人中，第一代走婚，第二代出现了娶妻，第三代有出嫁者。

2. 上辈娶妻，下辈出现走婚、出嫁的。如下落水村茨尔家：

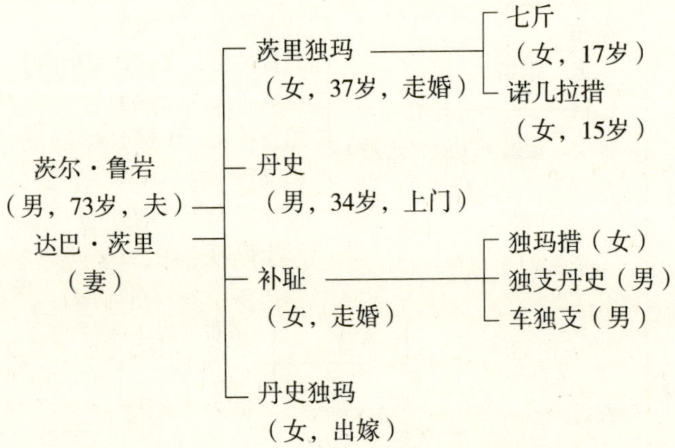

第一代娶妻（系独子），第二代出现了走婚、上门、出嫁的情况。又如平静村嘎子家：

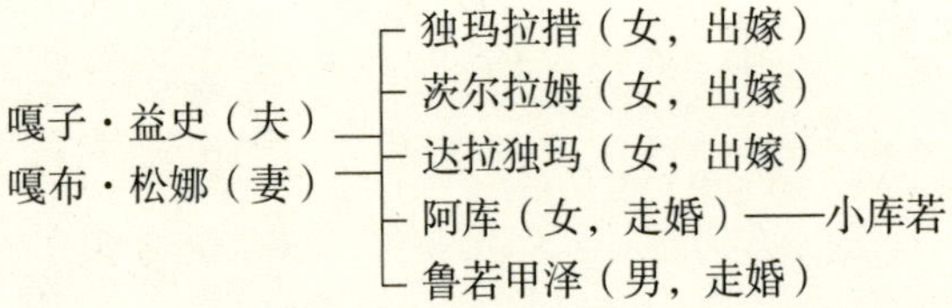

第一代娶妻，第二代出现了走婚及出嫁。

3. 同辈中走婚、招婿、上门、娶妻、出嫁几种情况并存的。在我们的调查中，此种情况较为普遍。上面所举几例，就纵向而言，是娶嫁婚、走婚两种形式交替出现，但就横向来看，则是几种形式并存于同一辈人中。严格说来，除走婚外，招婿及上门都属于从妻居的范畴，娶妻及出嫁属从夫居的范畴。所以永宁摩梭人的婚姻形式，实际上只有三种：走婚、从妻居、从夫居。而且这三种形式往往交叉相杂并存于一个家庭中，此种例子，比比皆是。限于篇幅，不一一枚举。

从理论上讲，双系家庭仍属于母系或父系家庭的范畴。因为母系或父系家庭的本质特征是以血统计算、继承方式、婚姻形式来区别的，所谓双系，是由于一个母系大家庭中出现了某个男子娶妻或某个女子招夫，父系家庭中出现某个男子或女子走婚，从而形成了母系（姐妹所生子女及其女儿所生子女），父系（夫妻所生子女及其儿子娶妻所生子女）两种血统并存的局面。那么，其血统怎么计算呢？整个家庭总体上是母系家庭，其所有成员的血统，不论是走婚或从妻居夫妻所生子女，都属于这个家庭的成员，享有同等的家庭成员资格及继承权，享有同等的自由选择婚姻形式的权利。母系家庭的财产为母系家庭集体所有的制度，决定了成员个体没有财产，娶妻或从妻居的男子以及招夫的女子既无个人财产，其子女又有何父亲的或母亲的财产可继承呢？他们可以继承的，仍与其姨妈们（用我们习惯的称谓讲）所生的子女一样，是母系家庭这个集体的财产。此其一。其二，娶妻男子及其妻女或从妻居的男子是母系家庭的成员，他们的生产生活及经济开支等，全溶于该母系大家庭中，无自己的独立成分。所以继承关系这一条就不能确立为父系。再从婚姻形式看，如前所举几种情况，这一辈实行从妻居或从夫居，其子女不一定沿袭父母的婚姻模式；同样，走婚女子所生子女也不一定都走婚，故父系血统的这一部分成员，其血统不一定会沿袭下来。为了说明问题，现举下落水村汝享·娜珠家为例，娜珠走婚，其女扁玛也走婚，“文革”中扁玛的走婚对象格则·贡嘎被强迫“结婚”住到她家，以后也一直住在她家，组成从妻居的婚姻形式。他们的子女现都实行走婚，已成为这个母系大家庭的成员，享受着大家庭成员的义务与权利，而无自己夫妻单独的土地、财产可资子女继承，他与大家庭成员一起，共同承担着奉老养小的责任，在他失去劳动力以后，大家庭的后辈们又将承担起赡养他及所有老人的责任，而不是由他的子女单独承担。据我们的调查，此种情况的家庭中，绝对人数往往是母系血统的多于父系血统的。仍以娜珠家为例，娜珠一代，还有其弟独支生活于这个家庭中，扁玛所生子女以及其女儿茨拉措走婚所生子女全生活于这个家庭中，从家庭组织形式及人口血统上看，很难从其中剥离出父系，故仍以母系为主，或说成母系的变异更切合实际。至于父系家庭，总的比重较小，同时由于这一地区的特殊情况，一般纯粹的父系（即几代人一直沿袭为父系的），除了土司外，百姓中只是极个别，多数都是从母系大家庭中分衍出去，由一对夫妻及其子女所组成，世系很短，人口不多，且处于不断变化的状况中。从实际意义上讲，双系家庭主要出现于母系大家庭中，多应属于母系大家庭范畴，它是母系家庭的一种变异形态。

关于三种家庭形式的并存与转换问题。前已述及，在永宁摩梭社会，同时并存三种家庭结构形式：母系、双系、父系①。永宁纳（摩梭人自称）这一支婚姻家庭的演进程序从远古至今很可能经历了父系——母系的演进过程，即整个大族群（当今自称纳、纳西、纳日等的祖先）由母系进入父系以后，分成了几个族系，有的一直沿袭着父系制，而它则再由父系转为母系。历史的积淀，后来的发展，必然会反映出来。父系家庭形式虽已微弱，但仍有所保留，加之又受到统治阶级主流文化及外来文化的影响，以及家庭实际需要，使其继续存在于摩梭社会中。而母系家庭则以不可阻挡之势，迅速发展，并形成压倒优势。这两种家庭的存在，必然会出现相互转换的情况，因此也就出现了第三种形式：双系家庭。那么，这三种形式是怎样存在于摩梭社会中的呢？它们之间的关系又如何？据我们的考察，一个家庭采取何种形式，摩梭人没有一个固定的规范和模式，绝不像有的民族那样一定要遵循某种理性的规范，按照某种既定的模式行事。他们全依需要而定，这个“需要”，出自于他们的价值观、道德观。无女，可以过继养女，也可娶媳；无儿，可以走婚或招婿；有儿有女，可以全部走婚，

① 按笔者的观点，“双系”不能列为单独的一种家庭形式，但为了与原有提法作对比论述，本书中仍用了“双系”这一提法。

也可以娶妻或招婿，或男上门女出嫁。总之，按需要和方便而定。我们在调查中曾碰到过不止一个这样的事例，如1987年时我们到里格岛调查，岛上的阿姆阿乌家，三代共15人，母亲叫阿姆阿乌·车尔，生有三男三女，两个大的儿子，一个娶妻另立门户，一个上门。她当时的这个家，是由她本人及一个当喇嘛的哥哥、三个女儿、一个小儿子及一个女婿、八个孙孙组成。若按传统中国社会的模式实在难以解释这个家庭的婚姻关系：男外嫁、女招婿，同时又有走婚和娶妻。更有意思的是，她那娶妻另住的二儿子占都甲泽那个小家庭，家名已不用自己母系家庭的"阿姆阿乌"，却用了妻子的家名"阿它"。当我们问及母亲车尔，她那个大家庭为什么要嫁男、娶媳又招婿时，她说这样方便。据我们了解，这"方便"二字含有诸多意义，如家庭人口太多，不好安排，需分出另住；一男人娶妻在家，另外的男人就让出上门；姐或妹招婿，弟或兄主动上门，等等。目的皆在于维护这个母系家庭的团结和睦。就因这样，才形成了摩梭那种同一家庭中可以是单一的形态，也可以是两种形态并存，或者上辈下辈二者交替出现两种形态的状况。如若把这种母系父系两种形式相互转换的现象归结为母系向父系"过渡"的"反复性"的"体现"，或把两种形态并存于同一家庭的现象认为是"母系向父系的过渡"形态，那是不切合实际情况的。

总之，由于历史上存在着母系与父系两种家庭形态，不可避免地会相互影响、相互渗透，更由于宽松和谐的社会文化心理，促成了它们之间的相互转换。但无论怎样转换，母系家庭一直占据着主体地位，这就是其最大的特点。

关于走婚

与母系家庭相适应，永宁摩梭人的主要婚姻形式是走婚。对于这种婚姻形式，流行的称呼是"阿注婚"和"阿夏（肖）婚"，对其称谓及含义，摩梭人本身也有不同的解释，有谓前者为普米语，朋友之称谓，后者才是摩梭语，指情侣①。也有谓此二称都是摩梭语，前者为男配偶对女配偶的称谓，后者是女配偶对男配偶的称谓，对这种婚姻形式共同叫"生生"，

① 1987年7月笔者对秦振新采访时秦的回答。

即“走走”之意。[1]目前，当地摩梭人普遍使用汉意“走婚”一词。笔者认为这种称呼较形象和确切，因为按本民族语加汉语的提法，即“阿注婚”或“阿夏婚”，译成汉语，应为“朋友婚”或“情侣婚”，这实在讲不过去，“走婚”则较能准确地帮助我们去理解这一婚姻形式及其实质：同居关系采取“走”的形式。“走婚”这一称谓来自本民族，为本民族所认可，故本书采用“走婚”一词。

为了说明男女配偶以“走”的形式建立婚姻关系仍应属于婚姻范畴，决非不婚，让我们先对“婚姻”一词的含义作些追索。

何谓婚姻：婚姻，本作“昏因”或“昏姻”，上古时男子于昏夜乘女家不备，抢劫其女子回家婚配，故古从昏，“姻”则因“婚”而建立起的亲戚关系。又民间称古时结婚接新娘在黄昏时，故用昏。后昏姻合用，指男娶女嫁。《辞海》释义有二：一、男女结合成为夫妻；嫁娶。二、亲家，有亲戚关系[2]。这是一般意义的解释。婚姻内涵随着时代的变化，在不断丰富着。《婚姻家庭大辞典》对现代婚姻观念做了概括：在现代，婚姻一般指男女得到了社会及法律承认的结合，夫妻关系的建立和存在。从本质上看，婚姻是指为社会所承认的性关系。该辞典进一步将其所包含的内容做了具体的概述，主要有如下四个方面：一、一对男女配偶的关系是为社会认可的，即合乎社会习惯法或成文法律；同时，这对配偶具有排他性。二、同居，并具有建立家庭和生育后代的意向。三、有共同的劳务和经济权益。四、为生儿育女有积蓄，子女有社会公认的家庭财产继承权[3]。显然，这是对婚姻观念的一般性、总体性的概括和诠释。但它是指从夫居或从妻居、以建立双方共同的家庭为目的的婚姻，所以摩梭母系家庭走婚的婚姻形式还不能全然包括进去。然而男女走婚关系即同居关系的建立符合社会习惯法，为社会所承认，而且满足了母系家庭延续后代的需要，因此，它是一种特殊形式的婚姻。这种婚姻的特点是：建立同居关系的男女不组成自己的家庭，白天各自劳动和生活在自己原属的家庭，夜晚男到女方访宿，

① 1992年5月拉木·嘎吐萨对笔者提问的回答。

② 辞海编辑委员会编．《辞海》1版．上海：上海辞书出版社，1980：2526页．

③ 彭立荣主编．《婚姻家庭大辞典》1版．上海：上海社会科学出版社，1988：128页．

次日凌晨又返回母家。女方怀孕后所生子女由女方抚养，属于女方家庭成员。双方建立同居关系，以性爱、感情作为基础，就其传统而言，性爱是先决条件，无建立共同的家庭及共同的经济关系之需求，结交和离异都较自由。摩梭青年作家拉木·嘎吐萨对此作了这样的介绍："男女之间的恋爱，除了在山上劳作中，兴之所至对歌交心的以外，大多数凭生产生活中相互产生好感，更多的是一见钟情，双方通过目光的交流，互有吸引之后，男方送点小礼品，若被女方接受，就可以直接提出约会时间。到夜间，家人入睡后男方就去女方那里借宿。第二天女方家人还未起床，男方就悄悄溜之大吉，回到自己的母亲家里。"① 据了解，这是建立走婚关系的开始阶段或临时偶居的时候，也就是隐蔽的阶段。一旦感情成熟，女方征得母亲的同意后（主要是要符合婚姻规范），正式建立走婚关系，此时男方就可公开往来于女家，并帮其家里干些活，社会也正式认可他们的婚姻关系。这种婚姻关系，对绝大多数人而言，主要建立在感情基础上，一旦双方感情不好，男不来访或女不接待，关系即算中止，以后双方根据自己的感情趋向，再去寻找意中人。在这方面，拉木·嘎吐萨所采录的《三代摩梭女的婚恋故事》②，为我们提供了最为生动而真实的当事人的口述资料。

在对摩梭人的婚姻进行考察时，若用我们所熟悉的模式来框套，必然会得出两种结论：或曰不婚，或曰原始。但这不符合实际情况，事实是摩梭成年男女两性的结合，采取了走婚的形式，它得到社会的认可，它反映着婚姻的本质：社会所承认的性关系。所以不是不婚，只不过他们的这种婚姻关系更直截了当、更简单一些。一位摩梭干部不无感慨地告诉我们："关于我们的婚姻，外地的人说得多了，好像主要是维持性关系。其实我们也是有感情的人，我们决不会随便找一个异性结合，走婚关系的建立，要双方自愿，双方喜欢。我们也是结婚的，只不过夫妻不住在一家。"他说的结婚，更多的是侧重在心理上，社会规范和舆论上，而不是法律上。这种特殊的婚姻形式，排除了中国传统婚姻关系上种种人为的桎梏：喜欢就是喜欢，不喜欢就是不喜欢，无须考虑财产、金钱、门第、等级。我们

① 拉木·嘎吐萨著．《梦幻泸沽湖》1版．昆明：云南美术出版社，1993：86～87页．
② 原载《山茶》1995（3），见附件．

人的流动生活，同时在商品货币的侵蚀下，在某些地方出现了走婚中的畸形现象。中华人民共和国建立以后，这种情况已根本改变。而今随着商品经济的发展，在个别地方、个别人身上，金钱的因素又开始抬头。但绝大多数人至今仍保持着淳朴自然的、传统的走婚习俗。

走婚在摩梭婚姻中占有的比重大，据50年代中期对永宁中心区的忠实、开坪、温泉、八株、拖支、落水六个乡成年男女婚姻状况的统计，在1 749人中，走婚的有1 285人，占总数的73.5%[①]，其中温泉乡竟占了85%，至今虽有变化，但仍占着首位。我们曾于1996年10月对海衣角、忠实、八旗、八株、瓦拉片、争波、拖支、下落水、纳哈瓦、开基、平静等相当于自然村一级的11个摩梭小社区进行了成年人婚姻状况的调查，在18岁以上952人中，走婚者356人，占总数的37.4%，而行嫁娶婚者302人，占总数的31.72%，未过婚姻生活者294人，占总数的30.88%。但各个社区情况不一，像争波走婚比例占46.09%，嫁娶婚者占21.88%；海衣角走婚者占51.43%，嫁娶婚者占20%。而拖支走婚比例仅占10.53%，嫁娶婚却高达48.24%，这在永宁摩梭地区仅属极个别，其原因留后分析。

摩梭母系制决非原始母系制“活化石”

摩梭母系制是否是原始意义上的母系制？回答这一问题，必须首先弄清原始母系制产生的历史背景及其特点。对此，考古学、历史学、民族学界都有过明确而详细的论证和描述，本节只就其中几个核心问题略抒管见。

远古母系制，又被称为母权制，它出现于早期氏族社会时期，据考古学、历史学的研究，它形成于氏族公社时期至父权制的确立终结，相当于旧石器时代晚期到新石器时代，这一时期大约在公元前四万年至一万四千年前。母系制的核心是从母亲方面确认世系及从母系确立继承关系、实行

① 严汝娴，宋兆麟著．《永宁纳西族的母系制》3版．昆明：云南人民出版社，1991：94页．

氏族外婚。当时人类社会以采集经济和原始农业为主，妇女是这一领域的承担者，因为男人们承担的狩猎，由于受气候、资源、地域等条件的限制，不能保证食物的供给，加之流动性大的狩猎生产使成年男子们在外时间多。同时抚育后代及从事原始宗教性的活动也由妇女承担，因此自然形成了妇女对氏族事务及经济生活、精神生活起着主导性的作用。在婚姻上，也是实行甲氏族男子对乙氏族女子的群婚，必然形成只知其母、不知其父的状况，因而世系只能按母系计。与此相联，氏族的承袭，当然也就只能为母系。

远古母系氏族社会，是否存在过实际意义上的“母权”？值得商榷。母权者，女子之权力也。笔者同意对权力的这一界定：“权力是一种社会力量，支配权力的主体利用这一力量去驾驭客体并迫使客体服从自己”，“它通常有两个基本含义：其一，权力是意志，是法令；第二，权力就是权威。”① 权力本身含有一种强制性、使动性、权威性。在公认的远古母系氏族社会中，生产资料公有（全体氏族成员所有），氏族群体的成员共同劳动、共同消费，氏族首领由全体氏族成员中选举产生，男女地位平等。即使身为氏族首领，也无任何特权，首领的任务，只是负责处理氏族所委托的公共事务，尚无父权制产生以后那种独断的权力。恩格斯对易洛魁氏族首领有这样的描绘：酋长在氏族内部的权力，是父亲般的、纯道德性质的；他手里没有强制的手段。② 易洛魁氏族行母系制，而酋长由男性成员担任。这种“权力”，仅是纯道德性质的，没有把首领意志强加于成员身上。它可从一个角度推测母系氏族的平等性和民主性。按社会进化的观点，父系氏族产生于母系氏族之后。在母系氏族社会里，妇女是氏族的管理者，对于她们的管理权力，宋兆麟等合著的《中国原始社会史》中是这样描述的：

> 由于妇女在社会生产中居于主导地位，以及世系按母系血缘计算，就决定了母系氏族以年长的妇女为氏族长。她是由全体氏

① 张光博主编．《社会学词典》1版．北京：人民出版社，1989：153页．

② 恩格斯．《家庭、私有制和国家的起源》，见《马克思恩格斯选集》第四卷，中文1版．北京：人民出版社，1976：82页．

族成员选举产生的，如果不称职，全体成员有权罢免这个（氏）族长。氏族长负责领导生产、管理生活和对外联络。……

氏族首领虽然管理一切，但没有特权，也不包办代替。她永远尊重其他氏族成员的意见。遇到重大事件，如吸收养子，进行血族复仇，决定生产计划，她要召开有关的会议来决定。风俗习惯是调解氏族关系的准则。①

显然，母系氏族社会的氏族首领是用民主的方法实现其管理功能的，而非以“权”用强制手段来实现。恩格斯曾这样感叹易洛魁氏族制度：

而这种十分单纯质朴的氏族制度是一种多么美妙的制度啊！没有军队、宪兵和警察，没有贵族、国王、总督、地方官和法官，没有监狱，没有诉讼，而一切都是有条有理的。一切争端和纠纷，都由当事人的全体即氏族或部落来解决，或者由各个氏族相互解决……一切问题都由当事人自己解决，在大多数情况下，历来的习俗就把一切调整好了②。

看来，氏族制度实行的是原始民主制，还不存在法律意义上的权利和权力。所以严格来讲，谈不上母权制，提为母系制更准确。恩格斯对这一问题已明确指出：“他（指巴霍芬——引者）把这种只从母亲方面确认世系的情况和随着时间的进展而由此发展起来的继承关系叫做母权制；为了简便起见，我仍然保留了这一名称；不过它是不大恰当的，因为在社会发展的这一阶段上，还谈不到法律意义上的权利。”③

那么，摩梭母系制是否是原始的母系制？它是在什么样的条件下和环

① 宋兆麟，黎家芳，杜耀西著．《中国原始社会史》1版．北京：文物出版社，1983：186～187页．

② 恩格斯．《家庭、私有制和国家的起源》，见《马克思恩格斯选集》第四卷，中文1版．北京：人民出版社，1976：92～93页．

③ 恩格斯．《家庭、私有制和国家的起源》，见《马克思恩格斯选集》第四卷，中文1版．北京：人民出版社，1976：37页．

境中形成的?

我们认为摩梭母系制并非原始意义的母系制，它是属于另一层次的、并一直存在于今天的一种独立的文化模式。既为母系，它与原始母系氏族社会的组织结构上有某些近似之处，但在社会生产、社会组织、思想观念诸多方面已不可同日而语，且随着时序的推移，变化越来越大，将它看成远古母系制的延续，不切实际。它与原始母系制的显著区别在于：

第一，摩梭母系制存在于封建领主制社会中，有一套严密的社会组织和等级制度，社会的管理者是以男权和统治权为象征的土司等级，母系制仅存在于家庭和家族、宗族制度中。当地社会生产力发展水平已处于犁耕农业时代，商业已有一定发展。

为了说明问题，首先让我们看看永宁摩梭土司制的来龙去脉，看看它与历代中央政权的联系。

据古籍记载，永宁古称楼头赕，又称答蓝或答卜剌，唐初，“麽些蛮泥月乌逐出吐蕃，遂居此赕”①。宋时属大理，蒙古宪宗三年（1253年），忽必烈率军南征大理，经永宁，驻兵“日月坪”，泥月乌三十一世孙和字内附。至元十一年（1274年）置答蓝管民官，至元十六年（1279年）置永宁州。明洪武十四年（1381年），永宁州土官卜都各吉率部归附明朝，仍授土知州。永乐三年（1405年）永宁土官各吉八合“率种人入京朝贡，命袭父职。”永乐十五年（1417年），为领地纠纷，永宁土知府卜撒及其父各吉八合被四川盐井卫左所土官喇马非所杀。自此，一直到嘉靖十三年（1534年）的117年间，永宁处于与邻近土司的纠纷之中，至嘉靖十四年（1535年）冲突各方奉明王朝命令，协商解决纠纷，签订协定，永宁才获得了安定。至清代，历民国，直至20世纪50年代初期，阿氏一直袭土司职，每一次职务的承袭，都经当时政府的批准，履行着治理本地、守土一方的职责。

封建领主土司有一套统治系统：土司——总管——堪布——斯沛——管人——伙头——排首。土司由首任土司卜都各吉之嫡裔担任，行长子承袭制，为最高统治者；总管由土司近亲担任，总管土司衙门事务；堪布由

① 《元史·地理志》，转引自方国瑜主编《云南史料丛刊》第三卷．昆明：云南大学出版社，1998：74页．

土司次弟担任，掌握宗教大权；斯沛系土司之嫡亲分封到一个地区成为该地区的统治者；管人系领主统治地域分管者，分为24管，各管一个地盘，向土司负责，由斯沛及已分衍的斯沛担任，掌管该地域的政治、经济、军事大权；伙头系基层行政组织的首领，管辖数个自然村，伙头中又产生总伙头；排首，管辖一个自然村或几个小村。土司的政权机构是土司衙门，衙门设总管、把事、师爷、管家。还设有监狱、土司兵等。

民国以后设立了保甲制度，区长由总管兼任，副区长由堪布兼任，乡长由土司和各地斯沛兼任，保甲长由伙头兼任①。

土司有一套土地、畜牧、渔业和习俗等方面的法律（习惯法——引者注）。此外还有严格的等级制度（含土司衙门内部的等级、政治组织的等级、人的等级）、武装及征兵制度、宗教制度、劳役制度、礼仪制度、税收制度等等。

永宁摩梭社会经济发展，早在明代，即有“土产牦牛”“毛可为帽、为缨”②之记载，可见当时畜牧业已占重要地位。清代，由于社会安定，生产可能有较大发展。抗日战争时期，随着滇藏、中印贸易的发展，永宁地区的商业贸易发展很快。至20世纪50年代初，其社会经济发展状况大体是：

农业：系当地主要产业，由于土司怕汉族大量迁入，禁种稻谷而盛产稗子，为主食。此外还产燕麦、小麦、玉米、青稞、荞子、洋芋等。稗子、玉米的耕作技术较为精细，翻犁三四道以后，还有平土、选种、密植、施肥、灌溉等一整套工序，收成相对稳定。一般年景粮食自给有余。蔬菜有萝卜、蔓菁、白菜、青菜、瓜类等。

畜牧业：占有重要地位，主要有牛、马、羊、猪等牲畜，高山上有牦牛场，土司及斯沛一般都拥有上百头牦牛，用以制作酥油及肉食。黄牛及水牛是犁耕的畜力，猪为主要肉食品，冬天杀了做“猪膘”③。马是主要的交通运输工具。此外还有鸡、鸭等家禽。

---

① 郭大烈，和志武著．《纳西族史》1版．成都：四川民族出版社，1994：430～435页．

② 明《寰宇通志》转引自郭大烈，和志武著．《纳西族史》1版．成都：四川民族出版社，1994：433页．

③ “猪膘”又称“琵琶猪”，将全猪去毛，剃骨，取出内脏，抹以酒、盐、花椒、缝上口子，压成琵琶形，可存放数年至十数年，味道鲜美。

渔业：泸沽湖盛产鱼，沿湖摩梭人以捕鱼捞虾为主业。沿湖分为13个捕鱼段，土司派有鱼官收税。鱼除了自食外，在当地出售，或烤成鱼干到外地出售或兑换粮食。

手工业：全系家庭手工业，生产家庭生活必需品，如织麻布、酿白酒或浸泡酥里玛酒、榨油等。几乎家家都有。

商业：永宁已成为滇、川边境贸易集散地，丽江纳西及藏族、汉族等民族商人频繁来往，藏区的山货药材由此运销昆明，云南大烟、皮革制品运销川、康地区。1935年永宁皮匠村辟为市场，自此，“百货屯集，商贾往还，蒸蒸日上”。随之，马帮运输业发展很快，永宁坝子至少有三分之一的农户直接参与马帮经商活动，他们的活动范围除了邻近区县外，有的远至拉萨、印度①。

关于民国年间至解放前夕这一阶段永宁摩梭的社会经济发展状况，土司后裔阿·扎巴松竹给我们介绍的情况很有价值，兹摘录如下：

> 一部分土司家族、责卡等很富裕，他们发财主要是靠做生意，他们赶马帮走西藏、康定、雅安、印度等，有的有上百匹骡子。（在土司阶层中）我家与阿少云家是较有钱的，除了靠农业收租吃饭外，主要是做生意。总管阿少云本人就干大生意，到印度、西藏、康定、下关、丽江做生意，丽江仁和昌、永昌祥等（大字号）他都有股份。他去西藏，骡子都有百多匹。再从我家来讲，我父亲（阿占胜，土司阿应瑞之第三子——引者）一方面做马帮生意，驮啦井盐卖，到西昌等地买牲畜卖，还到丽江、永胜、大理、下关等地做生意。另方面大养牲畜，有马、骡、牦牛、黄牛、山羊、绵羊等，光羊子就有千多只。当时羊子很管钱，大凉山的彝族常来买，七八只就可换一个白锭（银子），一年卖百把只，就有可观的白锭子②。

① 以上参见：a. 郭大烈，和志武著.《纳西族史》1版.433～434页。b. 云南省宁蒗彝族自治县志编纂委员会编.《宁蒗彝族自治县志》1版，昆明：云南民族出版社，1993：184～185页.

② 1996年11月12日，笔者的采访记录，见本书附件。

可以看出，在土司体制下，永宁地区的商业已有了相当发展，商品交换的发展，流通渠道的扩大（远及西藏、印度），已经说明当时这里的社会经济已有了可观的发展。当然，由于封建领主制的束缚，从事大宗商业活动的，仅限于土司等级及少数责卡等级，对大多数俄等级的人来讲，他们是难于问津的。然而，这些商业活动对推动这里的经济发展起着不可低估的作用。

显然，摩梭社会至近现代，其社会政治、经济发展决非原始母系制时代的采集、渔猎或原始农业可比拟。亦即摩梭母系制所生存的社会环境是封建领主制社会，而非原始社会。

第二，摩梭社会并非处于全封闭的状态，它与外界有着或疏或密的联系和信息交流。

自明代受封于中央王朝以来，摩梭社会与中央政府有着政治、军事、经济、文化各方面的联系。除呈报袭职、进京朝贡等例行公事外，还承担奉命出兵等任务，比如康熙十二年（1673年），吴三桂于云南举兵反清，永宁、蒗蕖土司奉清廷令助剿；雍正六年（1728年），“为剿除逆侬事，案奉永北镇柳行土练堵剿，阿有威选练三百名，会同官兵前往腊汝窝助剿”；咸同年间赴大理运粮、赴永胜防城等。在教育、文化方面，民国年间云南省政府加强了对这一地区的工作，如民国二十年（1931年），云南省政府将宁蒗列为实施边地教育的31个县之一，并通令执行边教计划；民国二十三年（1934年），在永宁皮匠街开办了省立永宁边地小学；民国二十七年（ 1938年）云南省教育厅电影队到永宁首次放映无声黑白电影，等等。随着解放战争的浪潮，摩梭地区也卷入了人民解放的洪流中。1949年8月，中共丽江中心县委派员到永宁，动员土司总管阿少云响应解放。9月6日，滇西北人民自卫军永宁彝务指挥部成立。1950年1月21日，在中国共产党领导下的宁蒗县临时政务委员会在永宁成立，阿少云任主席；5月20日，宁蒗县人民政府在永宁成立，阿少云任副县长。解放以后，在永宁设立了粮食局、民贸办事处、银行、邮政代办所、卫生院等①。与其他地

① 参见云南省宁蒗彝族自治县志编纂委员会编纂.《宁蒗彝族自治县志》1版．昆明：云南民族出版社，1993：12～19页．

区一样，永宁地区人民经历了民主改革、平定叛乱、互助合作运动、“大跃进”“文化大革命”、改革开放等一系列社会政治运动及经济改革浪潮。

摩梭人与周边各民族人民保持了较为密切的联系和交往。促进了各民族之间的友好关系及经济、文化的交流。

永宁地区摩梭人自古与普米族相杂而居，长期友好相处，俗有“摩梭西蕃一家人”之说，西蕃是民间对普米族的汉称，摩梭人与普米族相互通婚、相互帮忙。堰口坝张偏初老人给我们讲了这样一个故事：“据我外公讲，古时候西蕃人过喜马拉雅山到西藏，住不成，又转回来找到我们的头头，头头告诉他们：‘转来就好，没有吃的不要怕，我们打伙分起吃。’他叫摩梭大小用皮口袋装粮食送给西蕃吃，就这样西蕃在这里居住下来了。摩梭西蕃可开亲。”这只是民间传说，但可看出两个民族人民的友好关系。据学者的考证，普米族定居于四川盐边、云南宁蒗一带，当是公元7～19世纪这段时间，当时正值吐蕃王朝势力强盛之时，为向外扩张，王朝组织巴人[①]占领金沙江、雅砻江内陆之地，普米族遂进入了上述地区。摩梭人中还流传着普米青年尼玛甲泽帮助永宁第14任土司牙马阿赴京告状、打赢官司的故事，因其有功，土司给他封了官职，并规定所有普米族人在永宁拥有特殊的优待和地位。比如在土知府中有普米族人参政决策，担任要职，曾一度担任过土官，基层政权的总伙头、伙头等职多由普米族人担任；普米族人作为土司的百姓等级，享有特殊权利：土司承袭时，普米族人带牛皮甲、执枪刀剑戟，进土司衙门质询老土司死因，新土司及眷属齐跪下哭诉情由，请求饶恕。另，根据习惯法，若土司及基层统治者做事不合古规或贪赃枉法，只有普米族百姓有权以“散羊毛疙瘩”[②]的方式聚众反对，可以抄没其家财，土司要赔礼道歉。由于普米族在封建领主制下处于这种特殊的社会地位，普米文化与摩梭文化相互影响十分显著，衣饰、习俗、宗教信仰、民间文学等等，表现出你中有我、我中有你的文化交融现象。

---

① 藏语称普米为“巴”。

② 散羊毛疙瘩是一种聚众反对当地土司统治者的一种方式，它有两种形式：一种是一条羊毛绳打上许多结，结的数目等于联系点的数目；另一种是一条绳子分出若干小羊毛绳，每条上打以同数量的小结，条数代表联系点数，小结代表集合天数。羊毛疙瘩拴在两块小木板上，中夹一个辣椒、一根鸡毛、一块木炭、一节骨头，表示迅速、坚定、炽热。

藏族与摩梭关系也十分密切，自唐时受制于吐蕃以来，摩梭社会接受了藏文化的影响，一直沿袭至今。突出表现在全民笃信藏传佛教、统治阶级大力提倡和支持。据考证，佛教传入永宁的时间约有700年，从西藏传入，因其僧人称喇嘛，故又叫喇嘛教。喇嘛教传入后，受到统治阶级的重视和宣扬，本民族原始宗教受到削弱。元末明初以来，摩梭人掀起了一股学喇嘛热，永宁摩梭人家凡有两个儿子者，必送一子赴藏学经，因此，永宁摩梭人中喇嘛最多时达1000多人。喇嘛寺院也修建得宏伟壮观，永宁扎美寺占地400亩，殿内共有大小几万尊佛像，还有为数众多的藏文经典，是黄教喇嘛们从事佛教活动的重要场所，喇嘛曾达700多名。另一寺院萨迦寺，为白教喇嘛寺，占地200亩，寺院兴盛时期喇嘛曾达300多名[①]。喇嘛寺院内等级森严，最高佛位为活佛，第二就是堪布，此职由土司次弟担任，世袭，负责管理宗教事务。这样，土司家族把永宁地区的行政和宗教都把持住，几近形成政教合一的统治。喇嘛们除在寺院从事宗教佛事活动外，其余大都住在自己家里，诵经，为老百姓算卜问卦、驱鬼除邪、祈祷求福、举行丧礼、为新生儿取名等等，喇嘛教的影响渗入日常生活的各个方面。另外，由于永宁与四川木里藏区相连，长期以来，两地的摩梭人及藏族人民有密切的交往，尤其是赶马运输业兴起以后，其商业贸易也多与藏族及藏区来往，马帮作为使者，进一步加强了摩梭人与藏族的文化交流。

彝族自清代进入蒗蕖地区以后，黑彝奴隶主阶级势力迅速扩张，人口也发展很快。畏于外来势力的扩张，永宁土司采取封闭政策，所以彝族被拒之门外。1935年，永宁发生了反对总管阿少云派捐派款的斗争，群众千余人直奔总管府，抄了他的家，阿少云逃往泸沽湖海岛，并派人请凉山黑彝奴隶主解危，随之，彝族逐渐进入这个地区，但都在周围高山上。比如拖支周围的彝族，是当地分封土司阿占胜召引进来的，主要是为了发展畜牧业，把他家的羊子分户让他们喂养，除本分利。黑彝奴隶主与土司家族还有经济上的往来，如相互做羊子、大烟生意，而百姓间则是互通有无，所以两个民族之间也就自然形成了经济和文化的交流状况，但互不通婚。

① 参见宁蒗彝族自治县志编辑委员会编．《宁蒗彝族自治县志》1版．昆明：云南民族出版社，1993：207～208页．

汉族进入永宁地区，也是稍后的事。土司慑于汉族的涌入，采取一系列自我保护政策，如不准进入此地的汉族盖瓦房、修路、读书，只能当奴隶等。据土司后裔扎巴松竹介绍，当时最早通过正式途径进来的汉族只有钱、吕二家，他们就是现在的汉族聚居村累坝最早的住户。钱家是扎巴松竹的父亲土司三老爷让他们进来种稻子的；吕家是总管阿少云让他们进来，也为同样理由。因为发展牲畜需要大量草料，而原有的燕麦、青稞秆无法适应。让汉人进来种稻谷，每年只收稻草作为租钱，谷子归佃户所有。这已是民国时期的事了。随着汉人的逐渐进入①，摩汉文化的交流也就更为直接。据我们调查所得，主要在耕作技术、婚姻、家庭、饮食等方面相互影响较著。

至于丽江纳西人，属同一民族的两个支系，它与永宁摩梭人的经济、文化联系，也较为频繁和密切，两地土司有和有斗，有姻娅，也有对立，这是历史的情况。而人民则是长期和睦相处，皮匠村是永宁地区纳西人聚居村，这里的纳西村民来自丽江。据我们的调查，最早来这里的杨家，迄今已有7代，以每代25年计，也有100多年的历史了。他们所从事的职业主要有：皮匠、铜匠、漆匠、银匠、裁缝、医生等，这些都是为土司阶级服务的行业。据了解，他们大部分是为谋生而来，也有小部分为逃避兵役而来。据木学修老人的介绍，他们之所以能在这里立足并得到发展，主要是受到土司保护，土司有优待政策，比如划给建房的地基只交很轻的地租；纳西子女可以进私塾、不准强盗抢纳西人家等等。主要原因是土司阶级需要这些行业为其服务。他家之所以来到这里，其过程是这样的：外公在西藏当皮匠，与老总管阿云山相识，老总管就把他带来永宁为自己做靴子，并给他宅基地。他就把家眷从丽江束河老家领来，在这里安了家，现已有五代。杨绍文老人也向我们作了这样的介绍："我家是丽江县城里有名的银匠，当时老土司及老总管来丽江，打听哪家手艺最好，打听到我父亲最好，就动员我父亲，说这里生意好。我父亲就带着家口来到这里了。当时真的生意很好，干一天可吃十天，土司金子、银子多，不讲价钱，工钱都用金银。哥哥和我就继承了父亲的手艺，一直到1981年才从合作社里出来。"

① 主要是做生意，也有种地的。

摩梭人与纳西人相杂而处，互相往来，相互通婚，关系融洽。木学修老人告诉我们：摩梭与丽江纳西关系一直很好，从没起过矛盾纠纷。文化相互交流，尤以饮食文化最为突出，纳西人把各种手艺如磨豆腐、磨凉粉、酿酒、制醋等传到了这里，同时也学到了这里的一些做猪膘等手艺。

此外，摩梭也与白、壮[①]、苗等民族相杂或相邻而处，彼此都有交流，不一一枚举。

从以上方面我们不难看出，永宁摩梭社会自元明以来与中央政权保持着联系，他们与周边各民族及族系更保持着长期密切的交往，并非处于一种完全封闭的状态。因此，主流文化、兄弟民族文化对摩梭文化有着相互交流、相互影响的关系。勿庸讳言，由于江山阻隔、交通不便，与外界的信息交流相对闭塞一些，加之封建土司为维护和巩固其统治，采取了一种自我封闭政策，更加深了其封闭状况。然而也并非"桃花园中人"，较之有的生活于原始密林深处或1949年中华人民共和国建立前尚处于原始社会末期社会形态的民族，永宁摩梭社会还算得上较为开放和生产力发展水平较高了，中央势力、主流文化仍对其施加着不同程度的影响。特别是1956年民主改革以后，各种政治的、经济的变革与内地同步进行，跟着中国社会的进程而前进。摩梭母系制决非存在于一直保留着原始状态的封闭环境中。

第三，摩梭母系制依托于个体家庭，个体性和劳动的分散性是母系家庭的内核，它不同于民族社会以民族群体为单位生产生活的集体性。这种家庭是永宁摩梭社会的最小单位之一（另还有父系家庭），它不但是物质生产和经济生活的最小单位，而且是人口再生产的基本单位[②]。

摩梭母系家庭，作为最基本的社会群体，它担负着承袭文化和社会生活的主要责任，它具有教育示范，满足情感交流、依恋的需要，规范性行为，规范消费，文化娱乐等多种功能。民族学家曾把永宁摩梭母系家庭

① 当地叫仲教族，疑为仲家之误。

② 木芹．《永宁纳西族母系家庭与封建社会同体的原因》，载郭大烈编．《纳西族研究论文集》1版．北京：民族出版社，1992：357页．

与拉祜族母系家庭公社作过对比，因为拉祜族中也存在与摩梭类似的血缘以母系计、财产按母系传递的群体，被称之为母系家庭公社。如云南省澜沧县糯福区的巴卡那的热那帕·那珠朴家，共有130多人，包括25对从妻居的配偶及其子女。他们共同居住在一栋公共长屋中，屋内两边用木板分隔成小格，一个对偶家庭占据一格，中间为一条较宽的过道，供炊事用火塘就设于此[①]。这里未指明火塘的个数，但从其他调查资料看，不止一个，有的房屋有几格就有几个，有的依家庭成员组合情况的不同而个数不同。比如糯福区南波底那波家，成员47人，由那波的6个已婚女儿及其子女组成，公共长屋内分6格，设4个火塘，以夫妻为分食单位。阿米家，成员26人，由阿米的3个已婚女儿和阿米的妹妹那卡布及其子女组成，长房分为8格，设4个火塘。生产生活分成两种情况，阿米和她的3个女儿保持集体形式，那卡布则过集体生产和个体消费[②]。总之，一般来讲，一小格就住一个由一对夫妻及其子女组成的小家庭，一个火塘由一个小家庭用。俨然，这种家庭公社保持了集体联合式的结构，多为这一群体集体生产、共同消费，而这一群体包含有一对对从妻居夫妻组成的个体单元。它与摩梭母系制有相似之处，那就是血统以母系计、财产由母系继承，成员集体劳动、共同消费（也有个体消费）。然其最显著的不同之处是：摩梭母系家庭规模较小，其家庭结构较为单一，即以一个始祖母为轴心、仅包括这位始祖母所衍生的子孙们，不包括外血缘的人，虽然也有个别招赘的情况，但不像拉祜族那样普遍行男子入赘。何况永宁摩梭母系家庭系分散劳动的个体家庭（木芹语），他们以一个个家庭为单位，耕种土司配给的份地及缴纳实物贡赋，服劳役，不像拉祜族那样，虽然隶属于傣族封建土司，但其隶属关系是以村为单位向傣族土司缴纳地租和捐税，其土地占有和使用形态是以村落为单位，耕种则以家庭公社的形式进行[③]。可见，摩梭母系家庭的个体性更为突出，它更不是氏族社会中那种全氏族成员集体劳动、集体消费的形式。

---

① 严汝娴，宋兆麟著．《永宁纳西族的母系制》3版．昆明：云南人民出版社，1991：276页．

② 云南大学历史所民族组编．《拉祜族佤族崩龙族傣族社会与家庭形态调查》，1975.

③ 宋恩常．《云南少数民族社会与家庭制度研究（1）》．昆明：云南新华印刷厂，1978：346、348页．

而是一个个较亲近（一般为三代左右）的母系血缘群体共同生产生活的个体家庭，家庭人口平均一般为7~8人，10多人或20人的占少数。一个个家庭聚合着最亲近的母系血亲，直接传承着母系文化，进行着情感交流，实现着物质再生产和人的再生产，拥有共同的经济生活。成员之间有着连续性的社会关系和劳动分工，有着赡养和抚养的义务，等等，形成了摩梭社会最小的社会单位，从而显示着它鲜明的个体性。

摩梭母系家庭的主要婚姻形式走婚，是一一对应的婚姻关系，不同于原始的群婚。尽管其稳定性相对较差，不排斥较为频繁的相互离异，也不排斥相互之间尚可以另交情人，但就一段时间①而言，两人的婚姻关系是固定的，形成了较为稳定的一一对应的婚姻关系，并不像原始群婚那样某一氏族女子与另一氏族男子群体对应的婚姻关系。因而一般不存在“只知其母，不知其父”的状况。何况永宁摩梭人早已存在认子的习俗。

综合以上几个方面，我们认为摩梭母系制是存在于封建领主社会、并一直沿袭至当今的一种社会模式，决非原始氏族社会的母系制，不能把它冠以“原始”“活化石”之类的词语。当然由于同为母系，由此生发出的诸种文化现象有某些相似的表现，但这二者中间不能划等号，它们分属不同社会历史发展阶段，已属于不同的层次，不能混为一谈，正如我们决不能把摩梭较为宽松自由的性关系等同于淫乱一样。

第四，摩梭母系制是摩梭人的一种适合于他们的生存环境和文化传统的生存方式，是摩梭人的一种生存和文化的选择。

凡到过永宁摩梭地区的人，只要留心观察，就不难发现这里的生存条件是较艰苦的：海拔2600米以上，气候偏冷，土质和灌溉条件较差，作物只能一年一熟。四周全为崇山峻岭，交通不便，信息相对闭塞，相当长时期人们处于耕而食、织而衣的较低水平的生产生活状态中。这样的环境，决定了生存的艰苦性。加之人口少②，性格较平和，又夹处于几个大民族之间，为了保存自己，更利于自己的发展，必然在社会组织、家庭组织上创造和选择一种适合于自己的形式，母系家庭及走婚，就是这种选择的结

① 可以长达数年、数十年，也可以短至数月数日。

② 20世纪20～30年代洛克去考察时，记载的是300户人家。

果。因为母系家庭以母系这个最亲且可以较少矛盾的血统关系，把一个个血缘群体纽结起来，再扩大为社会组织群体，形成一种很强的内聚力。这种内聚力是自己生存和发展的保证。母系家庭，可以避免许多纠纷，周汝诚先生在其手稿《宁蒗见闻录》中是这样描述的："家庭之间，自然无夫妻争吵之事件，无父子争斗之情形，无妯娌失和之仇怨，无婆媳不睦之扰攘。而母女之爱，可以永久维持的。"何止母女，母子、兄弟姐妹之间，其亲情远超过任何一个从外边（另一血缘关系）进入的关系，即使当今亦如此。正因这样，它可以聚合着不同辈分的直系和旁系，形成了一个个母系血缘群体，并充分发挥着劳力集中、各司其职、抚幼赡老等群体的优势。这些优势再扩大为氏族村落等血缘和地缘集团，形成了团结互组、内融外洽的社会风尚。这无疑是一种较小型的社会群体所赖以立足于世的保证。

在性别分工方面，永宁摩梭社会实行男外女内的分工，家庭以外的事务，包括生产及经济活动为男人们所担负。据20世纪60年代初的调查材料，当地赶马运输业已有百多年历史，这是男人们的领地。昔日，马帮往来于木里、盐源、蒗蕖、永胜、丽江、西藏乃至印度，往来一趟，少则半月，多则数月至半年，在家时日较少。男子们还担负着担任地方武装队员及土司卫兵的职责，这也少有呆在家里的机会。此外，摩梭人长期笃信藏传佛教，20世纪50年代初以前永宁约有三分之一的男子当喇嘛。这样，男子外出或不从事生产者占了绝大多数。长年在家从事农业劳动及家庭手工业、养殖业者，是女人们。她们同时还得担负起家务劳动及生育后代的任务，从而成为家庭生产的主力和家务的主持者。故母系家庭的组成，在所必然。再从婚姻看，无论是从生理或心理的角度，长年在家的青壮年女人们，她们不能老是独身而处，那些浪迹天涯的男人们，也不可能是性机能衰退者，甚至那些为数众多的喇嘛们，也不可能全都成为禁欲主义者。总之，这些女人们和男人们，他们都是人，他们也都有自己的七情六欲。作为家庭而言，其本身也需要世系的延续，以保证家庭这一群体的绵延不绝。故无论从个人，或是群体，走婚作为与母系家庭相适应的婚姻形式，自然是最好的选择。就这样，家庭形态决定了婚姻形式，婚姻形式又促动着家庭形态，二者互为依存。

此外，母系制的存在，与摩梭人独特的价值观念、文化传统、思维方式密切相关。前面所讲的关于家庭、婚姻、群体、心理——文化等特征，就是具体体现。特殊条件形成的母系制，形成了一套相应的独特观念，而这些观念又强化了母系制这一生存方式，它排斥着各种政治的、文化的外来因素的干扰，长盛不衰地生存在永宁这块土地上。

对于摩梭母系制的核心之一的走婚之长期存在，《宁蒗彝族自治县志》总结了以下几点：一、一种特殊的民族道德观念和心理素质维系着它；二、封建土司领主阶级虽然在统治权力方面需要世袭而实行一夫一妻制婚姻，但因摩梭特殊的历史传统，允许民间保持阿夏婚（即走婚，以下皆表述为走婚——笔者）；三、部分穷人无钱娶妻，也无条件组合家庭，因此只能采取走婚形式；四、摩梭古来崇母，儿女总不愿离开母亲的羽翼；五、母系大家庭关系单纯，生活温暖，家庭和睦，利于家庭的富裕和美满，因而男女都不愿离开自己的母系大家庭[①]。从社会和家庭方面说明了走婚存在的原因，给我们以一定启发。

从父系到母系的演进程序

根据我们对摩梭母系制诸方面的考察，可以肯定它决非原始形态的母系制，同时，也不排除当今摩梭母系制经历了从父系到母系的演进程序。因为人类社会的发展不会是单一的演进程序，不然就难以解释当今世界上存在的种种社会模式，难以解释某些跨越既定阶段的“跳跃式”的社会发展程式。由于各民族所处的自然环境、社会政治经济、历史发展等条件的不同，其演进程序也会有所差异，家庭婚姻制度亦如此。

从历史上看，据著名纳西族历史学家方国瑜先生的研究，摩梭系秦时由西北河湟地区向南迁徙的古羌人的一支——牦牛羌之一部分。对牦牛羌这一族群，古籍又有髳、牦牛种、越嶲羌等之称谓，散居于我国西南蜀郡边境广大地区，支别名号很多，摩梭即其中一支。汉文古籍对这支的称

① 宁蒗彝族自治县志编纂委员会编纂.《宁蒗彝族自治县志》1版.昆明：云南民族出版社，1993：187～188页.

谓有摩沙、磨些、麽些、摩娑、摩梭等等，沙、些、娑、梭等皆近音。这一支族系住在大渡河南的年代很久，早在汉时已有一部分从这地区迁到雅砻江下游一带。后来其余部分亦沿大渡河南迁至越嶲郡定筰县，逐渐强盛，并已有了土长。樊绰《云南志》卷一云："台登城直西有西望川，行一百五十里入曲罗，泸水从东北来，至曲罗萦迴三曲，中间皆磨些部落。"唐时，因外族群入主此一地区，大部分成员分为两部分沿金沙江、泸沽湖迁至金沙江上游及泸沽湖周围一带。"兵分两路"以后，由于江山阻隔，随着时日的流逝，逐渐形成纳、纳日、纳亨、纳西等不同自称的支系，纳、纳日为今日之摩梭人；纳西、纳亨则为今日之丽江、中甸一带的纳西人①，他们统属纳西族。古摩梭即今纳西族之分布态势为以金沙江为界，分东西两个区域：西部主要为纳西人所居；东部为摩梭人所居，即四川的盐源、木里、盐边县以及云南的宁蒗县，为摩梭人的聚居区。由于没有成文史，很难判定摩梭人社会历史发展及婚姻家庭发展的详细情况，汉文古籍记载的零星片断，仅系史志方面的地理位置、建制沿革、生产、物产、土司人物等简况，婚姻方面也仅有蒗蕖土司区域父系制婚姻记载，母系制的资料，仅在《盐源概况》中略知一二。

据学界的研究，古羌曾存在过母系制，被称为麽些、摩娑、摩梭的这一族系在远古也行过母系制。这在打巴经、东巴经中都有所反映。任乃强先生称古羌人曾有过以女性为中心的社会，古羌文化最大的特点，是其社会组织中女性中心持续的时间很长②，从一个侧面印证了这一可能。具体来讲，还在远古的氐羌族群时期，整个族群曾行母系制，在秦时因避乱随畜迁徙而南下，"子孙各别，各自为种"之后，牦牛羌这支族群随着在定筰一带定居，生产力已相当发展，由畜牧而农耕，且有盐铁之利，氏族群体为单位的社会组织也逐渐演变为以个体家庭为单位的父系家庭，从而进入了父系乃至父权制，这在古籍及民间流传的创世神话、打巴口诵经、东巴经卷中也都有所反映。在由定筰迁徙之后，最终定居于泸沽湖周围的纳

① 方国瑜编撰，和志武参订．《纳西象形文字谱》1版．昆明：云南人民出版社，1982：4～14页．

② 任乃强．《羌族原流探索》1版，重庆：重庆出版社，1984：18页．

这一群体，由于其特殊的生存环境，又逐渐实行了母系制。故后来的永宁摩梭母系制，很有可能产生在父系制之后，理由如下：

第一，据《后汉书·西南夷传》中的《筰都夷传》及《华阳国志·蜀志》等史籍的记载，定筰（今四川盐源）一带的摩沙夷，早在汉代即已生活于这一地区，其首领为狼岑——盘木王之舅。既为舅，自当男性，男性为首领，已属父系氏族社会之特点。另据《元史·地理志·永宁州》曰："（永宁州）接吐蕃东徼，麽些蛮祖泥月乌逐出吐蕃，遂居此赕，世属大理，宪宗三年其三十一世孙和字内附。"既为孙，当为男性。因为该书为汉人所撰，按汉语言文字表达方式，孙辈之女性一般称"孙女"，而孙指男性。已正式有明文传世的《永宁土知府承袭宗枝图谱》（有甲、乙两种），则已明确记载为父子相承。可以看出，摩梭先民的土酋及后世的土司，早就实行父系制。

第二，田野调查资料。我们在调查中，发现因经济原因而改行走婚之说。如双目失明、年届76岁的摩梭老人那开苴补，他居住在县城边堰口坝这一摩梭村落，这里实行的是父系制。我们问他，同是摩梭人，为什么这里实行父系家庭，而永宁却实行母系制家庭。他的回答是，原来永宁那边也是娶妻的。因为娶妻聘礼太重，就改变为男女各居住自己家里。我们问他是怎么知道的，他说是听祖上老人们讲的。我们在拜访摩梭人的宗教领袖罗桑活佛时，也听到了类似的话。在谈到永宁摩梭人的走婚时，他说："这很有好处，最早（实行）结婚，但很难，出不起钱，就走婚。"我们问他，为什么永宁土司实行父系制，百姓却实行母系制？活佛的回答是："土司有姓（即父子相承的父系制的姓氏——引者），有财产、地位继承，其他人没有这一切，就无所谓了。"活佛还告诉我们，摩梭"男子出外做生意，家中只有妇女，当然她们就管家了。"在四川左所也有类似说法。从另一个侧面说明了母系家庭出现的原因。据学者考证，这一带的摩梭走婚制形成于元代以后。由于居住环境的闭塞，当地土司采取了与其他土司不大相同的统治方法。在租税问题上，把他们所占有的土地分为5个等级，即骡子地、骑马地、耕牛地、羊子地、公鸡地，并以这5种牲畜的价格作为级差地租，每亩地的年租就按相应的牲畜价格上缴。还以此价格为准制定了30多种税，如寺庙税、防务税、婚礼税等。其中婚礼税规定，凡辖区内的贫民结婚，都要按所种土地的等级缴纳与地租同等数量的订婚税和结婚税，如一家种有5亩骡子地，家中有一个子女结婚，就得缴纳10头骡子价格的婚礼税。无疑，这对贫民来说是个沉重的负担。当时流传着这样一首民歌："贫民要娶一个媳妇，比上天摘星星还难，比到东海捞珍珠还难；拐杖要拄断九十九根，草鞋要穿烂九十九双。"在这种历史背景下，贫民们就背着土司开始了男不娶、女不嫁，夜合晨分的走婚的婚姻形式。初始时土司曾加以制止，但贫民确实缴不起婚礼税，而祖制又难于更改，于是就采取了既不制止，又不提倡的办法。于是这种婚姻形式也就随着历史的推移而由秘密走向公开。除土司及上层外，下层人民都改行为走婚制。据介绍，当时的走婚所遵循的程序和规矩，还带有相当程度的男娶女嫁包办婚姻的痕迹，比如订婚要请媒人，婚姻由父母作主，男女成为秘密夫妻之后不得另求新欢，否则就将受到家庭、亲友的指责，直到解除关系①。俨然与当今盛行的走婚大不相同，它从一个角度反映了由男娶女嫁的结婚到双方非从一方而居的走婚的渐变过程。至于贫民们的实际经济状况，我们也可从民主改革前永宁的社会阶级结构及各个阶级、阶层所处的经济地位来加以认识。永宁摩梭社会至中华人民共和国建立前夕，已进入了封建领主制社会，已形成斯沛、责卡、俄三个等级，斯沛是统治阶级、责卡及俄是被统治阶级。责卡是依附于封建份地的、承担繁重封建义务的农奴或自由民，他们占有一定的封建份地，有使用权；他们较之俄等级，有较多的人身自由，但其前提是保证服劳役与交纳贡赋，否则份地和财产就要被没收，也可降为俄等级。俄等级具有半奴隶、半农奴的性质，他们要为主子服终身劳役，他们一般只有主子给予的少量耕食地，主子有权将其转让、陪嫁、交换和买卖。可以看出，这两个等级的经济条件是较艰苦的，它便于让我们理解由从夫居的娶嫁婚改行走婚的经济原因。

第三，永宁地区流传的创世神话《曹都路依依》②，其主体反映的是父

① 王德祥，罗仁贵.《"走婚制"之谜》，载《民族团结》1991（7）.

② 杨尔车整理：《锉治路一苴》，载《山茶》1982（3），有的又译为《曹都路依依》。在拉木·嘎吐萨主编的《摩梭达巴文化》一书的《子土从土（创世纪）》一则口诵经中，则译为"丛德鲁衣衣"。"天王"则是"天母"。此则神话有诸多异文，但结局皆为男女主人公结成了父系制的夫妻家庭。

系制：曹都路依依本人是上天求婚的男性，求婚成功后与天女结成夫妻家庭；天王是夫妻女儿同为一家、由父亲（天王）决定一切的父系家庭；求婚过程，如向求婚者出难题、向求婚者索要聘礼、由家长决定婚事以及天女婚后随夫下嫁人间，等等，皆为父系及父权制所特有。神话并不等于现实，但神话却是现实生活的折射，它至少说明这则具有经典性的创世神话，折射了父系制婚姻家庭这一现实生活，神话产生的时代还可能是父系制的家庭盛行的时代。它说明永宁摩梭社会的确存在过父系制家庭。有意味的是，神话的结尾处及一些枝节，却染上了一定母系制配偶不大固定的特点，男女主人公皆因外来因素先后找了另外的配偶，但最终仍组成了两人共同的小家庭。尽管如此，统观整个神话，贯穿始终的，是父系制的特点。打巴口诵经《拉巴咪卡察》，讲的是一位叫拉巴咪卡察的美女，不光漂亮，而且十分能干，追求她的人很多，叫她结婚她不结，找了七十七个配偶嫌不够，要找九十九个，又嫌不够，找了113个，如此等等，对她又褒又贬①。这部经书属驱鬼经，把女性当“鬼”驱，可以约略窥视到父系制对母系制婚姻的批判。即对父系制产生之前的原始母系制婚姻的批判，反映了父系制的道德观念。

第四，至今摩梭民间还流传有摩梭为什么不出嫁女儿的传说及相应的丧葬仪式，其核心讲原来出嫁女儿，后因某种原因改变为不出嫁。如《舅舅披毯奔丧》一则，讲述的是一对姐弟因父母早逝，两人相依为命，姐姐嫁到远方后，因姐弟异处，以至后来互不相识，造成误会，酿成了一出弟弟生怒、姐姐抱憾而亡的悲剧，以此说明“姐弟同在一屋”“不再分居另住”的缘由。与此相应，在摩梭葬礼中，有一个最隆重的仪式叫“斯克”：在出嫁的姐妹去世时，她的子女们首先得通报给舅父，请求舅父奔丧。舅父得此消息，要怒斥甥男甥女，甥辈们要向舅父自责。待舅父选定好奔丧日子后，甥辈们要备马前来迎接。届时，奔丧队伍簇拥着舅父出发，有放枪者，有牵牛牵羊者，有吹唢呐者，浩浩荡荡来到村口，所有甥男甥女们在路下方磕头致谢。舅父披着毛毯（送给自己已逝的姐妹），背着弓箭，肩扛牛腿，来到大门口，挥刀砍门槛三下，以示愤怒。接着就唱挽歌，整个

① 拉木·嘎吐萨提供。

场面庄严而又动人。死者遗体火化时，其兄或弟（即孩子们的舅父）要添上一根柴。打巴经中的《斯克》就是吟唱姐弟从亲密无间到互不相识、姐姐亡故、弟弟披毯奔丧的全过程。认为“姐弟不相识造成悲剧，所以人们不再分家，不再把女儿嫁出去，兄弟姐妹共同生活在母亲身边。从那时开始实行母系家庭和走婚。”① 这个经典及仪式，至少说明了这样一种观念和事实：女儿出嫁使骨肉分离，应予废除。先有出嫁这一存在，才会出现纠错而改出嫁为不嫁这一举措。由于历史原因，摩梭尚无自己的成文史，本族群的历史，往往以口耳相传的形式用打巴口诵经流传下来，这一传说及上则神话正如此，它们起着不成文的历史的作用。这种情况在少数民族中具有普遍性。决不能因其不为正史而忽略了它的史学价值。

基于上述理由，笔者认为不排除这种可能：早在定筰一带定居阶段，摩梭先民实行的父系制，后来随着在永宁坝子的定居，农业生产的发展，以及妇女在生产生活中的重要作用，再加上婚姻的买卖性质（聘礼）及婚礼税的苛重，男子外出事务的增多等原因，逐渐促成了母系制的形成。于是，有相当一部分摩梭平民及农奴等级实行了母系制，而土司等级则因其父子世袭统治及适应汉制的需要，加上经济条件的优越，依然保持着父系制，并在与中原政府的交往中进一步得到巩固。故永宁摩梭家庭制度的演进史，当是父系制向母系制的演变，与此同时，父系制在土司阶层中一直沿袭下来，在百姓家庭中则时有二者的转换。

这里，有一个理论问题，即母系制产生的时代及条件问题。

按照传统的观点，母系制产生于原始采集经济或原始农业时代，因为当时的生产方式决定了以女性为中心。但从实践上看，不尽如此，据人类学家的研究，世界上有的民族的母系制，可能产生于从事种植的农业社会中，因为在某种情况下，妇女们在生产中起着重要作用。从永宁摩梭社会看，尽管它已处于普遍使用犁耕的、有一套管理办法的农业社会，但妇女在获取食物的农业生产中仍起着重要作用，且握有家庭经济实权，在这样的经济基础上，形成了母系制。这一事实说明母系制并不一定在原始时

① 拉木·嘎吐萨主编．《摩梭达巴文化》1版．昆明：云南民族出版社，1999：72～111页．

代才能产生和存在，问题的关键在于妇女在生产生活中所起的主导作用和与之相适应的社会伦理观念，这是母系制所由产生的最基本的条件。我国有的少数民族如居住在怒江大峡谷中的怒、傈僳、独龙等，至1949年中华人民共和国成立前夕尚处于刀耕火种、阶级分化不明显的原始农业社会阶段，但因不具备上述条件，所以实行的是父系制。以怒族为例，直至1949年以前还残存着氏族的公共荒地和共耕制生产方式，人们普遍使用木锄、竹锄进行刀耕火种，其社会生产力发展水平远低于摩梭人，生活环境也比永宁摩梭人更为闭塞，可是从他们可知的历史至今，一直实行着较为严格的父系制。而已进入封建社会、实行犁耕的永宁摩梭人，却实行母系制，正与上述原因有关。

摩梭母系制的生命力

永宁摩梭母系制在其漫长的历史进程中，经历了各种政治的、文化的、经济的冲击和干扰。历史上藏传佛教文化的强大冲击、中原主流文化的不断影响、杂居民族异文化的包围、商业经济的发展等，都对永宁摩梭社会施以影响，然而并未能改变他们的生存方式——母系家庭、走婚及与之相适应的社会习俗。至于政治上的干扰，莫过于那场灾难性的“文化大革命”中的“婚姻改革运动”。听人们讲起当时的情景，真让人震惊而又啼笑皆非。当时人们被集中到村公所开会，强迫指认自己的对象，然后摆起瓜子“举行婚礼”。就这样，许多摩梭男女被迫违背传统，违反心愿，组成一夫一妻式小家庭，上演了一出出闹剧：有“有情人终成眷属的”，有“生米下锅的”，有“一家二代同时举行婚礼”的，如此等等，不一而足。若不这样，将被扣工分、扣口粮。然而令人深思的是，粉碎“四人帮”以后，政策宽松了，不少人又从一夫一妻式小家庭中走出来，回到了自己的母系大家庭，恢复了传统式的走婚生活，尽管其中有不少走婚对象仍为一夫一妻小家庭时的配偶。我们曾采访过一些人，问他们为什么要这样做时，他们的回答竟那么相似：不习惯。其实，这“不习惯”正意味着传统文化的力量。据1987年我们对温泉瓦拉片村的调查，该村1975年被强迫结成一夫一妻式家庭的共有23对，“文革”后有14对恢复了走婚生活，其中有12对仍为原来的夫妻。保持了夫妻家庭的有9对，主要是夫妻双方年事已高，难于分开独立门户，逐渐适应了一夫一妻式家庭生活，并非一起始即出于自愿。此种情况我们在其他村寨的调查中也屡有出现。概括起来，夫妻未分开的原因大致有三：一、双方年事已高；二、已适应了夫妻式家庭生活；三、子女多，需照料。然而有意味的是，这些夫妻家庭的成年子女，大都又过起了走婚生活，这种情况带有普遍性。如瓦拉片村松古·独支玛与吉巴互为走婚对象，“文革”中被迫结成一家，现仍维持夫妻家庭而为1户，但他们的女儿泽里独玛又行了走婚，并生有4男1女，全与他们生活在一起。又如下落水村在“文革”中被强迫组成夫妻家庭的共有7对，1996年秋我们去调查时，2人已过世，1人返回母家，4人仍保持了夫妻家庭。据村长介绍，没返回母家的主要原因是包产到户（男方）本人的土地分到了夫妻家庭。据我们的调查，也还有其他一些原因，如汝亨家，1996年时已50岁的汝亨·扁玛，与其丈夫58岁的格则·贡嘎，原为走婚对象，在“文革”的“婚姻改革运动”中被强迫组成一家，格则·贡嘎就住到了汝亨·扁玛家，现仍为夫妻家庭，其原因是扁玛家人多又缺男劳力，而且彼此都适应了这种生活。然而他们的儿子丹史泽、女儿泽拉措又都过起了走婚生活，丹史泽与其走婚对象腊古·扁玛拉姆所生两个儿子，成为拉古家的家庭成员，而泽拉措与其走婚对象给若所生一女一子则成为汝亨家的家庭成员。在争波上、中、下三个村子，“文革”中被强迫结成夫妻家庭者的子女，几近全都又过起了走婚生活，如下村在“文革”中结成夫妻家庭的有11对，而今他们的成年子女全都实行走婚。

可以看出，永宁摩梭母系制在其生存和发展进程中排除了各种外来因素的干扰，长盛不衰地生存在永宁这块土地上。那么，其生命力究竟在哪里？

第一，这种婚姻和家庭制度具有其自身的优越性

我们在调查中，感受最深的是当地摩梭人对自己的母系家庭和走婚所表现出来的那种自信和自豪，他们把母系家庭归结为几大优点：

1. 资产集中，劳力集中，有利于发展生产，从而促进家庭富裕。

他们认为母系大家庭资产不分散，有经济实力，同时分工合理，各尽所能，人多力量大，好发展生产，有利于家庭的发展和富裕。

从理论上讲，资源的占有及分配，为母系大家庭这个集体，劳力也集中于这个集体。在生产力并不发达、人们抗御自然灾害的能力较低的情况下，其资金及劳力资源相对丰富，依靠群体的力量来求得温饱，较之个体力量，必然占有优势。昔日的母系大家庭，正适应了这一经济发展需求。当前的以农户家庭为单位的家庭联产责任制，使家庭又变成了一个生产单位，可以自主经营，自行安排生产，自主支配产品，除了农业生产，人们可以抽出一部分人力搞副业或外出打工。这需要有较充足的人力资源。恰好，人多力量大的母系家庭客观上适应了这种经济发展需求。我们在调查中发现，首先富裕起来并搞得红红火火的，多为母系大家庭。比如以发展旅游业而脱贫、并成为丽江地区十大富裕村之一的落水村，几家经济实力强的大户，全为母系大家庭。瓦拉片村，亦如此。因为母系大家庭成员多，劳力分配合理，各擅其长，致富门路相对多，经济收入也就多。而夫妻小家庭人口少，劳力少，顾了一头就顾不了另一头，收入也就相对少。所以母系大家庭在现阶段的经济发展中显示了它的长处。

2. 家庭内部团结和睦、尊老爱幼，为赡老抚幼提供了保障

母系大家庭内部以血缘为纽带把全体成员凝聚在一起，关系单纯，形成了相互关心、相互谦让、相互体谅的传统，家庭里充满文明礼貌、团结和睦的气氛，幼有所养，老有所靠，残有所依，故摩梭社会无孤寡和流浪者。

这方面，我们在调查中的确深有感受。1987年夏秋之交，我们在里格岛调查时，结识了阿加·丹史，他是位因公致残的复员军人。我们去时，正值秋收时节，全家人都到地里收荞子去了，丹史坐在火塘边守家，一位从小洛水来的客人正与他烧茶聊天。他告诉我们，自从他致残回家以后，全家人都尊敬他，给他以细心的照料，专门给他另开伙食，吃营养好、易消化的食物。他说，若不是出生在摩梭母系家庭，很难想像自己的日子将会怎么过。1996年我再次见到他时，他脸色比过去好，并且可以较为自如地走路了，人也长胖了，只是头发添了几根银丝。他的侄儿侄女们围绕在他两侧嬉戏，他高兴地摸摸这个，牵牵那个，而他的弟妹们则在忙着背包

谷往粮场上送，此情此景让我感慨不已。我们住在摩梭家庭里，未见过孩子们调皮捣蛋，也从未见过大人们打骂孩子，听见最多的是老人们背着孩子哼着的催眠曲，看见最多的是长辈对晚辈轻言细语的教诲，以致我的同伴惊奇地发问："这里的孩子为什么那么懂事？为什么不见大人训斥却那么自觉？"的确，相互尊重、相互爱抚，已形成一种社会风气。

3. 融洽相处，助人为乐，一家有事，众人相帮，保证了社会的安定团结

摩梭男女总是向我们夸耀：助人为乐、济人为荣是我们的规矩，我们不会见死不救、见难不帮，别看我们办丧事那么讲究，全体"斯日"（家族）成员、全村人都来分担。起房子也是一样，大家来帮忙，所以办事那家人不会遇到困难。1987年和1996年，我们在永宁摩梭社区，遇上了两次丧事，一次是上开基一家人的葬礼，死者是位40多岁的妇女，名叫丙玛。出殡那天，天上下着绵绵细雨，起灵时全村妇女那顿足哭号、拥作一团的情景，令人潸然泪下，当房状的棺材由人背搭成的"桥"上缓缓越过，走出家门，穿行在村间小路时，到处是"丙玛呀，丙玛！"的呼号声和恸哭声，人们都在为丙玛的过早离去而悲痛，她的儿女们更是痛心疾首，泣不成声……整个村子弥漫在悲痛的氛围之中。第二次是下落水没日家的葬礼，死者独支丹史，是位50多岁的男子。葬礼很隆重，全村人都把它当成头等大事，除了被轮值接待游客者外，整个村子，包括落水上村的普米族人家，无一例外地前来帮忙，停下了自家的一切活计。在灵前一家家前来祭供、跪拜，妇女们更是成群抱成一团、顿脚痛哭。起灵、过村、火化前的最后告别，更是全村哀恸、令人心碎。这种乐同乐、哀同哀，团结如一家人的风气，体现在社会的方方面面：起房盖屋，乡邻帮忙；收庄稼赶不上趟，先完的人家主动来帮忙，这已是常事。乃至认识的朋友，只要有困难，他们也乐于相助。由于社区成员们彼此都有点血缘或亲戚关系，在处理人际关系上相互让步、相互尊重，所以一些纠纷一般会平和解决，较少扩大为尖锐的矛盾。

4. 不近亲成婚，故能优生优育

传统上摩梭行氏族外婚，同家族及血亲不婚，基本不排斥民族外婚（个别有排斥），尽管婚姻自由，但伦理规范禁止父母双方的血统五代以内

成婚。若当事人不知，母亲会主动告诉她或他。故一般来讲，人们都严格遵循着传统婚姻规范，近亲不发生婚姻关系。另外，一个母系大家庭内的姐妹之间还有生育方面的自我调节，姐姐或妹妹子女多了，自己（女）少生或不生。女性在走婚当中也还有自我保护措施，避免孕期或经期的性关系等。产妇在产期或哺乳期，孩子在婴幼儿时期，都得到大家庭的特殊照顾，吃最富于营养的食物，受到家人精心的护理或关照。这些，都从客观上保证了优生优育。这也是摩梭人引以自豪的一个方面。从生育健康的角度讲，配偶双方性关系的和谐与协调，也有利于子女的健康。

5. 母系大家庭几代人共居一个院落，传统上不兴分家，节约了土地。

这是摩梭干部们所津津乐道的话题。他们说，那些实行父系制的民族，儿子长大一个，就要分出去一个，就要起一院房子，这样耕地越来越少，村子越来越大。而摩梭呢，除极个别人口太多需要分家外，母系家庭不分家，土地得到了充分利用。我们在调查中，也听到不少摩梭男女发表了类似的议论，他们对那种不断分家、不断占用耕地作为宅基地的状况表示忧虑。在永宁，人口增长率最低、占用耕地作宅基地最少的是摩梭，这是其传统生活方式、传统观念使然。据了解，民国年间土司三老爷阿占胜的分封地拖支村的拉丁古（汉名叫西蕃坪）只有五家普米族人，现已发展为20家，形成了一个村子，而三老爷府所在地的拖支村，当时有22户摩梭人，现有58户，乍看起来，60多年间户数增加了2.6倍，实际上有6户为土司家奴在民主改革后分出来独立成户，12户为文革中强迫结成夫妻小家庭而分出来的，所以实际上为40户，恰好增加了1.8倍，而普米族则增加了4倍。需说明的是，拖支村由于系分封土司府所在地，分居奴多，父系家庭占的比重大，改革开放以后分家的比其他村寨多，计11户，所以相对而言，增加的户数较多。传统上盛行母系制的落水、温泉等，家庭户分衍的情况较为缓慢。以下落水村为例，传说中最早来这里的摩梭有9户，也说不清过了几百年，发展到今天的33户，而且有的是后来才从江边拉伯等地搬来这里，有的则是总管家奴在民主改革以后在这里成家的，此种情况约有10来户，可见其家庭分衍速度之慢。家庭分衍慢，家庭户数少，耕地被占用作宅基地的也就少。同一村的汉族，家庭户发展得快，所占耕地也就多，这使村里人感到了忧虑。

综上所述，母系大家庭以其自身的优长之处，适应了永宁摩梭社会的经济发展、生存环境、价值观念，使它能长盛不衰地存活于永宁这块特殊的土地上。

对于走婚，摩梭人也津津乐道，概括起来，大致有如下优长之处：

1. 自由自主

结合自愿，离异自由，当事人自己掌握自己的婚姻，基本没有家庭和社会所施加的种种压力和束缚，以及由此衍生的种种利害关系。

2. 男女平等

一般来说，在走婚关系中女子处于主导地位，但双方都有自己的人格和独立，只要有一方不同意，关系就建立不起来。双方互相爱慕或互相有同居要求，这是其前提。双方的相互尊重，这是建立走婚关系的基础。惟其如此，建立走婚关系的男女，其地位是平等的。

3. 以性爱和感情为基础。

走婚关系的建立，排除了政治的、物质的、等级的干扰和约束，处于人性被尊重的状况，一般说来，没有人为的桎梏和扭曲。当然，就传统而言，这种婚姻最大的弱点，是稳定性差，加重了妇女（特别是中年妇女）生理、心理、情感和生活上的负担。随着时代的发展，这种状况正逐步改变。我们曾访问过不少年轻妇女，她们绝大多数都表示不愿从夫居，说这可避免许多矛盾和烦恼，自由安宁。看来，她们更崇尚于以主体的地位让婚姻使女人保持自己作为人的独立性。对此问题，男人们又是怎样的呢？摩梭青年作家拉木·嘎吐萨曾发出了这样的感慨："他们的感情旅程却辛苦，不管自己的情人在多远的地方，他们从日落西山就起步赶路，夜间来到女子的花楼，第二天黎明又得踏上归途，无论风吹日晒，还是雨雪纷纷，他们像候鸟一样飞来飞去，永远是女子家的客人……"[①] 这是受了中国传统文化熏陶的、已经过理念化的男作家的感叹。实际上，在人与自然交融、荒诞与科学并存、理想与现实共生的氛围中生活的普通人，更多的是"自然而然"。何况他们无需更多的经济上、伦理上的负担。故而更多的男人们乐于走婚，他们认为这样更轻松些。这是我们在调查中所时时接触到的。

① 拉木·嘎吐萨著．《梦幻泸沽湖》1版．昆明：云南美术出版社，1993：90页．

第二，摩梭母系制的顺应性和适应性

纵观摩梭母系制的历史，它之所以长存不衰，与其能与社会环境相协调、相适应、相顺应有很大关系。云南大学历史系木芹教授对此作了详细的论述，他认为“母系家庭与封建社会同体的原因”有四：

1. 历史发展中的重大挫折。唐德宗贞元年间，南诏将纳西族（今摩梭人——引者）万户、五六万人强徙于滇池地区，这些人应是居住在永宁、盐源的那一部分，其结果使这里的纳西族（摩梭人）所剩无几。于是他们为了自身的生存繁衍和发展，遂选择了“最简单而又易于自卫自存的办法，即将当时还残存”于他们中的“父系母系混合家庭及对偶婚”复合起来。

2. 母系家庭及走婚作为维护封建领主统治的有力工具而存在。永宁土官在明永乐年间由土知州任命为土知府，之后，土官一直传袭至中华人民共和国成立。永宁虽为府，但地盘较小、势力不大，往往遭到周围各种势力的威胁，“不仅处在藏族农奴主和彝族奴隶主的包围之中，还有来自丽江、盐源纳西族统治者的威胁，为了不甘于这些压力和威胁”，维护和巩固自身的既得利益，“永宁土官将民族内婚制作为对抗民族同化的工具来使用”，同时为了对抗丽江、盐源诸地土官的威胁，于是把通婚范围进一步限制在永宁摩梭内部。并且以母系家庭及走婚来解决男女比例不协调的问题，并以此作为保证“封建领主的劳动人手再生产的工具”。

3. 母系家庭及走婚的适应力。走婚与“民族内婚和地区内婚相适应”，“它既符合了对抗民族同化的需要，也适应了本民族的繁衍”，同时适合了斯沛等级一夫多妻的变了形的欲望；走婚还无形地沟通着斯沛、责卡、俄三个等级，“从而适应了封建领主的需要。”

4. 交通闭塞，“封建领主社会的闭关性、婚姻家庭的封闭性”致使这一地区大约有700年几乎处于凝滞状态，只是到了近代，开始受到商品经济的一些冲击[①]。木教授的论述，从历史学家的眼光，为我们认识摩梭母系制的适应性——它赖以立足并长盛不衰的社会历史背景提供了较全面的依据。从某种意义讲，人类社会也同自然界一样，有个“适者生存”的现象，只有顺应潮流、顺应历史，才能得以生存和发展。摩梭母系制，正是

---

① 参见郭大烈编.《纳西族研究论文集》1版. 北京：民族出版社，1992：359～366页.

以其适应性与其生存的社会环境趋向同一，才得以生存。当然，其中有必然，也有偶合。它是生存于永宁摩梭社区这个特定的社会和自然条件，而不是其他不具备这些条件或只有其中之一、之二的地区。

第三，母系制与摩梭文化的合拍

我们在前面讲述过，摩梭文化的特质是注重人性的自由和社会的安宁，摩梭母系家庭和走婚，正是把这二者自然地融合并体现出来，既为这二者的载体，又为这二者的推动因素。母系家庭和走婚，存在于摩梭整体文化之中，体现了摩梭文化的目的，充溢着一种温情和人性的自由、平等，这是质朴的、未经雕凿的、更趋于人的本性的一种文化。家庭作为社会的细胞，它那成员间的友爱和睦，形成了一种传统，并泛化为哀则同哀、乐则同乐、礼让和睦的社会风气。个人作为家庭的一分子，他（她）那注重感情、崇尚自然的心态，泛化为家庭的相互关心、相互尊重、两性平等的人际关系。个人与家庭、家庭与社会就这样相依相存、相互支撑、相互促动、相互交融，形成了摩梭文化的特质；这一文化特质，又反过来影响着、塑造着摩梭的家庭和个人。

还是让我们来听听扎巴松竹的讲述吧：

> 我们摩梭不惹事，过自给自足的生活。相对来说，永宁是平静的，而蒗蕖土司、左所土司地方都相当乱、相当不安宁……当时永宁主要由总管阿少云来管，土司阿民翰在1947年死了。永宁地区的主要威胁来自木里，藏族伙头多尼比桑经常来侵犯，抢财物、赶牲口、烧房子等等。解放前夕，阿少云通过适当的办法，与他达成互不侵犯协议，永宁又得以安宁。比邻近土司地方，永宁较安宁，人民较安居乐业。
>
> 我们摩梭信佛教，佛教的教义与人为善，自己做好事，才对自己有好处；对人有同情心，才对自己有好处等等，这些教义对百姓、对土司都有影响。百姓认为他本来就是土司，我应服他管；土司头人认为对草民百姓要同情点、爱怜点，不要过分。这对融洽统治阶级与被统治阶级是有作用的。

从土司统治的经济状况来看，土司有相当数量的土地、苛税、奴俾，都要分给从土司家中分居出去的成员，但他们单靠奴隶来富裕是不可能的。八株有好几家是历代土司家分出去的（斯沛），到解放时多数已一无所有。相反，一部分平民百姓在解放前已相当富裕，有的已超过一般土司，比如开基的拉车家、忠实的那珠丹史家、拉伯的那它甲阿家及那它博塔家，都是责卡等级，但其经济实力已超过一般的斯沛等级。这些人发财主要是做生意，土司对他们是比较宽容的，若在其他土司区，不是被没收，就是捐献，要把他们削弱下来。

从上述介绍，我们可以从一个侧面了解到摩梭传统文化贯穿着和平、和谐的精神，它渗透到了政治、经济、人际关系各个方面，乃至超越了阶级。这与家庭组织、婚姻关系及宗教信仰、社会道德观念等相辅相成，形成了互动关系，不断强化着摩梭人的母系制及母系文化，从而创造了摩梭的文明。

第四，两性较为平等

这里所指的是社会意义上的两性关系问题。本来，男人、女人都是人，都应是平等的，不存在谁卑谁尊、谁贵谁贱的问题。然而，人从呱呱坠地那一刹那起，社会文化就赋予了他们以不同的社会角色，而且在社会化过程中不断加以强化。自国家和阶级形成之后，两性不平等、妇女处于从属地位更趋突出。迄至科学技术高度发展的今天，此问题仍严重存在着。寻求两性平等和谐发展，已成为当今世界妇女运动的主流。那么，摩梭母系家庭这个人类小群体，两性关系究竟处于何种状况？这是我们所关注的问题。从大量的调查研究中，我们得出了这样的结论：摩梭女人和男人，在家庭中的地位相对平等，但这种平等地位未全部转化为社会地位的平等。然而，与外部世界的绝大多数妇女相比较，摩梭女人仍处于两性较为平等的氛围中。

勿庸讳言，以母系大家庭及走婚为核心的摩梭母系制是建立在生产力不发达的基础之上的，至今仍是自给自足的低水平的农业社会，昔日人们生活于耕而食，织而衣，日出而作，日入而息的状况，对大多数人而言，他们只求温饱，对生活无更多的奢求。猪膘肉曾是他们财富的象征，几代同堂曾显示家庭的兴旺发达，他们与世无争、与人无争，与世和谐、与人为善。这一切，体现在他们的处世为人上，也体现在男女两性的和谐平等上。都是自己的骨肉，都是自己的兄弟姐妹，大家都是平等的。所以，在一个家庭中，不管是己出或他出，姐妹兄弟们把孩子们称做自己的孩子，无论男女，一视同仁；孩子们也都把自己的生母和姨母叫做“阿咪”（妈妈），把舅舅们叫做“阿乌”，对“阿咪”和“阿乌”同样敬重，一视同仁。“舅掌礼仪母掌财”的性别分工，正好说明了两性权利的相对平等。据了解，专门负责管家的“达布”一职，虽为女性领地，但若某家在理家能力方面女不如男，那么男的也可担此角色。在资源的再分配上，两性都享有同等的权利——全家人拥有共同的资源，全家人都享有同等的分配和享受的权利；劳动分工依年龄进行，没有性别歧视，若有的话，那不是它的原本，而是外来文化的渗透。生育方面，没有严格的性别差异，生男生女同样受到重视和欢迎，因为男孩女孩都是家庭中不可或缺的人口。据资料载，永宁摩梭昔日曾“以生女为贵”，显然，这是由于母系血缘传递由女性来完成之故。随着时代的推移，它也在起着变化：男方无女，可以从男方居，也可以过继养女。同样，若女方家庭缺男劳力，可以从女方居或过继养子。一切遵从自然、和谐、平等，没有伦理化的桎梏，故而母系家庭中同时存在两种血统的比重越来越大。

通过对摩梭母系制及其文化的调查，引发了我们这样的思考：应该怎样来理解文明和进步、原始和落后这些概念？

摩梭，这个被外界人视为“落后”、乃至“原始”的社区，却有着“先进”地区所没有的人性的平等、两性的和谐；而在外界，在物质文明高度发展、高新技术领域不断扩大、传播媒体以更精尖的手段展现的同时，妇女却往往或作为贤妻良母依附于男人，或被作为色情目标来支撑“繁荣”，这些现象该作何理解？难道不能建立一个两性平等和谐、社会高度发展的新世纪吗？

摩梭母系制以它特有的生命力，走过了漫长的岁月，排除了各种各样的干扰，顽强地生存在永宁这块土地上。

在今天，它正面临着商品经济的挑战，它的命运将会如何呢？

我看见了它在新时期的顺应性，看见了它的传统文化的调适和整合。我也体察到了足以与之抗衡的新的能量正在集聚着，选择着新的走向。

母系文化对摩梭男女的塑造

社会文化规定了男女两性的社会性别角色，规范着他（她）们的行为、心理、思维方式和价值取向。对一个社会成员来讲，这种角色意识并非与生俱来，而是在其社会化过程中形成的。

纵观摩梭社会，母系文化对两性成员的角色规定性，是在纯生理基础上所产生的劳动性别分工来形成的，未含性别不平等、性别歧视的社会内容。只是在社会发展进程中，由于外来文化的影响，出现了某些方面的性别不平等意识及现象。然而，就其母系制自身而言，两性处于较为平等的状况。母系制在其生存和发展的历史长河中，不断塑造着摩梭的女人和男人。

永宁摩梭母系文化，究竟塑造了怎样的女性呢？

从存在和发展的角度看，既有积极面，也有消极面。

从总的来讲，由于女性生活于传统中国社会所难有的宽松的文化氛围中，她们有一种较强的自主意识和自立能力，决没有那种依附感，也较少有弱者意识。她们用自己辛勤的汗水，耕耘着脚下的土地；她们用深沉的母性之爱，聚合着全家大小。她们无需依傍男人的庇荫，也无需依赖男人而生活，相反，家庭中的男人对她们有一种依赖感。艰苦的生存条件、繁重的家庭重担，磨炼了她们吃苦耐劳、坚韧不拔的性格，宽松和谐的社会文化心理、团结和睦的家庭气氛，陶冶了她们那豁达、谦让、平和、开朗的气度。

凡是到过永宁摩梭地区的人，都对妇女们的开朗和能干，留下了深刻的印象。我们曾接触到老中青三辈不同的妇女，她们都基本具有这些特点。让我们不妨认识她们中的几位：

姗扎·独玛茨尔，1996年时为67岁，一位传奇色彩很浓的女“马锅头”[①]。她体魄魁梧，性格爽朗，身着传统摩梭服装，俨然是一尊女神。看上去比实际年龄小10多岁，她是家里的达布，管理着一个3代10口人的母系家庭，新盖的两所讲究的两层楼房，与木楞老房及畜厩，组成了她家那四合院的格局。她家有3个劳动力，种着18亩田地，1995年收粮7000多斤，喂有9头猪、1头牛、1匹马及20多只鸡，置有1部卡车，由儿子尼玛开车搞运输。田地里的活主要由两个女儿独支玛及生诺独玛来经营，她们的六个孩子，除了五岁的车尔沙都外，都在上小学。独玛茨尔作为达布，她把自己的一男二女及女儿们的三男三女全都团在自己周围，把家庭安排得井然有秩，成为村里较富裕的人家。她的工作是安排全家人的生产生活及经济开支，料理家务，饲养家畜家禽，抽空还在织麻布。问起她年青时怎样当“马锅头”赶马进藏时，她犹如摆家常一样，向我们讲述了下面的故事：

我家一共有五口人，舅舅、妈妈、哥哥、弟弟及我。我小时很调皮，舅舅都管不了。西藏是很出名的地方，我很想去看看，于是在24岁那一年，跟着我相好的一个男人要去西藏，当时他在那边做生意，常往来于永宁和拉萨之间。那时我又年轻，又有力气，不怕什么。我就向舅舅和妈妈提出来，可他们不准，怕女人出去不安全，不放心。我故意说：“我送送他就回来。”就悄悄跟着他走了。我打扮成男的，把头发盘上，穿上楚巴，赶着马匹，反正人家认不出我是女的。路上很艰难，我们与进藏的喇嘛结伴，二三十匹马，驮着十驮东西，还有骑的和换的，一路打野[②]，到了中甸、德钦、维西、奔子栏、察隅等许多地方，爬了许多山，过了许多河，尤其是过雪山，稍不注意就会送命。我一点也不怕，一路上跟男人一样，煮饭、抬水，样样都干。走了三个月，才到了拉萨。在拉萨我就住在我那相好的家里，他领我去朝佛、逛拉

① 汉语“马锅头”原为对马帮头子的称呼，民间以此尊称一般赶马人。
② 打野：马帮在途中露宿。

萨城。他在拉萨有女人和儿女，他对我说："你有哥哥、兄弟，若不把你送回去，他们就不会饶我。"他就把我送回来了。本来我们说好他要同她的女人离婚，再回来，这样他就折回西藏去了。我一直等他，等呀等呀，直等到30岁，也没等到他回来。尽管找我的男人不少，我都没有同意。后来争波的一男人对我很好，我觉得这人还可以，反正也等不着他了，我才同争波的那男人走婚，所以我31岁才生老大，35岁生老二，38岁生老三。就是因为等我那情人。结果他没回来得成，听说那女的死了，儿女们不让他回来。原来我们还是有联系的，后来岁数大了，也就不知他还在不在人世了。

这就是独玛茨尔的当"马锅头"的经历，也是她一生的感情经历。

1987年夏秋之交，在第一次到永宁调查后，我记下了这样的人和事：

八十多岁的老人葛它·阿楚，因家中无男劳力，年轻时扛起了生活的重担，载种薅插、犁田耙地、打柴割草、纺线织布，无所不能，至今还能以嘹亮的嗓音唱民歌，在我们访问她时，那绘声绘色的描述，爽朗的笑声，乃至插入的一段段民歌，都给我们留下了难以忘怀的印象。

中年妇女阿纳·嘎吐，年方34岁，就已挑起了七口之家的当家人的担子，管理起了这样一个大家庭：二个哥哥、一个弟弟和她自己的三个孩子。她把这个家料理得六畜兴旺、生活年年上升。问她担子重不重，她笑着回答："不怎么样，我们摩梭妇女都这样。"

47岁的阿姆阿乌·车尔独玛，管理着一个15口人的大家庭：老母亲、一位当喇嘛的舅舅、三个姐妹、一个妹夫、一个弟弟及八个侄儿侄女。我们去访问那天，她家正在收荞子，她一人忙里忙外，一边指点放荞子，一边准备晚饭，一边与我们交谈，一切都那么有条不紊，对我们的提问，她不慌不忙地含笑而答，显得热情而自信。

年方十八九、二十出头的年轻姑娘独支玛、扁玛、独玛等，她们在家里不必操什么心，各人干着家里分派给自己的活计，歌声和笑声总是伴着她们。随着改革开放，她们有的已开始走出家庭王国，走入社会大家庭，独支玛、扁玛已在粮管所当合同工，开始挣钱养活自己和添补家庭。而今，越来越多的年轻女性已开始做买卖、开馆子，投入经济大潮。

十年过去了，情况有了更大的变化。我们从永宁工商所得到这样的统计数字：

1996年上半年重发营业执照的服务行业从业人员计15人，其中摩梭5人，这5人中注册资金最多的是两位女性：茨拉措、车独玛，她们都是落水下村从事旅馆和餐饮业的。

全乡从事餐饮业的37户摩梭中，妇女经营的有14户。温泉村10户摩梭工商户中，妇女经营的占6户；落水村10户摩梭工商户中，妇女经营的占5户。

永宁街注册资金1万元以上的7户摩梭工商户中，妇女竟占了5户。

不难看出，随着改革开放的深入发展，摩梭妇女的活动舞台更广阔了：十年前仅仅以打工、做小买卖走出家庭王国的摩梭女，而今已走入了自己的新天地；十年前的一个两个，而今变成了一片。

下落水村的“摩梭园”，是全村办得最早、实力最强的家庭旅社，管理者竟是一对年轻的兄妹：32岁的哥哥丹史泽和28岁的妹妹茨拉措。兄管外务，妹理内政。我们曾几次要采访这位妹妹，但她总是抽不出时间：接待旅游团队及散客、安排食宿、亲手做饭菜，还要管小孩，几乎没有一下是空的。哥哥在外开车拉沙，旅社的工作实际上全由妹妹主持：既当管理者，又当工作人员。她哥哥对她是这样评价的：“我的妹妹太能干了，她做事我很放心，她不仅人漂亮，做事也很精干，很会安排。我在外面开车，妹妹管旅社，我们的摩梭园越办越大，妹妹有功劳。”在下落水村，还有一位与茨拉措相似的摩梭女，她就是“摩梭风情园”家庭旅社的女主人丹史直玛，33岁，她与哥哥茨汝而车共同主持着这个旅社，其规模与规格在村内也算上等，床位有几十个。由于哥哥是村长，内务管理全落在她一人身上。我们住在她家十多天，亲眼目睹了她的管理才能和苦干精神：从清晨6时许至夜晚10时左右，几乎没有看见她休息过，起床做早点，指挥工人打扫庭院及接待来客，摇船打捞猪草，掌勺炒客菜，安排旅客食宿，参加村里组织的营业性划船及篝火晚会，等等，都是她的工作。我们想找她聊聊，都实在不忍心再去占用她那排得满满的时间。经营旅社的客房由一栋变为三栋，床位由几张变为几十张，并由低档变为中档，经营范围由单一变为多样，都在向我们展示着经营者的才干，其中就有这位摩梭女的心血和汗水。

独支玛，33岁，温泉行政村的“计生员”，凭着她的聪明和才智，把这被公认为最难干的计划生育工作搞得很出色，并总结出了一套工作方法，还掌握了一套有关的技术。由于工作成绩突出，先后被选为县妇女代表、县人民代表、县党代表。作为全村历史上第一位女初中毕业生，她对新事物十分敏感、并勇于大胆实践。她第一个在村里自建了家用小型水力发电设备，在无电的村子里点亮了一盏灯；她第一个作新法养猪的实验，五个多月就可出栏，比传统喂养法大大节约了时间和饲料（传统要一两年）；她还在家里作发展庭院经济的试验……目前，她在继续搞计划生育工作的同时，与自己的走婚配偶共同经营起了合作小卖部，把生意做到了省外。她告诉我们，她要在发展庭院经济方面干一番事业。

改革开放的浪潮把这些年轻的摩梭女推向了波峰浪尖，给了她们施展才干的机遇，使她们由母亲怀中的雏鸡——在大家庭听从母亲安排、无忧无虑地去干自己分内的事，逐渐变为展翅翱翔的雄鹰。市场经济把她们推向了社会、推向了市场，承受着比母辈更重的压力和担子，从中体现了自我的人生价值。

在社会转型期中，传统与现代正在进行着冲突、交融和整合，深受传统濡染而又面临现代挑战的摩梭中年妇女，也开始出现那么几位迎浪而上、踏上新的人生旅程的皎皎者，司尔车玛，就是其中的一位。

1994年5月，我去永宁调查时，司尔车玛正好44岁。她告诉我们，她原来是务农的，现在也还在干农业，不过已成次要的了。她当时办着1个酒厂，日烤酒500斤。利用烤酒的酒糟及自种的粮食，又办起3个附属养猪场，1年养猪100头，1993年卖了70头，收入3万元。烤酒及女儿卖小百货，纯利润1年也在2万元。农业上她也不放松，种了11亩包谷及5亩水稻，收粮1万多斤，还有，大儿子开车搞运输有一笔收入。我们去访问那天，她正指挥着儿子及工人上车堆货物，此趟车要前往四川做生意。刚装完车，她又忙着指挥工人喂猪上料，自己则卷起衣袖摇着风箱扬起谷子来，一切都那么干净利索，令人赞叹。

拖支村的拉福·而车这位当家的摩梭女人，年已53岁（1996年），家庭人口10人，种着土地15亩，开办着1个家庭加工工场，设备有碾米机和饲料粉碎机。还买有1台农用车，由儿子来开。1995年的收入就有2万多元，成为村里的富裕户。她办事利索、果断，全家人都听她的指挥。我们问及谁掌家？她拍拍胸脯："当然是我啦，他们都听我的。"说完爽朗地笑起来，显得那么自信。

当然，就整个妇女群体来讲，上述情况毕竟还是少数。目前大多数妇女，仍在进行着传统的农业生产及持家理家的工作，哪家猪膘肉多，哪家粮食多，哪家生活安排得好，都体现着当家妇女们的精明能干。

母系大家庭适合于群体的发展，包含了女性群体的发展，故女性的群体意识特强。同一母系家庭的女性"抱成一团"，形成了相互依靠、相互信赖的关系。她们共同劳动，共同生活，同甘共苦，相互帮助，相互关心，有隐私，可以交心，有衣服，可以共用（昔日），乃至生育，也可以互相替代：姐妹子女多，自己可以少生或不生，因为在观念上，姐妹们的孩子都是自己的孩子。就这样，她们以群体的力量为了家庭的兴旺，为了自身的生存和发展而生存着、奋斗着，体现着自身的价值。总之，女性群体维系着和推动着母系家庭，母系家庭维护着女性群体，促进着女性群体的发展。女性们考虑问题和行事，其着眼点就是母系家庭和自己的群体，往往是"我们"，而不是"我"。直至今天，那些投入经济大潮的妇女们，也仍以这种价值观和思维方式拼搏于商海里。茨拉姆生活于这样一个家庭：祖孙4代人，用我们的习惯称谓（下同），他们分别是祖辈3人：外祖母、姨外祖母、舅公；母辈2人：母、父（先是走婚，"文革"中过来）；本辈5人：1个哥哥、3个弟弟加上她本人；子辈2人：她的1女1子，计12人。除了盘庄稼，主业是经营"摩梭园"旅社，她及哥哥是主力，她所挣的钱，属于整个母系大家庭，她没有考虑过自己留私房，而是以维护自己家庭的富裕为己任，自觉自愿、自然而然。"摩梭风情园"的女主人丹史直玛也同样。更耐人寻味的是瓦拉片的独支玛，她已与走婚配偶共同经营商店，可经济上双方仍分属自己的母系家庭，她把自己挣钱作为对家庭的义务，而没有考虑当事者二人共同的经济生活。

从女性自身发展的角度看，群体意识较强，个体意识较弱，自我发展的观念也就相对较差。对母系大家庭的依赖性、非同寻常的恋母情结，使她们难于跨出家门、难于离开自己的群体。我们曾问过不少年轻女性：外面世界大，生活好，想不想出去？绝大多数人的回答都是不愿出去，“外面再好，离开了家，一个人去干，多苦。”“在家里有什么事，有妈妈及兄弟姐妹们相帮忙，什么事情都好办，外面就只孤孤单单一个人。”在她们看来，要离开这个家，简直是不可想像的。1994年时，我认识的一位年轻的摩梭姑娘，据说要招她到深圳去工作，家里怕她像离群的小鸡，她自己也怕孤身去闯，未能出去。尽管今日已有越来越多的女性开始迈出家庭王国，但对大多数年轻女性来讲，至今仍难以迈出家门，即使迈出，也多超不出永宁坝子。不过，随着对外交往的日益频繁，情况已有较大变化，为数不少的摩梭姑娘，随着各地民族村的建立，走出了家门，走出了云南，深圳、桂林、北京等大城市，都有她们的足迹。由宣传和展示民族文化开始，进而进入商界的也不乏其人。还有一种是以婚姻为纽带，去到外省的，当地人称“出去当媳妇”。据我们在瓦拉片村的调查，出去打工和做生意的有三人，出省“当媳妇”的有四人。当然大多数摩梭妇女，仍然不愿或不能离家。在我们的问卷调查中有这样一问：

如果有机会，你愿不愿到外面找工作或做生意：

A. 愿意　　　　B. 不愿意

结果在200个样本中，回答A（愿意）的占25.25%，回答B（不愿意）的占59.28%，无回答的占15.46%。不愿意的理由多为“家里走不开”“不识字”“年纪大了”等等。

从对男性的角度看，与其他一些民族女性相比，摩梭女性的自我意识、自主意识又是强的。她们可以选择自己的婚姻形式和配偶，可以决定婚姻关系的维持或离异。她们有较强的自我保护意识，如在经期或孕期，可以拒男人于门外不过走婚生活，在产期可以受到家庭特殊的照顾，自己的权利受到异性侵犯时，可以借氏族、乡邻得以伸张，等等。今天她们当中有的人已开始利用法律手段来保护自己，要与走婚对象离异，就到政府部门办理离婚手续，并取得补偿。女性在走婚问题上，是积极主张者，这也是一种自主意识的体现——不愿附属于男人，要保持自己的独立性。

总而言之，在母系文化熏陶下的摩梭女人，她们的自我意识表现出一种矛盾状况：对母系家庭这一群体而言，表现较弱；对男性群体而言，则表现较强。

那么，摩梭母系文化又塑造了怎样的男性呢？

宽松和谐、崇尚自然的社会文化环境，铸就了摩梭男性的直爽豪迈、心胸豁达的性格和气度。他们自信而又带有几分狡黠、自尊而又显得随和。他们很有主见，一旦决定了什么事，八条牛也拉不转来的。他们很讲究信誉，话一出口，必定办到。记得有一次我住在山区的一位摩梭人家，主人说一定要打只野鸡招待我，结果两三天都不见主人回来。后来得知他没有打到野鸡，食言了，不好意思见我，就跑到山上的开荒地窝棚里住去了。我十分歉然。一位乡里的干部，曾答应帮我作问卷调查，没办到，同样好久见不着他，我领悟到了个中原因。不光如此，他们那很强的自尊心，更使你瞠目结舌。听见或看见外界人贬自己，他会以仇相待，决不妥协。我亲眼目睹了这样一个场面：一外来人用相机拍摄了他们认为有辱自己的镜头，几个小伙子上前去当场把照相机镜头摔在地下，并扣下了胶卷。一位年轻人曾帮我做问卷调查，见他的做法不合要求，我要亲自下去做示范，他误认为我不信任他，再三解释也无用。然而，一旦他认准了你是可信赖的，他就会全心全意地帮忙你，不讲任何条件。我们的调查工作就是在许多这样淳朴的摩梭男人（当然也有为数更多的女人）的帮忙下顺利完成的。

摩梭男人有他们的自尊，也有他们的对他人的尊重，时时体现出一种自然的平等意识。在母系大家庭中，他们是作为“掌礼仪”的舅舅，处于与母亲一样受全家人尊重的地位；作为亲骨肉的弟兄，他们与姐妹一样相互敬重；作为儿孙，他们与女孩一样受到全家人的爱抚。同样，他们也以自己的全副身心，尊重、爱护着自己的长辈、同辈和晚辈，不分男女，全然一样。这种自尊和尊重，形成了摩梭人的性格特征，包括男人和女人。这在身

一个母系大家庭

处男尊女卑文化氛围的我们看来，尤为可贵。

摩梭男人们，以自己健壮的体魄和自然体力，肩负着家庭的重担：昔日的犁田重活、赶马运输、当土司兵，今日的犁田整地、开汽车拖拉机、找副业、办企业、经商，还有过去现在都有的当喇嘛。据了解，跑外面做大宗生意的，还是男人；对外交往主要仍是男人；办旅社和企业，主要策划和掌舵的，也多为男人。不过它与男尊女卑、重男轻女氛围下出现的同一现象，不能等同，它是由传统的自然分工所形成的。“男外女内”的性别分工，使男人们炼就了驰骋社会大舞台的能力，而非由性别歧视所造成。它基本上还保留有以自然体力作性别分工的自然形态，与伦理化观念支配下的“男外女内”的性别分工有质的不同。当然其中也溶入了性别不平等的外来文化的某些因素。

与女人们一样，摩梭男人们的群体观念特强。维护母系群体利益，是他们的行事准则，所以也才会出现姐妹招了夫，兄弟就主动出去上门的情况，因为这样做，有利于大家庭的团结和睦，同时家里已不缺男劳力，不必挂心了。也才会有自己在外面挣钱，心甘情愿地奉养一家老小，而不是自己的妻子儿女的情况。我们曾问过好几位常在外做生意的摩梭汉子，自己在外面苦，值不值得？他们大都回答：这是在为自己的家，值得。下面是瓦拉片村的茨尔庸都对我讲的话：

> 我原来在永宁修配厂工作，工厂倒闭，1983 年我就买手扶拖拉机搞运输，当时一天只能找二三十元钱，家里人口多（九人），很穷，牛、马、褥子等都需要买，怎么办呢？我卖了手扶拖拉机，1986 年办起了经销店，但经销也赚钱不多。1989 年左右就干起跑外地的生意，到四川及云南一些地方去跑，生意越做越大。到鹤庆买了藏区的日用品到四川木里等地，再买回山货药材到下关、成都等地去卖，还到过甘肃、缅甸等地方，现已有几十万元的周转资金。全家人都靠我，侄儿侄女、母亲全都由我供养，争取自己家庭富起来，这就是我的心愿。

不难看出，摩梭男人们把供养自己母系大家庭的老和小，看成是自己的天职，他们说："我们摩梭就是这样，侄儿侄女就是自己的儿女。我自己的儿女他们的舅舅会去管的。"当然，今天也有变化，他们也在开始管自己的儿女了，但比起家里姐妹的孩子只是次要的。有的男子，已开始萌生"划不来"的感觉，于是出现了分出来组成夫妻小家庭的情况。

摩梭男人由于生活于特有的家庭和婚姻形态中，显得气度特别大、特别宽容豁达。突出表现在两性问题上，他们几近没有父权制那种占有欲，能容忍别人夺己之所爱（女人亦如此），也能对所钟爱之人的"不接待"泰然处之。一切自然而然。对待孩子的己出和他出，也体现出这种气度。譬如：一个从女方居的男子，他可能面对这样一群孩子：自己亲生的、女方与另外的男人同居生的、女方的姐妹们生的，等等，然而他对他们都一视同仁，都把他们当成自己的孩子，决不厚此薄彼。我们在里格岛的阿姆阿乌家、在落水的汝亨家、在拖支村的达都家，都亲眼目睹了这种情况，它具有普遍性。而在母系大家庭中生活的男人，在往昔，他们与自己的走婚对象及同居期间所生子女，几近没有经济联系，而今这种联系开始加强了。就此问题，我曾问过不少人，回答差不多相同，还是用茨尔庸都的话来说吧："我们有钱就给对方一点，给不起，对方也不在乎。两边孩子（即我家和他家：我姐妹的孩子和我的孩子——引者）一样对待。"一切都那么自然。

摩梭男人的感情世界和感情经历，也具有与父权制下生活的男人不同的特点。他们有一种特别厚重的恋母情结，它浓到高于一切，包括高于恋人。母亲是他们心目中的偶像、尊者、长者、避风的港湾、生命的依托、生活的靠山……特别是那些赶马的汉子们，当他们浪迹天涯、手搭凉棚回望家乡方向时那一段段揪心的自白，令人荡气回肠：

爬过了一座高高的山梁，
我已见到故乡的容貌。
翻过了一个个高高的丫口，
却忘不了母亲的笑容。
路呀，越走越远了，
想起我恩深的母亲呀，

就想把路折断。
走过的地方很美丽哟，
还是不如阿妈生养我的故乡。

恋母，这是人类的共性，然而如此深、如此浓，不随时间的推移而有所变化的始终如一的这种情感，惟摩梭男女最为突出，尤其作为男子，实属少有。我们在摩梭地区深深体察到了它的淳朴、它的深沉和执著，且不论普通百姓，就是当年的土司、总管，在母亲面前也是毕恭毕敬、视若神明。今天，当了官或当了大老板的，在母亲面前总是那么温顺、敬重，提起母亲，深情无限。乃至有的人为此而放弃了优越的生活条件及难得的机遇。我曾听到一位老干部讲述他自己的一段经历："我1964年当兵（20岁），先后当了一年战士，三年班长，后来一直当到副团长，当了六年，进了陆军学院。1979年自卫反击战后回来的。当时要提升我，师级干部、大学生我也不要了，我还是要回家，还是想妈妈。发了三次表让我填，我都不干。"这种感情，局外人是难于理解的。

除了母爱，摩梭男人的感情世界里还有两性之爱——对恋人之爱。但他们这种爱是直截了当的、大胆的、没有遮遮掩掩的和故作姿态的，自自然然，更表现出了一种本能的意识。故这种两性之爱未加上除了爱之外的附加条件，政治的、经济的、等级的都尚未能施予影响（当今在个别人中有了某些变化）。其表达爱的方式，则是"内露外隐的，在平常生活中，情歌不能在众人面前唱，在家中不能说婚娶之类的话，连'情人''走婚'这类词也是避讳的，就是说白天是一个个社会的人，安分守纪，彬彬有礼，热情好客；感情的生活只能在夜间吐露，在夜间情潮奔涌，尽情尽意。可以用行动，而不用语言[①]。当然，女人也有类似的感情经历。它是由摩梭文化所形成的。

总之，摩梭男人有自己的性格特征和生活方式。从人的发展的角度看，较为接近自然、少有人为桎梏的心理和性格，有利于自身的发展，因为包袱不重，行事就较为果敢。对母系家庭的依恋，较之女性程度轻些，尽管

① 参见拉木·嘎吐萨著．《梦幻泸沽湖》1版．昆明：云南美术出版社，1993：91页．

在生活上他们对母系家庭依赖性大，但思想和事实上他们那“离不开”的感觉逊于女性，加之“主外”的传统模式锻炼了他们的社会交往能力，所以一旦有适合的气候，他们可以在外面闯荡，干出一番事业来。客观上他们没有女人们那样多的拖累和牵挂，可以说，他们孑然一身：无妻儿的拖累、无家庭事务的拖累，扶幼赡老之职，姐妹及其他家庭成员支撑着，所以他们可以轻装上阵。前面提到的落水村的那两家两兄妹也好，在外面当干部的人也好，都说明了这一状况。两位哥哥因为有两位能干的妹妹在家主持家庭旅社的内务，才能无后顾之忧地干自己的事业。正因如此，在外闯荡的男人们也就能“事业有成”了。

浮游于商海中的摩梭男人，他们打破了传统的慢节奏、悠闲自得、依赖家庭的生存方式，迎浪而上，成为新一代的摩梭人。我们不妨看看这样一组镜头。

1996年8月29日上午，泸沽湖畔的沙坝。

“摩梭园”男主人汝亨·史丹泽开车在被泥石流冲刷以后形成的沙坝拉沙。他雇请的五位汉族工人正在为他装车。

我们看表，装一车要一刻钟（边挖边装）。

我们就利用这一间隙，拿着60年代民族学家所拍摄的他家的合影采访他，主要采访汝亨这个当年25口人的母系大家庭的人口变化。

丹史泽一一指认这些人，未完，时间到了，他开车前往开发区卸沙。

半小时后，他转来了，停下车让工人们上沙，又继续与我们谈。

这样反复两次，我们的访谈还没能完成。

已是中午时分，工人们趁他把车开走，烧起篝火，煨茶，烧洋芋，准备午饭。

丹史泽回来了，工人们又装车，装满，大家一起吃午饭，我们也加入了他们的行列。坐在沙滩上的篝火旁，我们又边吃边继续原来的话题。

这时，来了一位牵着一匹青马的老人，丹史泽一见，立即对我们说："还有点事要办，请等一等。"便迎了过去。两人蹲在离我们约 30 米远的地方在交谈着什么，手指不断在比划着。不一会，丹史泽牵着马匹往家方向走，老人扛起马鞍、提着一袋东西来到了我们的火堆旁。

我看表，前后 17 分钟。

从老人口中得知，他是木底菁普米族人，来卖马，他开口要 1700 元，丹史泽从 1650 元讲起，1700 元成交。说整数不吉利，又加了 5 元钱给他。丹史泽回家取钱去了，还答应用车把老人送至开发区公路边，以便让老人搭车返回家。

丹史泽回来了，把钱交给老人，老人当面清点后放入贴身麻布袋中。

车开了，老人上车，车子驶向公路。

丹史泽送人送沙转回来了，他告诉我们这匹马是他给弟弟买的。我们又继续未完的话题。

前后 4 个多小时，我们完成了亨汝家世系表及问卷调查的补充部分，告辞返住地。

从这组镜头中，我们可以看出丹史泽这位摩梭青年人的生活节奏之快。据了解，他每天清晨不到7点就离家，晚上8点以后才返回，一天工作13个小时以上。他就是靠这种拼劲闯出了一番事业。我曾问他的创业经历，问他已成了村上的首富，为什么还要这样苦干、拼命干？下面是他对我的回答。

我家人口多，共十多个人，而且老人多，有五六个，所以我在外边打工挣钱。在县里当干部的舅舅见我太苦了，就支持我开个小卖店，1983 年贷了两千块钱作本钱，1984 年就买了部拖拉机，专门拉货，拉的货品种齐全，不光为自己家拉，也为别人拉，生意很好，一年就把本钱赚回来了。1988 年我买了这张农用车，一直在开车。妹妹管"摩梭园"。"摩梭园"的开办，也是先由舅舅给出的主意，他说这符合民族特色，生意会越来越好。1992

年我们开始办旅馆，当时只有24个普通床位，营业不错。1994年修了一栋三层摩梭式楼房，共24间，内有停车场、砖瓦厕所、餐厅等设施。现在我们还与旅行社挂钩，规模越来越大了。

虽然赚了些钱，但我不能就停下来。我是想干一番事业的，不在乎钱。村里人盖房子（旅社），我无偿地帮他们拉木料，从拉伯拉过来，还帮助有困难的人，人家有困难来借钱，我都要借。我对妹妹讲，别人来借钱，我不在，你也要借给。所以我办点事，人家也会尽量帮忙，我对人讲信用，诚恳，所以我在外面有很多朋友，人家对我很放心。

直率、诚恳、言必信这种传统文化孕育出来的品格，在他的身上也在闪现着。这是新一代的摩梭男人。

其实何止丹史泽一人，茨汝而车、车塔·茨里平措、腊古·鲁若平措这些年轻汉子和他们的同龄人，正在开辟着一条体现自我价值的新路。

新一代的摩梭男人们改变了老一辈的“衣来伸手，饭来张口”的状况，正在社会上确立自己的发展空间。当然，这也只是少数。对于大多数男人来讲，对母系大家庭的过分依赖，使他们难于闯出去单独干一番，某些人甚至表现为怠惰及主动性、独立性差。

社会文化塑造了摩梭的男人和女人，传统的、现代的都在不断冲撞、交融和在重新整合中充实、重塑着这些人——这就是社会转型期所施予的特点。

勿庸讳言，在性别问题上，摩梭社会也存在着不同程度的不平等现象，摩梭妇女的家庭地位高，但社会地位并不高。从历史上看，当大头的妇女仅那么个把，迄今为止，当干部者、进入中学以上读书者，绝大多数为男性，永宁乡有六个行政村，至1996年竟无一个正副职女领导干部，乡政府八位正副书记、正副乡长中，竟无一位女性，即可说明问题。在现实生活中，男尊女卑的观念已有所表现，集中体现在一些宗教场合对妇女所施的禁忌：不能入经堂，不能主持宗教祭典，不能给死者洗尸，就连火化场上妇女也只能站在下方，等等。此外，民间还流传有这样的说法：投生成男人的人，每人身上都有一根神仙的毛，女人则是因为在娘胎里没有什么好变的了，才变成女人。民谚中也不乏贬损妇女之辞，什么“小孩当家，村后田被翻完都不知道；妇女当家，屋子的火都会烧上天”“弯度最大的是犁头，惹是生非的是妇女”，平时生活中，男人背柴或背小孩，就要受到讥笑，等等。这是受外来文化影响的结果，尤以受喇嘛教的宗教影响最著。

就摩梭社会中妇女地位是否高的问题，1993年3月我们曾询问罗桑活佛，活佛回答：“男子出外做生意（按：指赶马运输），家中只有妇女，当然她们就管家了，但出面还是男子。”活佛点出了问题的实质。

活佛是当地摩梭人最崇拜的宗教领袖，也是谙熟摩梭历史、习俗、文化的专家，他自己来谈自己民族的情况，我想该是较切实的。

另外，就整体劳动时间之长及负担之重而言，女人甚于男人。我们曾于1996年11月在下落水村对有的家庭的两性劳作做过调查，瓦汝·司给家几个主要角色一天的日程表即为其中之一（见下页表1—1）。

这是一户从事多种经营的家庭，除农业外，还开旅社，搞运输，所以两性工作时间差别不算大。对大多数仍以传统农业作为惟一或支柱产业门类的社区而言，除农忙季节外，男人空闲的时间比女人多得多，一堆堆在路边闲聊者，几近清一色的男子，女人是很少有这种清闲的。最近我们在争波做了25份问卷调查，在问及妇女劳动总时间多于男子百分之几时，44%的壮年男子回答：多出30%～40%；各有20%的壮年男子回答：多出20%～30%或40%～50%。1987年在我第一次到里格岛时，曾写下了这样的情景：

我们一踏上小岛，首先碰到的是几个男性公民，他们正坐在一个由礁石围起来的小平地上聊天，两个老人向我们点点头，一个中年汉子主动走上前来与我们打招呼，并为我们带路。我们边走边聊，才知道他是外村人，到这里来走亲戚。到了阿加家，我们又在火塘边结识了一位中年男子，也是来走亲戚的。当时正是秋收大忙时节，居然还可以悠闲地走亲戚，这是妇女们所享受不到的，也是外地的强劳力所享受不到的。

表1—1　瓦汝家主要成员一天的工作时间表

姓名	性别	年龄	家庭角色	生活、工作时间及内容	总计工作时间
瓦汝·司给	女	62	母亲	上午：6点起床，烧火、煨水、烧香、烧茶祭茶、做早饭。 7点半吃饭，饭后喂牲口，煮猪食、喂猪。赶牲口出门。 10点左右挑水、洗厕所等。 12点做午饭。 下午：13点吃午饭。饭后砍猪草、喂猪。 16点左右换佛堂祭水、烧香。 17点左右喂猪，牲口回来喂草，关好。 18点左右做晚饭，饭后静坐数佛珠。 晚上：22点左右到经堂点灯，磕头，然后睡觉。	14小时
瓦汝·鲁若	男	39	长子	上午：6点起床，撑船收网。 8点吃早饭。 9点开拖拉机拉沙、中午在工地上吃饭。 下午：19点收工，吃晚饭，饭后看录像。 晚上：22点后睡觉。	11小时
瓦汝·娜珠	女	32	女儿	上午：6点起床，挑水、烧火（灶）。 7点半早饭。 8点开始下地干活或砍柴（一天砍三转）。 下午：13点左右吃中饭，饭后干活，收工早就帮家里干活。 19点左右吃晚饭。 晚上：20～22点参加村里营业性跳舞。 22点以后睡觉。	13小时

在摩梭家庭生活、并作长期观察的香港人李先生，感慨地告诉我们："他们这种大家庭，女人最苦，男人最轻松，并不像书上吹的那样。我住的这家，第一个劳动力是独玛，她干的是劳力最强的活，挖土豆、背土豆、收包谷、砍柴都是她。她的姐姐生孩子刚满月就出去干活了，小孩就由大妈妈管，大妈妈在做事时，由老奶奶管，老奶奶76岁，背一个，抱一个，还要切猪草、掰包谷。男的做什么活计看不见。"

这些，就是现实中的摩梭男人和女人。

在商品经济发展中，母系文化孕育出来的人的某些弱点也展现了出来，突出表现为竞争意识差、易满足于现状，难于走出家门。郭怀忠乡长认为：易满足，这是致命的问题。出去的人少，智力未得到开发，影响了发展。比如1996年的统计，小学考取初中，60% 是摩梭孩子，但前16名却无1名摩梭孩子。就教育问题，我们曾专访了永宁中学校长阮学武，阮校长对摩梭学生的分析是：文明礼貌，心理、性格健康，不孤僻，但干事情主动性差，自理能力及上进心差，因为母系大家庭把一切都包揽了。这两位年轻的摩梭干部的分析发人深思。我们在调查中所发现的对母系家庭的过分依恋，对个性发展的意识较差、满足于现状而不图发展这些弊端阻碍着个体及群体的发展，这也是一种潜在的不利因素。

在母系制包围中的上层家庭及其婚姻

在永宁摩梭地区，百姓普遍行母系制为主的婚姻及家庭，土司则世袭父系制。我认为这种父系制是在原行父系制即定居定筰时期即已行父系制的基础上，为了适应政治、经济上的特权、并在汉制的影响下加强和巩固下来，长期存在于永宁摩梭社会中，它与民间盛行的母系制长期共存、相互影响。

据《元史·地理志》的记载：摩梭先祖尼月乌逐出吐蕃后，遂居此赕。其三十一世孙和字内附。"孙"，对男性之称谓，我们可以作这样的设定：麽些首领尼月乌之后裔是以父系承袭土酋职务的，故才有"其三十一世孙和字内附"之说。从永宁土官卜都各吉于明洪武十四年（1381年）被授土知府起，已明确载为父子相承。清光绪年间的《永宁土知府承袭宗枝图谱》甲乙两种，是我们现在可以看到的惟一的见诸文字记载的土司承袭谱。根据甲、乙两种宗谱整理的历代土司承袭谱系如下①：

顺序	姓名	承袭情况
1	卜都各吉	（任土知州职）
2	各吉八合	父子
3	卜撒	父子
4	南八	兄弟
5	阿苴	父子
6	阿绰	兄弟
7	阿贵	父子
8	阿晖	兄弟
9	阿和	父子
10	阿英	父子
11	阿雄	父子
12	阿承忠	伯侄
13	阿铨	父子
14	阿镇麒	父子
15	阿庭锟	父子
16	阿锦辉	父子
17	阿锦先	兄弟
18	阿有威	父子
19	阿世昌	父子

① 《民族问题五种丛书》云南省编辑委员会编．《纳西族社会历史调查》1版．昆明：云南民族出版社，1983：104～110页．（由于该两宗谱个别地方有出入，且代数亦以父子相承计算，如“三世伯祖卜撒，承袭父职，无嗣，已故；三世祖南八，承袭兄职，已故”，两任只作一任计算，为反映事实上的更替，笔者在整理时以顺序号代替原宗谱中的世系，故与宗谱的世系有所出入。另，甲乙两种图谱缺六、七、八三世，而两种图谱中尚有几例只有世系，未明确承袭关系者，本表未列入。）

20	阿启昌	兄弟
21	阿良辅	父子
22	阿会元	父子
23	阿恒芳	祖孙
24	阿应瑞	父子

以上是明代至清末的土司承袭情况，清末至中华人民共和国建立后民主改革前，还传有3任，即：

25	阿占科	父子
26	阿民翰	父子
27	阿民柱	兄弟

27任土司中，18任系父子相承，6任兄弟相承，伯侄、祖孙相承各1任。兄死弟继，皆因兄无嗣、或兄早逝而形成；伯侄一例是因任职者无嗣、弟又多病不能相袭，乃由弟之子继任；祖孙一例，由于子多病告休，未袭职，改由已成人之孙袭职。

显然，这些承袭关系，实际上全为父系制的父子相承关系及父系相承关系。由于该两个宗枝谱系由汉文记载，其称谓当用汉族的习惯称谓（如用父子），若系甥舅，则不会如此称呼。故我认为永宁土司的父系制早在明之前即已实行，从一个角度证明了其父系制可能从早期一直沿袭下来。据上面提到的宗枝图谱（甲）载云："一世祖卜都各吉，于洪武十四年率领管辖永宁州部民归顺，奏奉钦依将本地方仍付卜都各吉，升授永宁州职事。"① 任中央王朝所授官职，按中央王朝承袭方式，此乃土司父系制得以巩固的主要原因。

关于土司的婚姻状况，未见汉文古籍的具体描述，只有在达巴口述的世系中及民间传说中有部分反映。据民族学家所搜集到的达巴口述世系，

① 《民族问题五种丛书》云南省编辑委员编．《纳西族社会历史调查》1版．昆明：云南民族出版社，1983：106页．

从第14任起，土司后面署有妻名，具体如下[①]：

顺序	土司名（摩梭名）	妻子名
14	牙马阿（阿镇麒）	尤珠木
15	木尼阿池（阿庭锟）	古吐生
16	甲泽舟（阿锦辉）	哈木池
17	吉古沙（阿锦先）	达且直玛
18	吉布采尔（阿有威）	甲呷直玛
19	六抽拉底（阿世昌）	皮错直玛
20	梭拉拉底（阿启昌）	梭拉直玛
21	独基甲泽（阿良辅）	得阿浦池
22	措乌朗珠（阿会元）	采尔直玛
23	果错扎石（阿恒芳）	尔车直玛、直玛拉错、抽乌直玛
24	独支甲池（阿应瑞）	尼池直玛
25	尼马扎石（阿占科）	采尔直玛、直马采尔
26	格若采尔（阿民翰）	衣池直玛、梭拉直玛、采尔直玛
27	车皮错（阿民柱）	拉乌米扎石

但在汉文记录的宗谱图中，则无妻名，显然系依汉制所致。在民间口头流传的《知府亚玛的传说》[②]一则，对亚玛的婚姻是这样讲述的：第14代土司亚玛任职期间，丽江纳西土司木天王带兵入侵永宁，亚玛及族人被包围在扎美喇嘛寺后的山上，正在危急之时，接到其外甥木天王之子用箭射来的一封信，遂依计化装逃出包围。路遇普米青年尼玛甲泽，劝其赴京告状，并陪同前往。他们在盐井遇到一位叫优珠姆的妇女，知道他们的情况后，取下自己身上所有首饰，全部送给他俩作路费，亚玛表示若活着回

① 詹承绪，王承权，李近春，刘龙初著．《永宁纳西族的阿注婚姻和母系家庭》1版．附录五，上海：上海人民出版社，1980.（妻子名与笔者实地调查有差异，土司的摩梭名亦因系打巴记忆，不一定准确，只能提供参考。）

② 此传说有不同版本，本处引用《宁蒗彝族自治县志》1版．昆明：云南民族出版社，1993：214页之记载．（亚玛，即牙马阿；优珠姆，即尤珠木。）

来，决不忘此恩情。经过三年的艰苦跋涉，他们到了京城，并告赢了状。亚玛回到永宁后，让人们休养生息，并托布商到盐井找到优珠姆，遂娶她为妻，百姓们纷纷献以酥油、猪膘、鸡、酒、麝香、熊掌等土特产及金银。据说从此这些物品成了年年必需交纳的税贡品。同时也为尼玛甲泽封了官职，并规定普米族在永宁拥有特殊的地位、受到特殊的优待。

永宁土司及总管家庭，实行等级内婚制，但在最后几代中，已突破此限制，且已拥有妻妾。现根据我们实地调查所了解到的情况，将第24任土司阿应瑞以后四代土司及与之相应的总管家庭谱系，即《永宁土司阿氏谱系》及《永宁总管阿氏谱系》列于后（见下页）。

这两个谱系根据土司后裔阿国芳（拉窝咪·给若）、阿永兴、阿民栋（古冲）等提供资料及线索，并参照罗桑活佛回忆[①]整理而成，经阿国芳找了当地尚健在的知情者核对过。第二表中之“阿批·阿俄”据核对无此人。

① 《女儿国诞生的活佛——罗桑益世活佛回忆录》1版．昆明：云南民族出版社，1995：18页．

永宁土司阿氏谱系

- 阿应瑞（男，第24任土司）妻阿基扁玛（老总管阿云山之姐）
  - 阿占科（第25任土司）正妻阿开直玛（左所头人女）妾茨尔直马
    - 阿民翰（男，第26任土司）正妻衣池直玛（责卡女）妾梭拉直玛（陈把事家女）小妾茨尔直玛（总管阿少云之妹）
    - 阿民奇（男，堪布）
    - 阿可纳中（女，曾嫁阿少云，后又回土司家，无子女，早逝）
    - 阿民柱（男，第27任土司）妻丹史独玛（俄女）
      - 给若（男）
      - 茨尔（女）
    - 阿永珍（女），嫁阿少山（总管之弟）
    - 给若（女），嫁阿子和（土官阿子才之弟）
    - 丁巴（男，早逝）
  - 娜几（女）另居，走婚
  - 阿少符（男，堪布）妻松巴·嘎吐（俄女）
  - 阿占胜（男）妻陈独玛（陈把事女）
    - 扎巴松竹（男）妻打史拉姆
    - 阿丹史（男）
    - 阿永珍（女）
  - 甲玛（女），先走婚，后招赘一藏族活佛，另居

永宁总管阿氏谱系

- 阿吉初（阿玉成）妻苏娜咪
  - 阿基扁玛（女），嫁土司阿应瑞
  - 阿云山（男）（阿夺奇）
    - 正妻阿若纳卡（土司近亲女）
      - 阿批阿俄（女）
      - 阿批独支（阿少云，男）
        - 正妻阿可梭娜（达坡总管家女）
        - 妾阿可纳中（土司女）
        - 次妾彦色·扁玛（俄女）
        - 小妾黄春荣（纳西女）
      - 阿批茨尔（男）
        - 妻丹史独玛（阿子和之姐）
      - 阿批熬乌（男，早逝）
      - 阿可梭娜（女）走婚
    - 二妻格则·永玛
      - 阿批益史（阿少山，男）妻阿永珍（土司阿民翰之妹）
        - 小阿永珍
        - 松那扁初（男）
        - 格南（男）
      - 车尔直玛（女）嫁土司阿民翰为妾
      - 罗桑活佛（男）
  - 尔泽农布（阿云贤，男）

从上述两个谱系表中，我们可以看到土司、总管家庭及其婚姻有如下特点：

第一，实行等级内婚制

他们的联姻范围基本限定于蒗蕖、永宁、左所等地的土司、总管、土官、头人等级，尤以土司与总管家联姻频率最高。如第24任土司阿应瑞之正妻阿基扁玛系老总管阿云山之姐姐；第25任土司阿民翰的小妾车尔直玛为总管阿少云之妹，而他的大妹阿可纳中则嫁给阿少云为妾，后来返回土司家，早逝。二妹阿永珍嫁给总管阿少云同父异母之弟阿少山，等等，两家相互交错联姻，形成政治上的特权与姻亲关系的交合。此外，永宁土司总管又与当地已摩梭化的汉族陈把事家、24管之一的土官争波阿氏阿子和家等上层也纵横联姻，如第25任土司阿占科之弟阿占胜，娶陈把事家女陈独玛为妻；第26任土司阿民翰之妾为陈把事家女梭拉直玛，阿民翰之小妹给若则嫁阿子才之弟阿子和为妻；总管阿少云之胞弟阿批茨尔娶阿子和之姐丹史独玛为妻，等等。这种联姻，是与等级制度紧密相联的。

永宁土司制度以森严的等级制度作为权力的象征，以维护其政治、经济的统治。它把人群分为三个等级：斯沛（又译为司匹）、责卡、俄（又译为娃）。

斯沛为贵族集团，它们是从土司家庭不断分衍而分裂出来的，享有政治、经济的特权。土司把全部耕地的三分之一分给斯沛等级占有，并允许他们占有水源、草场、山林、数额不等的俄及大量牲畜，对上述资源可以世袭、转赠、出租，也可以在斯沛等级内部进行买卖，最终所有权仍属土司。斯沛可以担任土司政权中的各种官职，享有很多特权，无论政治、经济地位如何变化，其贵族身份永远不变。他们不服劳役，也不负担杂派。

责卡，即百姓，占有一定的封建份地及其他生产资料，有独立的家庭经济和财产权，但要向领主服劳役和交纳食物贡赋，在按时和按规定完成之后，有权支配自己的劳动时间，有在土司辖区内担任官职和迁徙的自由。但只限于这些范围，若不按时交纳贡赋、服劳役，犯罪或绝嗣，土司就没收其份地或财产，甚至将其降为俄等级。

俄，即奴俾，是由家奴、罪犯、外来民族和由责卡等级下降的人构成。他们大部分属于土司、总管、堪布等当权的斯沛所占有，少数属于责卡中的头人和个别富裕的俄。俄等级身份世袭，并以性别世袭：男子为俄的家庭，其后代男子都是俄；以女子为俄的家庭，其后代女子都是俄；男女都是俄的家庭，其后代的男女都是俄。根据服役情况的不同，俄又分为白俄、花俄、黑俄三种：担任土司基层官职的称白俄；一个家庭内只有男子或女子服役的称花俄；全家男女都服役的称黑俄。除少数单身俄外，俄等级有自己的家庭和少量的财产，有一定的人身自由和权利，占有主子给予的二至四亩左右的耕地，他们通过抵押、租佃等方式可另外获得土地，并占有房屋和数量不等的牲畜、农具，主子一般不能侵占他们的财产。主子有权将俄转赠、陪嫁、交换和出卖，但不能任意杀戮。

以上三个等级，界限森严：斯沛等级享有保持其身份的特权；责卡和俄等级只能下降，不能上升。斯沛再穷也是斯沛，责卡和俄再富也只能是责卡或俄，即使当了官，亦如此[①]。

森严的等级制度，是土司制度存在的社会基础，它与土司的政治统治系统相结合，维护和巩固着土司的统治。在这种情况下，土司阶层的婚姻也就带上了政治和等级色彩，实行等级内婚制，以显示其高贵及巩固土司的统治权力。阿氏土司及其近亲阿氏总管、争波斯沛阿氏（阿子才家）、土官陈把事等家族反复的联姻，形成了一个纵横交错的婚姻网络，实质上是一种以联姻来巩固和扩大自己势力的行为，因此起决定作用的是家世的利益，而不是个人的意愿。惟其如此，在一定意义上讲，权衡本等级的利害，成了婚姻的基础。它恰恰与民间流行的自由婚姻——走婚，形成了鲜明的对比。为此，还出现过女子抗婚之事。据有的资料称，老土司阿恒芳之女阿扣纳错，就拒绝做老总管阿夺奇的小老婆；总管阿少云之妾阿扣纳若（经核对，叫阿扣纳中），系土司阿民翰之妹，她过不惯为人妻妾的生活，常回土司署同她喜欢的男人建立走婚关系[②]。

等级内婚制的等级性，也反映在家庭内部关系上，具体体现在夫与妻的不平等、妻与妾的不平等、出身贵贱的妻妾的不平等。

父系与夫权加在一起，这是以土司、总管为代表的贵族的等级婚姻的特点。妻子要依从丈夫、受到丈夫的约束与控制，即使出身高贵的妻子，也不例外。如老总管阿夺奇之正妻阿扣纳卡，出嫁前深受其父土司阿恒芳之溺爱，可以自由与任何小伙子往来，婚后则不能公开往来了。总管阿少云之妾阿扣纳中，傲视其他妻妾，但当她返娘家土司府时与俄等级一男子建立走婚关系之事被阿少云发觉后，立即解除了婚姻关系[③]。

妻妾依出身贵贱来决定其实际地位，这是等级婚姻的又一特点。如土司阿占科的正妻采尔直玛系头人女，妾直玛采尔是阿占科的姑表妹，直玛采尔在家庭里的地位长期居于正妻之上；土司阿民翰的三个妻妾，正妻衣池直玛是责卡女，妾梭拉直玛是陈把事家女，又是总管阿少云的同父异母

① 纳西族简史编写组.《纳西族简史》1版. 昆明：云南人民出版社，1984：84～86页.

② 詹承绪，王承权，李近春，刘龙初著.《永宁纳西族的阿注婚姻和母系家庭》1版. 上海：上海人民出版社，1980：121页.

③ 詹承绪，王承权，李近春，刘龙初著.《永宁纳西族的阿注婚姻和母系家庭》1版. 上海：上海人民出版社，1980：123～124页.

妹；小妾茨尔直玛是阿少云之亲妹妹。实际当家、地位高的是妾梭拉直玛，因为其娘家有权势、且与土司家关系密切。老总管阿夺奇的三个妻妾，两个妾为责卡等级的女儿，正妻是土司家女儿，所以地位优越，凌驾一切，而两个妾则得忍气吞声地过日子[①]。

第二，行一夫多妻制

由于无文字及口述资料可考，土司的婚姻状况从第14任才正式看得出妻名，从第23任起，明显地反映了一夫多妻的婚姻状况。我在实地调查中得到的是，从第24任土司阿应瑞起，第25~ 27任土司皆为一夫多妻：第25任土司阿占科有一妻一妾；第26任土司阿民翰有一妻二妾。老总管阿云山有一妻一妾；总管阿少云有一妻三妾。它反映了这种等级内婚的男权本质——男子对女子的占有权。随着社会政治、经济的发展，联姻范围在逐渐扩大，同时婚姻的自由性也在加强，于是到后期逐渐突破等级鸿沟，出现了非等级内婚的一些联姻，比如第23任土司阿恒芳，娶了责卡等级的女儿为妾；第25任土司阿占科的正妻系百姓头人的女儿；第26任土司阿民翰，正妻为责卡等级的女儿；第27任土司阿民柱，娶了俄等级的女儿为妻。老总管阿云山在正妻去世后娶了一责卡等级的女儿续弦；总管阿少云曾娶四个妻妾，其中一个是责卡等级的女儿，一个是俄等级的女儿。这些跨越等级的婚姻，有的是责卡、俄等级的经济状况上升，有的是属于双方相爱。比如第27任土司阿民柱娶俄等级的拉窝咪・丹史独玛为妻。拉窝咪家虽为俄等级，但担任了总管的管家，兼营赶马生意，逐渐积累了财富，该家一女子达珠又曾是老总管的走婚对象，所以他们家享有较高的政治、经济地位。达珠的女儿丹史独玛先为末代土司阿民柱的走婚对象，后正式娶为妻子。第25任土司阿应瑞的次子阿少符，原与俄等级的女子松巴・嘎吐走婚，阿少符不当堪布后正式结为夫妻。我们曾于1993年3月访问了当时还健在的嘎吐，她告诉我们，她当奴隶（俄）在阿家干活时与阿少符相爱，后来就结成了夫妻。

① 詹承绪，王承权，李近春，刘龙初著．《永宁纳西族的阿注婚姻和母系家庭》1版．上海：上海人民出版社，1980：122～123页．

蒗蕖州元代初属丽江路，后属北胜直隶州，土酋阿的受封，“世为夷酋”，土司制一直沿袭至中华人民共和国建立后民主改革前夕。与永宁土司一样，蒗蕖土司实行世袭制，长子继承土司职，次子任堪布，对本民族由土司——总管——把事（把总）——小官（百姓）——伙头（村甲）一套统治系统进行统治，对迁入的汉族等按户口编有千长——客长——排首等作基层统治。统治机构有土司衙门、总管衙门、监牢等[①]。

蒗蕖地区的社会生产力发展水平，在清末民初已逐渐向封建地主经济过渡，土司势力已日益衰微。

这一地区处于与普米族、汉族、彝族、回族等民族杂居的状况，民族之间的交往及文化交流相对较为频繁，加之与永胜、丽江等地区毗邻、为外界进入小凉山的通道，因此，与经济相对发达地区的信息交流较永宁更为方便和频繁。

金沙江边一带的摩梭人，处于与丽江纳西人、普米族等的杂居状况，隔江与丽江、中甸相望，相互之间的交往及影响较著。

据打巴口诵经称，宁蒗摩梭人古时为两大部落，永宁、拉伯为一部落，其先祖由大渡河畔迁徙而来；蒗蕖为一个部落，其先祖由四川左所迁徙而来[②]。

这些地区的父系制从何时开始，无法稽考，《乾隆永北府志》载：“麽些一种，无姓氏，零星散处，近田居住，以板覆屋，披发左衽，穿耳贯环，婚姻听从父母之命，以牛羊酒食聘娶。”可见蒗蕖摩梭人行父系制在清代之前。拉伯的父系制，母系成分很浓，基本处于母系、父系之间，这是我于1990年前往调查时最深的印象。这里虽然行父系家庭及嫁娶，但在家庭中男女地位较平等，母亲是最辛苦而又最受尊崇的人，在家庭性别分工、经济管理、劳动安排等等方面，与永宁摩梭母系家庭很近似，性关系也相对较自由，私生子不受歧视，享有同等的继承权，社会文化较为宽松和谐。这些都说明拉伯摩梭父系制，其母系制的“胎记”相当突出而明显；说明它形成的时间不会长，不会早于蒗蕖摩梭。其形成背景主要是离永宁中心

① 郭大烈，和志武著．《纳西族史》1版．成都：四川民族出版社，1994：426～427页．

② 云南省宁蒗彝族自治县志编纂委员会编纂．《宁蒗彝族自治县志》1版．昆明：云南民族出版社，1993：178页．

区较远，受相杂而居的行父系制的普米族及丽江纳西人等的影响，并互为姻娅等原因所致。拉木·嘎吐萨曾对草落窝、树枝、格庄、明庄四个村子进行过调查，结果发现这四个村子由阿子、甲若、阮子阿东、那卡四个“斯日”分衍而来，七代以前都是母系，他们系由永宁迁来。按25年一代计，七代也才175年，相当于清代嘉庆、道光年间。

至于蒗蕖摩梭人，其父系制由母系制脱胎，在民间至今还有流传。1996年9月，我们曾拜访了原县政协副主席、堰口坝76岁的张偏初老人，他向我们讲述了这样一段故事：

> 据老辈人讲，我们是从四川盐源、盐边一带过来。到这里来的是四弟兄，分别在四个地方住了下来：老大住在衙门村，老二住辣子洞，老三住堰口坝，老四住海边（泸沽湖）。当时我们这里啥也没得，打渔用栗棒削成刀子砍，打猎用弩弓。初来这里时都是母系，都是女的当家，后来与汉族杂居，才慢慢变成一夫一妻制的。我家爷爷那辈都是女的在家，我舅舅开始才变成一夫一妻制的。我们摩梭有个说法：妹想哥哥手都可以砍掉，哥为了妹妹可以砍脑袋。这里头有个故事，讲妹妹嫁出去三年没有回来，哥哥去看她，妹妹很高兴，但家里没有肉，去借也借不着，妹妹就把自己的手砍了煮给哥哥吃。哥哥很是感动，说：“我的妹妹被人欺负着了，我砍头都要得！”我们摩梭人兄妹之间的感情是很浓的。以前我们走婚的时间很长，后来土司阿家、百姓傅家逐步改（为一夫一妻制），找（娶）他们的姑娘要给很多钱，比如百姓找阿家姑娘要给九条牛，百姓给不起。没办法，就让姑娘住娘家。

对于没有成文史的民族来说，一代代口耳相传的口碑传说，起着重要作用。张偏初老人的这番讲述，至少说明三个问题：（一）这部分摩梭人原来行母系制；（二）从母系到父系的演变是接受了汉族影响，且有一个先从土司、有势力的上层百姓到一般百姓逐步推开的过程[①]；（三）贫苦百姓因付不起高昂的聘娶费用，又改行母系制即走婚的婚姻家庭制度。照他的说法，这里的父系制当经历了母系——父系——母系之后再到当今的父系这样反反复复的过程。

衙门村64岁的摩梭老人乌几·茨顶告诉我们：

老辈子讲，以前男人嫁人，女人不嫁人。一次，哥哥要出嫁了，他慢吞吞的，妹妹催他："哥哥，走得了，人家等起了。"哥哥仍然慢吞吞的。妹妹等不得了，就说："我走算了。"说着背起弓箭就嫁出去了，从此开了女人嫁人的先例。就这样，男人在家，女人就嫁人了。

这个故事折射了从母系到父系演变的历史，从一个侧面证明这一部分摩梭人的确是先行母系制，后才是父系制。

综上所述，蒗蕖、拉伯一带的摩梭人，曾与永宁摩梭一样，普遍实行过母系制，后来由于受其他民族影响，逐渐演变为行父系制。然而，由于它是由外因促动而致，在思想观念、风俗习惯、价值标准等方面，还保留有明显的母系制的"胎记"，与中国传统的父权制不全然相同。

在中国传统的父权制中，男尊女卑、男主女从、以男为本的性别歧视已经稳固确立，男性的权力已成为不容动摇的基石。中国正统社会几千年的封建礼教，确立了男尊女卑这一两性关系的主旋律，表现在婚姻家庭制度上，就是男权的绝对威力，女子的权利就是在家从父、出嫁从夫、夫死从子，三纲五常成为束缚妇女的绳索，谈不上任何个人的独立性。然而，男性也并非处于自由的人，封建伦理道德的约束，使他们也只能一切循"礼"而为，谈不上个性的独立。包办的婚姻、家长式的统治，他们同样也是受害者，只是女性受害更深一层。随着中国革命的胜利，社会主义家庭关系的建立，确立了平等的家庭关系，然而在事实上封建遗毒的严重存

① 这里的土司是否因受汉族影响而改为父系值得推敲。不排除老百姓受汉族影响改从父系，且开始与原为父系的土司联姻之可能。

在，男尊女卑、重男轻女的观念在家庭关系中仍起着相当的作用。

蒗蕖等地摩梭的父系制，也不同于与其相杂而居的小凉山彝族的父权制，小凉山彝族的父系制是在奴隶制下存在的，更具奴隶制人身占有关系的特点。小凉山彝族，在1956年民主改革以前处于奴隶制统治之下，奴隶制的特征之一，就是等级森严、男性统治的确立和妇女地位的被贬低。体现在婚姻制度上，是实行以血统等级观念极强、妇女处于被买卖状况的同族内婚制、等级内婚制和家支外婚制，以及由此派生的包办、买卖、转房、配婚等现象。这些婚姻规范确定了彝族人只能在本民族内部、本等级内部及与有婚姻关系的外家支之间通婚，若有违反，必将严惩乃至处死，反映了奴隶制的占有关系、强制性及残酷性。这些规范渗透于人们的思想意识中，并没有随奴隶制的废除而清除，而是以其顽固的影响，支配着人们的思想和行为方式。在强大的社会运动中，它曾一度受过冲击，但改变不大，随着政治生活的宽松，血统观念又有增无减，1990年，我曾到与衙门村同为一个行政村的毛家乡考察，强烈感觉到这种血统观念有愈演愈烈的势头，乃至为了寻求同一血缘“根骨”，有的人不管路途遥远，到四川大凉山或其他同一“根骨”的同等级彝族中去攀亲。买卖婚、近亲婚普遍实行着。在毛家乡，青年男女的婚姻基本沿袭着传统的规范，他们一般几岁至十来岁就被父母定下婚事，女家收取了被称为“礼”的身价钱。身价钱因人而定，按当时的行情，漂亮能干的姑娘，身价为二三千元，有残疾的几百元，一般在千元左右。随着人们收入的增加，身价钱也在不断上涨。随着对外交流的频繁，一部分青年开始对这种包办婚姻表示不满，要求婚姻自主，但往往遭到家长的反对，我们调查了三个家庭的三对青年男女，他们清一色都是包办婚姻，都对婚事不满，然而除一对由于得到县里当干部的哥哥的支持，如愿以偿外，其余两对都以“是亲戚，不好办”而“只好认命”。就是成功的那位女青年，也付出了赔双倍的身价钱、断绝姑舅关系的高昂代价。在彝族家庭中，男性的尊严也相当突出。昔日的小凉山，家庭形式是以父权为核心的小家庭。这种小家庭的建立以男方为基础，妻子是丈夫用钱买来的，属于丈夫占有的一笔财产，家庭的主宰，自然为丈夫，家庭的嗣承，当然为男性。绝嗣是最受歧视的，死了，棺木都不能用肩扛，只能用手平抬。1993年，我们在宁蒗畜牧厂村调查，有的彝族男子拍着胸脯告诉我们:“为人一世，若不生个儿子，死了都无法见祖先！”正因如此，人们把女孩看成是外人，只有儿子是自家的。重男轻女的现象相当突出。

蒗蕖摩梭人民主改革前夕已进入封建地主经济，其社会经济发展水平相当于当地汉族、高于当地彝族。但在婚姻家庭方面，与封建家长制的汉族及奴隶占有制的彝族又有区别，妇女地位较前二者高，在家庭中两性相对平等，具体表现在：

第一，两性性别分工较灵活，尚无明显的性别等级差异及性别歧视因素。家庭分工，是衡量两性家庭地位的一项重要指标，从中可以窥见两性关系的平等与否这一深层文化内涵。1996年9月，我们曾对衙门村14户摩梭家庭作了抽样调查，并在问卷中对这一指标作了具体化。14户中有4户系无男劳力户（丈夫在外当职工的2户，丧偶的1户，离异的1户）。为了准确反映两性性别分工的实际状况，我们将此4户未列入此项统计范围，对其余男女主人皆全的10户，分项目统计如下：

表1—2 主要家务承担状况（%）

主要家务	女	男	男女皆可
做饭	70	10	20
喂猪鸡	60	40	
放猪	70	30	
喂牲口	30	40	30
放牲口	60	30	10
带小孩	90	10	
砍柴		70	30
找猪食	90		10

表1—3 主要农活承担状况（%）

主要农活	女	男	男女皆可
犁田耙田	10	80	10
平土挖土	20	40	40

主要农活	女	男	男女皆可
撒种	20	50	30
田间管理（放水、施肥、薅锄）	20	30	50
收割	10	10	80
打场	10	10	80

表1—4　其他家庭参与状况（%）

项目	女	男	男女皆可
主持节日祭祀	40	50	10
主持红白事	40	40	20
参加村里开会	20	50	30
到集市出售农副产品	60	20	20
到集市采购物品	80		20

统计数字表明，家务劳动中做饭、喂猪鸡、带小孩、找猪食等主要由妇女承担（占60%以上）外，尚有40%的劳动由男子或男女双方共同承担，而且砍柴一项男子承担的占了70%，其他如喂猪鸡、喂牲口（分别占40%）、放猪、放牲口（分别占30%）等劳动，男子的参加率也占了一定比例，10%的农户，男子还做饭、带小孩。在传统中国社会被定位为女人的工作的家务劳动，竟还有那么大比重的男子去承担，的确引人深思。至于农业劳动，男子承担的总量多于女人，但女人参加的比重已大为增强，特别在收割、打场方面，已是一半对一半。在其他家庭活动参与方面，比较庄重的节日祭祀及红白事的主持，男女几近相等（节日祭祀）或相等（红白事），这在行父系制的民族中是罕见的，它从一个重要的方面说明了两性的平等关系。至于到集市出售或采购物品，以女性为主，这是较为普遍的社会现象，它与女性持家有关，蒗蕖摩梭也依循了这一规律。

以上调查统计是当今的情况，那么，历史上又是什么状况呢？《乾隆永北府志·蒗蕖土知州》及《光绪续修永北直隶厅志·蒗蕖土知州》皆云："麽麽一种……以种莜稗为食，披毡毯为衣，男子绞索，女人绩麻，别无生计。"可以看出当时的农业生产以种稗子为主食，但看不出性别分工，而家庭手工业绞麻索及绩麻已有分工。民间的调查可以作补遗，72岁的老妇陈扁玛告诉我们："过去女人不做田里活，女人的活路是种菜、纺麻织布、喂猪鸡、做饭、带娃儿、扬谷子（稗子）、背粮食。犁地、砍柴、挖地、薅种、栽秧等，全由男的干。现在男人搞副业，田里活除了犁地以外，男女都一齐做"。看来，传统上女人在家干家务活，男人在地里干农活。与永宁摩梭男人相比较，蒗蕖摩梭男人承担农活的比重更大，两性的家庭内劳动分工较永宁模糊。这种现象与其生产门类、宗教的渗入程度等有关。在过去，这里的生产门类是单一的农业，且田地受封建份额的限制，全家人都围绕此而进行劳动分工：需投入较强体力的、作为主要生活之源的农活由男人去干，为维持人口再生产的养育子女，为解决全家人之所需而进行的绩麻织布等家庭手工劳动，以及为保证劳动力之再生产而进行的家务劳动等，则为妇女的工作。它不像永宁那样拥有发达的赶马运输业需男人离开土地出去闯荡。同时由于封建化程度的加深，土司势力削弱，地主经济兴起，封建农奴向农民转化，相当一部分农奴的劳役为实物地租取代，把服劳役的劳力转入农业中。此外，这一带虽流行藏传佛教，但其影响逊于永宁地区。由于上述原因，蒗蕖摩梭男子从事农业及家务劳动的时间高于永宁摩梭。这里流行着这样的说法：大事父亲管，小事母亲管。我们问大小事如何区分，他们回答：婚、丧及对外是大事，家庭内部事务是小事。具体来讲，父亲管婚、丧[①]、对外事务，母亲管家庭经济开支。显然，这里的两性分工仍属男主外、女主内的性别分工范畴，但它不同于男权下的类似分工，尚未含有男尊女卑的社会内容，而是从生产生活实际需要出发，以自然体力及生理特点为基础的性别分工。正因有这样的传统，所以在经济开发门类拓宽的今天，人们便自然地根据家庭经济发展的需要来从事力所能及的工作，而没有人为的桎梏。

第二，妇女拥有较大的家庭决策权及资源支配权。权，即权力，它是衡量两性地位高低的重要指标和标志，它与性别分工有联系，透过性别分工可以反映出权力状况，但又有一定的区别，权力是更高层次、更宏观的

① 这一情况与问卷调查统计有差异，主要是与问卷调查中被访人对“主持”的理解有关。

理性化的概念，而性别分工则是具体的工作。一般把权力定义为“凌驾权力”和“自主权力”，前者指有权力的人所具有的对于他人的影响力，后者则指一个人实现个人目标的能力。在这里，我着重讲的是凌驾权力，即妇女在家庭角色中所掌握的权力及其对家人的影响力，这主要是指掌握有家庭某些支配权的那部分妇女。在蒗蕖摩梭地区，妇女做当家人的较普遍。我们对衙门村14户摩梭家庭的调查，竟有12户为女的当家，占了被调查户数的85.71%。这些当家人的主要工作是安排家庭活计、管理家庭经济开支、一日三餐祭锅庄，没有男主人或男主人不力的家庭，还要负责处理对外事务及主持大的祭祀等。她们对全家农副业及产品、土地安排利用（比如种什么、种多少等）、经济开支等拥有支配权。一些男人当家的家庭，处理上述事务时，也得征求女人的同意。76岁的周梭那老人告诉我们，在摩梭家庭，一些大的事情需要女人同意才办得成。我们曾访问过以颠独玛家，这是一个三代九口之家：父、母、叔、三个女儿、一个上门女婿、两个孙女。当家人是64岁的母亲而车补替。大女及三女在乡上工作，二女儿、女婿及一位孤人叔叔是主要劳动力，全家种有田1亩、地12亩（其中有8亩苹果园），有马3匹、羊3只、猪4头、鸡20多只，还开有一个小卖店。对我们提出的问题，这位母亲总是有问必答，且回答得非常流利，上面这些情况，都是她给我们讲的。一家人全年收入多少，粮食产了多少斤，买了多少化肥，等等，她如数家珍似地向我们作了介绍。她的丈夫五加茨给及二女儿以姐独玛告诉我们，他们全家的农活安排、起房子等都要全家人共同商量决定，但要由母亲指挥干。我们正访问时，在地里干活的家人回来吃午饭，饭已由母亲做好。他们吃完饭，稍稍休息片刻，又要干活去了，母亲让她们一人带上一个背兜，回来时顺便把猪草带回。午饭后，母亲与那位叔叔去果园锄土，我们也与他们一起下地。边干活，我们边交谈，母亲告诉我们，她除了安排家庭活计外，一边带小孩，一边办经销店，还要喂猪，买建房子的木料等等，一天忙到黑，丈夫有病，就守家。犁地由叔叔及女婿干，果园由女儿、女婿管理，做饭谁空谁做，但早晨母亲不早起，由女儿或女婿做早饭。洗衣服，男女都洗；栽秧，男女都干。我们又到了陈古补家，同样也是由56岁的母亲陈古补当家，当时正在收洋芋，陈古补指挥着一家人：丈夫用马运输，儿子、女儿到地里挖，她本人带着小孙孙煮饭、喂猪，忙得不亦乐乎。我们曾问他们，过去这里的摩梭也是女人当家的多吗？他们回答，当家的多，不过，男人行，男人也当家。反正不管男女，哪个能干哪个当家。

从整体情况来看，摩梭女人更善于持家，用他们的话来讲，女人会安排、会精打细算，所以会当家。这与传统的性别分工有关。一代又一代的女人在“主内”中练就了管理家庭的能力，加之她们生活于两性相对平等的环境中，较能无拘无束地施展自己管家的才干，男人们也乐于接受她们这种“凌驾权力”。较之与他们相杂而居的彝族和汉族，摩梭妇女在家庭中的地位，在家庭事务及家庭资源的支配方面，拥有更大的权力。

第三，性关系较为宽松。此问题我们在衙门村没有作过专门调查，但在座谈中也了解到些许情况：婚前有孕，社会舆论不大，结了婚，可以把孩子随母带走。在拉伯，我们了解到了一些这方面的情况：在我的房东家举行的一个篝火晚会上，一群摩梭青年围着熊熊燃烧的大火堆跳得正欢，我也情不自禁地加入了他们的行列。几圈过后，有些累了，我退出了人群坐在一旁观看。这时房东走过来，指着最前面吹着笛子领舞的男青年，对着耳朵问我：“你看，这个娃儿跳得好不好？”我佩服地回答：“跳得很灵活，舞姿优美刚劲，吹也吹得好，看来是个多才多艺的年轻人。”老汉一听，像吃了蜜糖似的高兴，狡黠地又问我一句：“你看他像哪个？”这可把我给问懵了，我下意识地侧头一看，哦，真像我身旁的房东老汉。就回答他：“莫非是你的什么人？”他只是笑而不答。后来我得知，这伙子是他的私生子，他们家与女方家都知道，全村人也知道。两家仍以亲戚来往密切，村里人也无啥议论。据了解，这在昔日带有普遍性。婚前婚后性关系都较自由，私生子不受歧视，并享有其他孩子同样的权利，这种状况，反映了原来存在过的母系制婚姻的痕迹。尽管拉伯摩梭在与其杂居的汉族、普米族、丽江纳西人的影响下实行父系制，但在婚姻方面的男子独占关系尚未完全确立。同时在家庭中妇女还占着主导地位，我们所到的人家中，大都由女的当家、男的出面，家庭经济的管理及收入支配，多以女性为主。当然，大的消费决策，一般由全家商量决定。

母亲在家庭中的威望是最高的，然而母亲也是最辛苦的，与永宁的“达布”一样，这里的“达布”们从早忙到晚，从年初忙到年终，她们没有闲暇，无时不在忙碌。难怪出生在拉伯的拉木·嘎吐萨对阿妈倾注了那么深的感情[①]：

> 用木桶背来躺在溪水里的星星
> 点亮一家人的生活
> 印满汗渍的背影
> 背着疲倦，背着母爱
>
> 笨重的石磨
> 磨钝了她的年龄
> 粗重的木碓
> 舂弯了她袅娜的体态
> 一根草绳
> 搓硬了这副身坯
> ……

与永宁摩梭母亲一样，拉伯摩梭母亲们用无休止的劳动和无私的爱支撑起了一个个家庭，也赢得了家庭成员的尊重和热爱。在人们心目中，母亲就是生命的依托、生活的依靠。母亲就像祖房的火塘，给了全家人以温暖，并把全家人紧紧地“团”在一起。

蒗蕖、拉伯的摩梭父系制也不全然与摩梭土司的父系制相同，土司的父系制是以适应其统治权力为其本质的，故等级色彩较浓，男性的权力更大，男性中心的特点更显著。而这一带民间实行的父系制，则两性较为平等，更贴近自然。

① 拉木·嘎吐萨著．《摩梭女人》1版．上海：上海人民文艺出版社，1993：7页．

第二编　母系文化的现代变迁

面对商品经济大潮

20世纪70年代末开始的改革开放的浪潮，使中国进入了一个新的历史时期，即由传统农业社会向现代工业社会的转型期。经济开放的大潮席卷而来，偏处一隅的摩梭社区，同样也受到了触动，犹如那平静的泸沽湖水，在清风吹拂下掀起了层层涟漪。习惯于日出而作，日入而息，与世无争，与人无争，一片宁静生活的永宁摩梭人，开始碰上了发展商品经济、参与市场竞争、面对大量陌生的外来文化的渗入等诸多新情况、新问题，同时随之出现了对原有价值观念、利益分配、人际关系、道德规范等的挑战，从而使摩梭母系制面临着前所未有的考验。尽管这只是开始，然而它已或显或隐、或突出或平淡地反映出来，这是一个难得的时机，它将为摩梭母系制这一特殊的社会文化现象的发展变化留下一个有价值的轨迹。

我们从永宁工商所得到这样的一份统计表：

表2—1　永宁个体工商户发展情况表

年份	1980	1986	1987	1988	1989	1990	1991	1992	1993
总户数（户）	38	122	130	120	121	125	127	161	135
少数民族户数（户）	14	90	101	93	94	104	105	102	91
从业人员（人）	41	202	229	212	213	228	230	204	201
注册资金（万元）	0.98	19.85	24.8	21.9	22	23.1	36	20.9	20.32

从表中可以看出，永宁的个体工商户在逐年发展，1980～1993年13年间，工商户数由38户增加到135户，注册资金由0.98万元增加到20.32万元。对于那些发达地区来讲，这是个很微小的数字和很缓慢的进程，但对于偏僻、经济不发达的永宁来说，这已是一个不小的数字。据司良汉老镇长介绍，这里1979年前才有工商户3户。

那么，这些工商户中，摩梭人究竟占了多大比重？由于当时的统计没有单列，我们难以查出，但最近的却有资料可考：

表2—2　1996年6月重发营业执照的个体工商户统计表

行业	地区	户数								
		总计	分民族统计							
			摩梭人	普米	汉	藏	白	彝	土家①	其他
服务	永宁乡	5	5							
餐饮	永宁街	75	16	3	43	3	2	2	1	5
	温泉	14	10	4						
	落水	20	10	8	1	1				
制造	永宁乡	10	3		6					1

合计124户，服务行业未作分民族统计，仅计算了摩梭户数并列入表格。

这是我们从永宁工商所得到的资料，1996年，124户重新领取营业执照的工商户中，摩梭人有44户，占这些工商户的35.5%。又据1995年底的统计，永宁街面计有工商户208户，其中摩梭人有37户，占工商户总数的17.79%。显然，摩梭人经营工商业的比重在不断增加。在摩梭人聚居的一些社区，不少家庭都在开始经营着一些小店铺，尤其是在风景旅游区，从事商业活动者如雨后春笋不断涌现。比如居住在泸沽湖畔的落水下村，聚居着33户摩梭人，其中绝大多数家庭都在从事经营旅社、餐饮、小百货等商业活动，注册资金在万元以上者就有5户。这个村由于海拔偏高，土壤贫瘠，水利条件差，农业收成差，永宁坝子产稗子、水稻、包谷，而这里

① 壮族之误。

只产荞子、包谷。村长茨汝而车告诉我们：1991年以前，60% 以上的人家，到了七八月就饿饭了，是个贫困村。自1991年以后，开始利用地处泸沽湖风景区的优势，发展了旅游业，到1996年，人均收入已达2 000元，光是划船、提供骑马等项的集体收入，全村年创收在10万元以上。现在已成为丽江地区的十大富裕村之一。显然，旅游业已成为这里的支柱产业。我们对20户家庭的问卷调查中，回答“你家收入的主要来源”这一设问时，100% 的人都回答是“旅游”，只有3户兼答了“畜牧”“基建”“运输”，足见旅游业在该村的地位。

随着旅游业的发展，交通、通讯、住房等条件也大为改观，到1998年6月我们最后一次去时，到县城、乡上及四川盐源（毛土路）的公路已直通村内，全村33户，除两户外都已建盖起了两三层楼的新式木楞房，电话直通住宅，电视机、录相机、电冰箱、洗衣机等现代家用电器几近普及。

1996年，在温泉的瓦拉片村，51户摩梭人中，经商者在30户左右，占了全村总户数的60% 以上。据了解，不少人家的经济收入来源主要靠做生意。这里虽有以“男女同浴”而闻名的温泉，但因尚未全面开发及交通不便、偏处一隅等原因，从旅游中受惠者不多。但这里具有地处滇川交界、对藏区贸易频繁的优势，农户们开展了以山货、药材、牧畜、农副产品为主要经营范围的跨区域贸易，有的还把生意做到了甘肃、青海、海南、缅甸、泰国等，资本最多者已达数十万元，最少也有几千元，一般在万元以上。此外，有的人家是靠搞运输、开旅店、开小卖部及录相室等服务性的行业来挣钱的。据统计，全村私人拥有：

运输车辆	9 辆
拖拉机	1 台
录相室	2 家
诊所	2 所
小卖店	9 家

以上虽只是几个经济发展较快的摩梭社区的事例，但它代表了在商品经济大潮中摩梭社区的一种发展趋势，这是一种历史性的变化。

历史上摩梭人并非无经商的传统，早在抗日战争年代，由于永宁的区位优势——地处滇川的交界，以及与藏区的经济文化联系，赶马运输业已相当发达，曾创造了当时的繁荣局面：滇藏贸易十分活跃，驮满各种货物的马帮由内地经过这里远销西藏和印度；印度、西藏的土特产又由此运往雅安、成都、大理、昆明……串串马铃声写下了摩梭人经商史上辉煌的一章。由于赶马经商获利甚丰，形成了“摩梭发财靠骡马”的状况，不仅大多数家庭抽出男子从事赶马运输，就连缺乏骡马的人户，也有通过押出土地来买马经商者。土司和总管，也派出家奴和佣工组成马帮商队，常年从事活动①。据土司三老爷阿占胜之子扎巴松竹的回忆：“当时我家骡子有二三十匹，马帮经常出外做生意，往来于永宁与丽江、下关、芒市、保山等地，主要是日用商品，也有少量的枪枝和大烟。与藏族做生意，以猪肉、大米、茶叶等土特产品换回印度产的香烟、毛料、布匹、银首饰等。”据1956年的统计，永宁等地约有三分之一以上的家庭主要或兼营赶马运输业②。尽管如此，就地开商号、旅社、餐馆等经营活动，还未见诸记载或介绍。特别是20世纪50～70年代，由于极左政策的影响，连赶马运输业也萧条了，除了种植养殖以自给而外，无其他的个体商业活动。加之摩梭传统上一直保持着浓厚的自给自足的自然经济，一个家庭，也就是一个小社会：种粮为食，种麻织布为衣，养牛马为耕地和运输、乘骑，哪家猪膘肉多，牲畜多，哪家就最富有。需向外求索者，可以说仅是盐巴和针线。这些，外地商贩索摩梭的土特产及农牧产品来进行交换。平时邻里间、亲友间是以馈赠的方式来进行交换的。故整个社会尚缺乏商品经济观念。乃至到了20世纪80年代，当外地人进来，看见农户园内挂满枝头的水果，想买几个来吃时，主人都让他们自己去摘，不好意思向他们要价，给多少或给不给钱都无所谓。现在来看今天的变化，不能不说是巨大的。这种变化，正在对摩梭社会起着深刻的影响。

尽管摩梭妇女在家庭中处于较高地位，但仍遵循男主外、女主内的性别分工模式，对外出面的仍是男性，所以女性没有做生意的传统，就连有

---

① 参见纳西族简史编写组．《纳西族简史》1版．昆明：云南人民出版社，1984：79页．

② 参见纳西族简史编写组．《纳西族简史》1版．昆明：云南人民出版社，1984：79页．

的民族中妇女经营小买卖，带着自家种的蔬菜、果子及家里的禽蛋之类到集市上出售，这种情况在摩梭社会中也是没有的，什么都自产自食，以物易物，以馈赠式的感情的交换代替商品的交换，才出现了上面提到的那些事例。直到今日，我们在摩梭社区调查时，还遇上了不止一起以物易物的交换。在海依角村拉窝咪家，我们看见藏族牧民与摩梭农民以酥油兑换大米：在谷子正扬花时，牧民就把酥油以2斤兑换40斤大米的比例赊放于农户家，到收割时，牧民赶着骡马如数驮回大米，不必打收条或欠条，双方相互信任。在温泉阿古瓦村的独玛茨尔家里，我们去访问这位当年的女马锅头时，恰好碰上她家里来了客人，经交谈，才知这客人父子俩是从泸沽湖另一侧四川那边的大嘴村过来的，他们那里不产大米，就带点梨子、花椒、蜂糖等来走亲戚，讨回大米。据独玛茨尔介绍，他们是她儿子的朋友。这父子俩在这里住了一夜，受到主人家酒肉款待之后，带走了一大袋谷子，用马驮着离开了，据说还要到另外的朋友家去，他们也将受到同样热情的接待满载而归。独玛茨尔讲，儿子朋友多，秋收后一年来讨大米的起码有10来人，一人一口袋，一年要送千把斤谷子出去。我们问她这样家里够吃吗？她爽朗地回答："多着呢，吃不完。"自然而然，没有丝毫的勉强。传统仍在，然而商品观念也开始在萌生。独玛茨尔的儿子在开车搞运输，她本人会织麻布，她说只要能卖出好价钱，她会织出来趸给人家的。永宁街上卖蔬菜、水果的摩梭妇女，已不鲜见，而开店铺者，也不乏其人。至1996年10月中旬，永宁街面上个体工商户共111户，其中摩梭17户，他们从事着百货、饭店、理发等业务，月营业额在1500～10000元之间[①]，这17户摩梭工商户中，由妇女开办的就有11户，占了64.71%。在温泉，登记注册的10户摩梭工商户中，有6户是由妇女经营的，占了60%的比例。至于下落水村，家家都有妇女参与旅游经营活动，几家大的旅社，都由妇女当家。昔日足不出村的摩梭妇女，有的已把生意做到了昆明、瑞丽乃至缅甸，结束了妇女不经商的历史。在一些经济发展较快的社区，是否善于经营，已成为一个妇女是否能干的标志，一改过去是否善于理家作为妇女能干的标准。

① 按照在永宁工商所登记的数字摘录。

摩梭妇女从不事经商到善于经商，这不能不说是观念上的一大转变。虽然这只是最初的一步，但从某种意义讲，这是划时代的一步，因为它标志着摩梭社会及妇女群体从小农经济观念向现代观念的迈进。

摩梭社区商品经济的发展，也改变了人们的生活方式。这方面，下落水村可以作为一个缩影。下落水村的摩梭人在旅游经济开发中，创造了“家庭旅社”这一生态旅游形式，它把泸沽湖的自然景观与摩梭母系大家庭这一独特的人文景观有机地结合在一起，展现了自然的女神世界——女神山和母亲湖，与社会的女人世界——女人作为受尊重的人而存在的母系大家庭。这特有的自然与人，本来就和谐而统一地生存在这块土地上，经摩梭人匠心独具的组合，成了美妙绝伦、令人领略不尽的一大景观。使游客们在欣赏这美丽的湖光山色的同时，更可深入一个个摩梭家庭世界，身临其境地体味一下这类似神话的两性和谐、尊老爱幼、文明礼貌的母系文化氛围，了解它的风土人情，品尝摩梭风味，别有一番情趣。每年都吸引了许多四方八面的游客前来观光游览。据初步统计，中外游客已从1992年的5500多人次增至1996年的15万人次①。人们说，大把钞票从“狗钻洞”流进摩梭家②。为此，下落水的摩梭人可以不必离乡背井外出挣钱，钱会找上门来。于是他们把一门心思用在了自己的家庭旅社上：盖起民族化的现代木楞房，铺就干净舒适的客房，起了厕所，有的还建起了讲究的餐厅和浴室。多数人家，则在自家古老的老屋火塘边为客人做起了可口的风味餐。人们改变了过去那种日出而作、日入而息的农耕生活方式，成天忙于接待客人，参与划船和骑马等等活动，还要进行田间劳作及饲养家禽家畜，等等，生活节奏加快了。同时，改变了摩梭家庭无厕所、无浴室的状况，现代生活方式正悄悄进入摩梭家。到1998年6月我们再次去调查时，有的人家已建起了太阳能浴室，有的则把旅社承包给外省人经营或与之合营，一些外来人也在这里租房开商店，改变了原来的单一格局。据不完全统计，包括落水村在内的泸沽湖风景旅游区内，已具备了1 600个床位的日接待

① 《社会林业》课题组康云海执笔．《云南省宁蒗县泸沽湖落水村村民参与性发展旅游的研究》1页．云南省社科院农村经济研究所打印资料。

② “狗钻洞”是外界人进入泸沽湖的必经之要隘，从这隘口第一眼望见泸沽湖。

能力，容量为1024门程控电话的通讯系统已建成并投入使用。旅游业的迅速发展，给下落水村的摩梭农户带来了极好的机遇和可观的经济效益。然而环境污染、黄色污染也随之而来，这不能不引起关注着它的发展的人们的忧虑。

家庭旅社使摩梭农户直接受益，也减轻了国家负担——国家可以不必花大笔钱来兴办旅游设施，也不必安置剩余劳动力及划拨大片耕地。农民们在旅游旺季游客多时接待游客，在淡季游客少或无游客时，可以照样干农活及家务，伸缩自如。

在经济大潮中，摩梭人在商海里学游泳，在不断地练就自己的本领。下落水村的两户办得早、发展快的家庭旅社“摩梭园”及“摩梭风情园”的创办过程就是很好的事例[①]。而今，摩梭家庭旅社已遍地开花，越办越红火，越办越高档。在这一过程中，摩梭男女们学会了布置客房，做各种饭菜，接待来客，招揽生意等等，更学会了管理和计划安排。旅社还安上了程控电话，加强了与外面世界的联系，有的人开始学英语与外国人打交道了。与此同时，传统文化、传统思维方式也在不断与新的形势相结合，从而体现出一种特殊的文化现象。譬如母系制均等的思想，在今天体现为利益均沾，划船、出租坐骑、举办歌舞晚会，全村（包括上村）家家有份，乃至小组的成员收入要均分：一个组有几条船或几匹马，按顺序接客，根据游客情况，每条船或每匹马收入不等，有的甚至一天没一点收入，但全组的收入要由组长均分给每一个成员。开餐馆，由主人配餐，无论人多或人少，都享有同等的品种数量，价钱也固定，而不由客人自选。俨然，摩梭分食制的影子在这里出现。又如摩梭人那忠厚诚恳、热情好客的品质，在进行商业活动中也无处不表露出来。“摩梭饭店”是由19岁的而池拉姆、20岁的茨里拉格两位表姐妹共同经营的，开设在落水村公路边，开办一年多，来的都是回头客。虽然一个床位才十元钱，但有的学生来旅游，出不起这个价钱，她们就只收五元。而池拉姆向我们讲述了这样两个故事：“一次有七个学生来旅游，我们见他们困难，就主动提出只收五元，他们说我们良心太好了。我和姐姐做好了饭请他们吃，不要他们的钱，他们有的不

① 参见本书“母系文化对摩梭男女的塑造”部分。

好意思，我们劝他们吃。走时，好几个都哭了。我们这里来住的多半是开车拉料子的司机，有的吃了没有钱，我们也不计较。有晚有两个人共吃了25元，但身上只有20元，我们就不要了。第二次他们转来，多给我们10元，我们不要，但他们怎么说也不依。”就这样，两位姑娘以诚取信于顾客，生意做得红火。我们在落水村先后住过两家：格则·独玛及瓦汝·司给家，两家大小对我们亲如家人，照顾周到，摩梭主人家那种浓浓的情谊中，有的是人的真诚、和谐、温馨，而不是金钱的铜臭味。

在商品经济冲击面前，人们之间更多了一分竞争，而一些外来的消极的、不健康的东西也正在滋长，这是1997年以后发生的新动向。

摩梭作家、学者石高峰在《泸沽湖：16年旅游开发的是与非》（见附件）一文中，把落水村从1992—2008年16年间旅游开发给村社所带来的经济的、观念的变化，作了切中要害的小结。证实了我的那些忧虑非杞人忧天。兹摘录几段如下：

财富的增长有目共睹。然而，在游客来了，钱来了的同时，狼也来了。为了争夺客源，摩梭人之间吵架，甚至斗殴，有旅客不满于价格混乱，也有宰客现象，往日平静的村庄笼罩在一种火药味很浓的氛围中。

最让全村老人群情激愤的是：摩梭人历来的规矩是不能骑马进村，必须在村口下马，牵马进村，因为村里有长老、喇嘛之类德高望重的人。可现在，游客并不管这些，骑着马在村中游荡，甚至一些本族青年也骑着马在村里一溜烟跑过，见到自己的舅舅和母亲都不下马，这在传统文化中是不能被原谅的。

从 1995 年开始，陆续有一些外地小伙子到摩梭家入赘，他们经过衡量认为，分成小家庭更划算。理由是如果每个家庭一年能分到 4 万元钱，二十几口之家分成 3 家，就可以分到 12 万元，是原来的 3 倍。不到两年时间，落水村已经飞速发展为 73 户。

最令人忧虑的是，旅游业并没有为摩梭文化的弘扬带来良性循环，村内的所有收入都由家庭主宰，并没有一分一毫投入在环保、教育和文化等公共领域。作为丽江地区的首富村，落水村每年的旅游收入大约300万元，但大部分的开支是盖房，家家盖起了三四层楼，这是财富和地位的象征；而对于公益的事业，很少有人关心和考虑。村里的中小学破烂不堪，直到云南省教委拨款修缮，才改变了面貌。在村民的意识中，认为那是政府的事，与自己无关。他们对自己的本土文化——达巴文化已很淡漠。尽管目前在整个永宁到泸沽湖，只有一个达巴活着。这份珍贵的遗产在未来的几年就很可能会消失，但他们都无动于衷。

由于泸沽湖分属云南和四川共有，在地界、湖界存在许多争议，这给管理带来许多不便。土地可以分开，湖水难以分割，这方禁渔，那方在捕捞；这方禁伐，那方在砍伐；这方在排污，那方在扩建；没有整体性的管理机构。由于泸沽湖岸边的土质是沙地，容易渗水，村民们为了满足游客的需要，家家设立标间，建起洗浴室，这样对湖水的污染可想而知。

泸沽湖的现代文明是与旅游业一起来的，旅游业的发展，使政府不能不解决电和交通，交通的发展和电的开通，又使那里的电视，电话普及起来，如今也有了电脑屋，游人和村人还可以上互联网，这在几年前真是不可思议的事情。这些事物的进入，冲击是不可避免的，关键是在新文明的进入中，如何来重新阅读自己的文化，修正自身的文化，并重构自己的文化。

到过落水村的人认为，落水村已经变味，变得商业性、没有人情味，但是与永宁山区相比，落水已经有了一套较为制度化常规化的村规民约。落水村村民从电视、广播中，从外来游客的交谈中，了解和掌握了不少现代文明的游戏规则和民主意识。村内矛盾和纠纷不再以长老意志论定，而是由村委会在公众领域按规章制度以集体利益来裁定；是非标准比较明确，公众领域的扩大，带来民主机制与意识的提高，这不能不认为是一种进步。

通过与主流社会的交往，落水人还知道了外面的世界并不都是精彩的，开始看到主流社会的问题，比如：虐待老人、性犯罪、环境恶化、人与人关系淡漠、婚姻急剧变化等。落水人以自己是摩梭人为荣，因为在那个社区，老人的生活是不成问题的，安度晚年；性暴力是不存在的，家庭和谐，婚姻自由。

2008年，我再一次到了落水村，看到变化巨大，为人们生活水平的进一步提高、安居乐业，村里文化氛围更浓，特别是那些老年朋友们分别十来年却无多大变化而兴奋的同时，也为出现的一些问题所担忧，比如湖边干净诱人的沙滩已为人工砌成的石堤所取代，沙滩自然过滤水面漂浮物的功能消失了；在有的被外地人承包了的家庭旅社，让摩梭家庭文化的展示带上了表演的意味，令我啼笑皆非而又几多难过！因没深入调查，不便作过多评论。好在后来听了丽江市泸沽湖摩梭文化研究会会长曹建平（摩梭人）在世界人类学大会藏彝走廊专题分会上以《旅游发展中的反思——泸沽湖落水村的现状分析与思考》为题的发言（见附件），给予了我欣慰和启迪。现摘录部分作为另一视角来认识和补充。

80年代中期，随着改革开放的春风，旅游者逐渐进入泸沽湖，在其他村子还在懵懵懂懂之时，落水村开始有了个体商店、家庭旅馆等旅游服务设施。短短的几年中，落水村在悄无声息中发展起来了。落水人的超前意识曾经一度形成了在泸沽湖周边独家经营的局面，在十多年的时间里，落水村一直是当地脱贫致富的典范，他们曾经是人们羡慕和学习的样板。

从1995年到现在，落水村从20多家旅社，600多个普通床位，发展到现有的75家宾馆，1600多个客房和近4000个床位。特别是经过2004年以来的治理整顿，各级政府加强了落水村的硬件建设和旅游管理，水、电、路、排污等设施明显改善；划船、牵马、晚会等服务项目进一步规范；特别是经过多年的积累，村民们有了一定的旅游服务和管理经营，已具备了接待国内外各种旅游团队和各类游客的条件。

按理说，落水村应该客源滚滚，生意兴隆，但事与愿违，现在我们看到的却是一派萧条的景象。就在以往的旅游旺季——暑假期间，昔日忙忙碌碌的划船队，现在经常无所事事；昔日湖边热闹非凡的傍晚，只看到寥寥无几的游客在散步；昔日深夜里歌声此起彼伏的烧烤城，如今成了本村年轻人参加完篝火晚会后的消遣之处。而且类似的境况日复一日，月复一月，落水人开始感到了前所未有的危机。

为此，村民们再也坐不住了，他们开始反思，自己到底错在什么地方？是哪个环节出了问题？为什么处于优越地理条件和人缘关系的落水竟然会败给市场竞争？大家经过分析，认为造成这种局面的原因是多方面的，除了全球化的经济危机和各种天灾人祸外，主要有以下因素。

一、旅游市场的无序竞争是影响客源的一个主要原因。近年来，由于周边村子的崛起，落水村再也不是泸沽湖的“唯一”，虽然其他村的硬件设施远远不及落水村，但投入少的优势可以让旅游服务项目的价格一跌再跌。

二、旅游宣传的误导是造成入住率低的一个重要因素。不管你是什么身份，只要坐在通往泸沽湖的车上，每次会听到游客们在相互提醒“落水村已经商业化了，只有里格才是正宗的”，“网上说了，落水村都是外地人承包的”等等，让人无法解释……由于宣传的误导，许多游客的目的地已不是落水村了，落水村成了乘车的中转站。

三、现有的经营管理办法让外来者难以真正了解落水村的真貌。旅游发展初期的落水村，虽然接待设施差，但游客可以住进摩梭人的大家庭，是一种自助式的旅游，客人可以体验民风民情，住的时间一般都比较长。随着游客的增多，标间、电视等现代化设施的出现，拉远了人的距离，游客与当地人之间的互动越来越少。

事实上，落水村的变化是万变不离其宗，不论房子怎样漂亮，除了按照游客需求建的标间外，房屋的整个格局完全按照摩梭传统民居修建。只不过比过去宽敞明亮而已。更可贵的是，市场经济的冲击并没有改变摩梭人的大家庭和走婚习俗。……由于经济状况的改变，许多传统文化在落水村又得到了发扬光大。在落水村，一人有难大家帮，一家有事全村忙的风气还很浓厚；在落水村，老人安度晚年，孩子幸福快乐，从来没有出现过虐待老人和孩子辍学的现象；在落水村，保护和捍卫传统文化的意识正在觉醒，有一批像泸沽湖摩梭民俗博物馆的尔青和多吉一样的年轻人正在行动。

她认为落水村有许多值得推广的经验，下一步需要从“进一步规范旅游市场，以高质量的服务赢得市场；加大宣传力度，让世人充分了解真正的落水村；扶持本村摩梭母系大家庭做好接待家访的工作”等几个方面加以改进。

由于我的调查主要是在1996年以前，以及1988年的补充调查，只能反映上世纪80年代末至90年代末10来年的情况，这两份报告正好作为以后10年的补充。

旅游发展了，摩梭出名了，对于摩梭人的走婚，也仁者见仁，智者见智，各有理解。然而也不乏误解和曲解者，尤其是游客中有的人竟把走婚和色情行业混淆起来，选人选马，还向姑娘们问走婚一晚多少钱？姑娘们理直气壮地回答：我们不兴这个，我们不要不干不净的臭钱！然而与此同时，金钱的魔力开始在腐蚀这一片净土，这也是不能回避的问题。另外，民族文化的交汇也渗入到一个个具体的家庭，譬如个别外地、外民族人来这里打工以后，已在这里入赘摩梭家，摩梭母系大家庭又增添了新的成分。他们在家庭中过着摩梭式的生活，同时又把自己民族的文化如工艺、饮食等溶入大家庭中，而大家庭的管理实权也正在悄然转移到他们手中。这种“转移”，也体现在摩梭母系家庭的决策权力消长上。随着业务的发展，“男主外、女主内”的性别分工模式之内涵已经延伸：男人们的“主外”，经济活动已成为重要内容，比如对外联系、信贷等；而女人的“主内”，除理家外，接待游客已是一项重要内容。然而，家庭重大决策中男性处于主导地位的情况在逐渐发展。我们曾对几个较大的家庭旅社作过调查，发现在一些重大的决策上仍保持了全家商量的传统，但提出和实施的关键人物都是男性，如提出开办旅社、扩大旅社规模、贷款、业务联系等，都是男性先提出并付诸实施的。这些情况的出现，就摩梭内部而言，它是在家庭与社会扩大了联系、家庭与社会经济活动紧密相连的情况下，促成了传统上活跃于社会大舞台的男人们的优势的发挥，从而扩大了他们的权力。而女人们，传统的性别分工练就她们的是“主内”的能力，难于走上社会大舞台，在社会化程度加大的今天，她们仍只能在“主内”范围内增强自己的适应力。至于那些外来民族的男人，他们从小生活于父权文化的氛围中，加之经营能力及经济头脑较强，必然会不自觉地以自己所属的文化对摩梭传统文化潜移默化地进行改造，这在摩梭地区带有一定的典型性，也是摩梭文化面临的一种危机。

在商品经济大潮中，摩梭传统文化与现代文明在进行着碰撞，交融，调适，整合，人们的思想观念在变化，母系家庭在变化，走婚在变化，人际关系在变化，生活方式在变化，一切都处于变化之中。

母系家庭的分衍

母系家庭不是一成不变的，它随着时代、环境及家庭内部情况不停地变化着，特别是在商品经济条件下，在传统与现代的碰撞中，它面临着新的生存条件的考验。

母系家庭是摩梭人在历史长河中经过筛选的一种生存和发展的选择，在其自身的发展过程中，也在不断地、自然而然地进行着自我筛选，这种筛选是由每一个具体的家庭的实际需要为其前提的。正因有这种不断筛选，母系家庭一直处于动的状态。为此，我不同意把母系家庭内部的婚姻形式的转换（即动）看成是进步或倒退（即反复）之说。因为这不符合摩梭的实际情况。

从现代历史上看，一个个具体的摩梭家庭，很难有纯而又纯的几代人一直走婚到底的情况，而是在不断变化着。至于更古老的情况，因无成文史，无从稽考。然而从传说的口碑文学看，也不全然是母系，摩梭经典性创世神话《曹治路依依》即为例证。

为了说明问题，我们不妨看看3户家庭40年的变化情况。这3户家庭以往都是被民族学家作为母系家庭的典型例子来论证的，然而在我们于1996年11月前往跟踪调查时，已起了明显变化。现将前后对比列世系表如下：

例一，开基格瓦抛梭家1956年调查后列出的世系表。[①]

抛梭家世系表（1956年）

- 达珠（女）
  - 拉差（男，52岁）
  - 阿吉（女，49岁）——直玛（女，28岁）——小拉错（女，6岁）
  - 拉错（女，47岁）
    - 扎石（男，25岁）
    - 阿五（男，6岁）
  - 阿呷（女，44岁）
    - 哈尔巴（男，24岁）
    - 阿纳（男，18岁）
    - 大尔车（女，16岁）
    - 小尔车（女，13岁）

据记载，当时有拉差以下3代12人。

我们于1996年调查后的抛梭家世系表是：

① 詹承绪，王承权，李近春，刘龙初著．《永宁纳西族的阿注婚姻和母系家庭》1版．上海：上海人民出版社，1980：144页．

抛梭家世系表（1996年）

- 达珠（女，已去世）
  - 拉差（男，已去世）
  - 阿吉（女，已去世）
  - —直玛（女，68岁）
  - —小拉错（女，46岁，已出嫁）
  - 拉错（女，已去世）
    - 扎石（男，65岁，已上门）
    - 阿五（男，46岁，已上门）
  - 阿呷（女已去世）
    - 哈尔巴（男，已去世）
    - 大尔车（女，56岁，已出嫁）
    - 小尔车（女，53岁）
    - 阿给（男，赘夫）
      - 给若（男，24岁）
      - 鲁若（男，21岁）
      - 纳卡（女，18岁）
      - 生诺（男，15岁）

这个家庭现在是2代6口人，在40年前是清一色的走婚（前表），而40年后，则已是招赘、出嫁、上门、走婚兼有，不是清一色了。

例二，拖支村阿争（原译为阿裁）家。

据《永宁纳西族的母系制》一书，这个家庭的世系记载如下表：[①]

① 严汝娴，宋兆麟著．《永宁纳西族的母系制》3版．昆明：云南人民出版社，1991：269页．

阿争（阿裁）家世系表

一代　二代　三代

- 丹都初（兄）
- 丹史得马（妹）
  - 纳吉皮错（兄）
  - 纳吉得马（妹）
    - 梭纳得马（姐）
    - 纳吉采尔（弟）
    - 曹俄达石（弟）

四代　五代　六代

- 丹尼史马（兄）
- 梭纳得马（姐）
- 丹史得马（妹）
  - 格土得马（姐）
  - 舒　拉（弟）
  - 衣　撮（妹）
    - 苏纳美（姐）
    - 达　石（弟）
- 尤都得马（妹）

七代　八代　九代

- 采儿（姐）
- 得马（妹）
- 布特（妹）
  - 翁底（兄）
  - 车都（妹）——直马（女）
  - 阿特（妹）
  - 直玛（妹）
  - 大采尔（妹）①
  - 小采尔（妹）
- 阿达（妹）

采皮错（赘夫）

由于没有注明调查年代，我们不便说出确切时间。1996年11月我们作跟踪调查时的情况是，前表所列第七代（即采儿那一代）以前，皆已逝去，现存的人也已说不清楚，所以我们便从第七代以后开始记录下来：

① 疑为尔车之误，下同。

阿争家世系表（1996年）

- 采儿（女，走婚）——丹玛（女，出嫁，已逝）
- 得马（女，走婚，无子女，已逝）
- 布特（女，走婚）
  - 翁底（男，夫）、布池（女，妻）
    - 拉搓（女，30岁，出嫁）
    - 鲁若者巴（男，27岁，上门）
  - 车都（女，走婚，已逝）
    - 丹史玛（女，36岁，出嫁）
    - 丹史独支（男，30岁，未过婚姻生活）
  - 阿特（女，出嫁）
  - 直玛（女，出嫁）
  - 大采尔（女，出嫁）
  - 小采尔（女，出嫁）
- 阿达（女，招赘，已逝，无子女）

阿争这个家庭七代以后就不全然过走婚生活，出现了娶妻、出嫁及上门等婚姻现象。

例三，下落水村汝亨家。

1956年的调查，汝亨家是当时人口最多的一家，计21人。40年后的今天，当我们于1996年11月去调查时，只有12人了。其人口分衍情况见后面“汝亨家世系表”（打有＊号者为1956年计入的人员，注有序号者为1996年家庭成员）：

汝亨家世系表（1956、1996年对比）

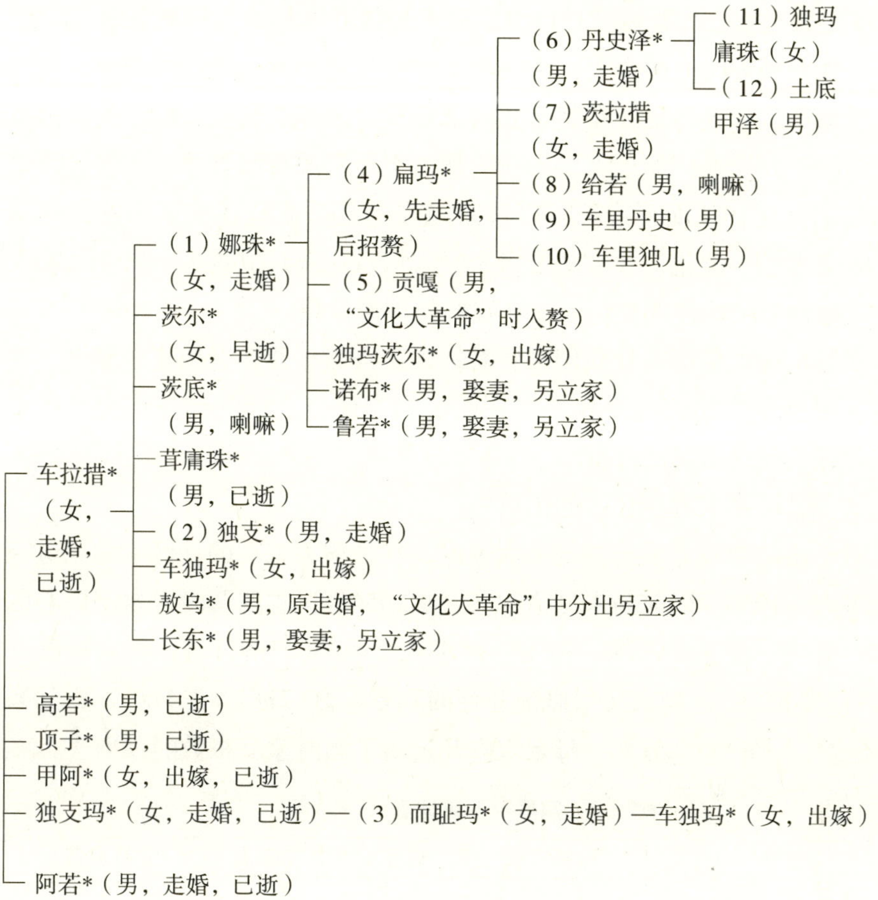

表中看出：第一代未分家，第二代已分出两户（敖乌、长东），第三代又分出两户（诺布、鲁若），第四代尚不好预计。这样，截至1996年11月，40年中汝亨家已由1户分衍为5户。分出原因：①“文化大革命”中的政策所致（敖乌）；②当了国家干部，双方都为职工（长东、诺布、鲁若），便自然形成夫妻小家庭，其中也有受中国主流文化影响之因素。应说明的是，当了国家干部、职工而分出的家庭，在户籍上各是1户，但在观念上，仍属自己的母系大家庭。

从以上三例我们不难看出，摩梭家庭处于不断分衍之中，越是近代，分衍越快，尤其是在市场经济开始出现并发展的今天，随着人们经济收入提升，特别是年轻一代价值观念、思维方式的变化，这种分衍更不可避免地处于上升之势。如果说昔日以大家庭成员的群体利益为行事准则，那么，在以个性发展为时尚的今天，它又将怎样变化呢？商品经济的刺激，私有观念的熏染，首先将反映在其家庭内部成员对现存的利益分配、资源占有等方面的不同反响，加上人口不断增加、土地资源有限等原因，将导致母系家庭的分化，从而形成纯粹以母系组成的母系家庭在社区中的比例减少、家庭规模小型化，并由此带来家庭人口及代数组成减少、男性当家人的比重增加等结构性的变化。这是我们的理论设想。

实际情况如何呢？让我们来看看抽样调查数据及典型调查的事例，并以过去民族学家的调查及我本人在此次问卷调查之前的调查作为参照系数，对有关问题作对比分析。

第一，母系家庭在社区的比重

对于永宁摩梭人盛行的母系大家庭，在摩梭人聚居的社区中的比重究竟有多大，1956年以前尚未见诸记载，据1956年民主改革时对永宁中心区忠实、开坪、温泉、八株、拖支、落水六个乡388户的普查，母系家庭共191户，占49.2%；母系父系血统并存的双系家庭171户，占44. 1%；父系家庭26户，占6.7%。显然，母系家庭几近占了当时家庭户数的一半[①]。

表2—3　家庭类型统计表（1956年）

项目/数目/乡名	普查总户数	母系家庭		母系父系并存家庭		父系家庭	
		户数	占总户数%	户数	占总户数%	户数	占总户数%
忠实	88	42	47.7	40	45.5	6	6.8
开坪	95	43	45.3	47	49.5	5	5.2
温泉	81	50	61.7	29	35.8	2	2.5
八株	71	35	49.3	28	39.4	8	11.3
拖支	33	15	45.45	15	45.45	3	9.1
落水	20	6	30	12	60	2	10
合计	388	191	49.2	171	44.1	26	6.7

① 詹承绪，王承权，李近春，刘龙初著.《永宁纳西族的阿注婚姻和母系家庭》1版.上海：上海人民出版社，1980：第142页.

40年过去了，情况又如何呢？由于农村建制的变化，我们于1996年11月前往调查时，乡已改成行政村，且所属区划也略有变化，但大的区域仍未改变，故我们仍以昔日调查的中心区域为调查范围，以利于作对比。调查结果显示，母系家庭的比重不但未减少，还有呈上升的趋势：在200个随机抽取的样本中，母系家庭有109个，占54.5%；双系家庭56个，占28%；父系家庭35个，占17.5%，具体分布如表：

表2—4　家庭类型统计表（1996年）

行政村名	户数	母系家庭		双系家庭		父系家庭	
		户数	%	户数	%	户数	%
温泉	25	15	60	8	32	2	8
落水	20	17	85	1	5	2	10
泥鳅沟	28	21	75	5	17.86	2	7.14
永宁	99	47	47.48	35	35.35	17	17.17
拖支	28	9	32.1	7	25	12	42.9
合计	200	109	54.5	56	28	35	17.5

为了补充随机抽样的不足，我们又对几个点进行了以村社为单位的普查，大体情况是：

下落水村计33户摩梭家庭，母系家庭有23户，占69.7%；瓦拉片村共51户摩梭家庭，其中母系家庭35户，占全村总户数的68.63%；拖支村现有摩梭59户，其中母系18户，占30.51%。像拖支村这种情况，在永宁摩梭社区中只是个别，其原因留后分析。

从总的来看，在摩梭社区母系制的比重仍大，但情况各有差异。

第二，家庭人口规模及其结构

摩梭母系家庭的一个特点，是人口多、代数多、组成成分相对复杂。

据1956年的统计，当时六个中心区计有615户、3 954人，每户平均6人左右，这些家庭包括一至五代成员。一般来讲，母系家庭的平均人口稍多于父系家庭，但拥有10多人的家庭已不多，在六个乡中，人口在20人以上的母系家庭仅落水村有一户，共有成员21人[①]。

我们此次200个样本的问卷调查，涉及200户1417人，户均人口为7人左右，其中人口最多的一户为拖支村的母系家庭达都家，四代共计20人，但已于近期分家，原因是人太多，不好吃住，其余多在10人以下。从总的不分类型的统计看，当代摩梭家庭人口规模，以5～7人居多，占了被调查总户数的50.98%，而15人以上仅占0.5%。这些家庭一般由2～3代组成，占了总数的90.54%，其中以三代居多，四代人以上很少，仅占1.46%。

表2—5　家庭人数情况

每户人数（人）	1～4	5～7	8～10	11～15	15以上	无回答
%	12.25	50.98	25.00	11.27	0.50	0.00

表2—6　家庭代数组成情况

代数（代）	1	2	3	4	5	无回答
%	0.00	29.51	61.03	0.96	0.50	0.00

那么，母系家庭户与父系家庭户相比，在人口规模方面，又呈怎样的状况呢?

我们的调查统计表明，母系家庭人口总体多于父系家庭。譬如在我们抽取的30个父系家庭的样本户中，人口在1～4人的占20%，11人以上为0，而在111个母系家庭样本户中，人口在1～4人的仅占11.7%，11人以上的占16.2%。尽管两类家庭人口在5～7人居多这点上近似，但绝对人口母系家庭仍居多数。

表2—7　各类家庭人口规模

人数 / 户数 / 类别	1～4		5～7		8～10		11～15		15以上	
	户数	%	户数	%	户数	%	户数	%	户数	%
母系家庭	13	11.7	59	53.2	21	18.9	16	14.4	2	1.8
双系家庭	5	8.5	26	44	21	35.6	7	11.9		
父系家庭	6	20	18	60	6	20				

① 詹承绪，王承权，李近春，刘龙初著.《永宁纳西族的阿注婚姻和母系家庭》1版.上海：上海人民出版社，1980：第143页.

在家庭人口结构方面，母系与父系两种家庭类型，更有显著的区别。

首先从代数组成上看，母系家庭的代数多于父系家庭，此种状况比人口数更为明显。譬如由三代人组成的家庭，母系家庭占53.6%，而父系家庭为38.9%，四代组成的家庭，母系家庭占12.7%，父系家庭占8.3%。相反，两代人组成的家庭，母系家庭仅占32.7%，父系家庭却占了52.8%。

表2—8　各类家庭代数构成情况

家庭类别	年份	代数及户数（户）						三类家庭合计（户）	
		一代（%）	二代（%）	三代（%）	四代（%）	五代（%）	小计（%）	1956年	1996年
母系家庭	1956年	13（9.1）	58（40.5）	55（38.5）	16（11.2）	1（0.7）	143（100）	301	201
	1996年		36（32.7）	59（53.6）	14（12.7）	1（1）	110（100）		
双系家庭	1956年	1（0.7）	44（31.9）	79（57.3）	14（10.1）	0	138（100）		
	1996年		12（21.8）	41（74.6）		2（3.6）	55（100）		
父系家庭	1956年	4（20）	14（70）	1（5）	1（5）		20（100）		
	1996年		19（52.8）	14（38.9）	3（8.3）		36（100）		

1956年至1996年40年间母系家庭内部人口代数组成变化状况：我们可用调查统计资料作些对比①。两个时段的统计数字表明，摩梭母系家庭的代数组成，从总体上看变化不大，仍以二至三代居多，但具体比重已有变化：二代人组成的家庭呈下降趋势，1956年占40.5%，1996年时降至32.7%；而三代人组成的家庭，则已由1956年时的38.5%升至1996年53.6%，上升了15.1个百分点；四代、五代人的比重也略有上升；至于一代，已由1956

① 1956年的统计数字参见詹承绪，王承权，李近春，刘龙初著.《永宁纳西族的阿注婚姻和母系家庭》1版.上海：上海人民出版社，1980：320页.（1996年的数字为我们的抽样调查所得。）

年时的9. 1%降至0，但由于样本抽取的偶然性，会有一定的误差，因此不可能精确地反映出来，比如一代人的单身或无嗣家庭，在摩梭村社也偶有出现，我们的统计表中未能反映出来。这种情况毕竟是极个别，从总体看，还是可以较准确地反映整个趋势的。

表2—9　母系家庭代数组成对比表

年度	一代		二代		三代		四代		五代		合计（户）
	户数	%	户数	%	户数	%	户数	%	户数	%	
1956	13	9.1	58	40.5	55	38.5	16	11.2	1	0.7	143（100）
1996	0	0	35	31.5	60	54.1	15	13.5	1	0.9	111（100）

之所以出现上述变化，我认为主要原因是随着经济的发展，生活条件的好转，医疗卫生的改善，人的寿命在延长，同时由于计划生育的实施、择偶条件的变化等，也促成了人们身体素质的提高，这样，随着家庭老年人口寿命的延长，以及年轻一代的健康成长，家庭代数组成也就相应得到了提高。

再从人口组成看，母系家庭是复合结构，而父系家庭则相对单一。母系家庭的人口结构，以母系血缘为纽带，无论男女，不分性别全集中于一个大家庭，于是形成了枝叶繁茂的状况，用中国传统习惯的称谓其组成结构是：

外祖母及其兄弟姐妹（摩梭语统称女性为阿依，称男性为阿普）——母亲及其兄弟姐妹（摩梭语称女性为阿咪、男性为阿乌）——本人（女）及兄弟姐妹（摩梭语称姐妹们为阿姆姑咪、称兄弟们为阿姆格口）——子女及姐妹们的子女（摩梭语称男孩为若、女孩为姆）。

这种结构，以母系血缘为纽带，把直系血亲：外祖母、母亲、本人（女）及本人的子女，以及旁系血亲：外祖母之兄弟姐妹及其姨表兄弟姐妹、母亲的兄弟姐妹及其姨表兄弟姐妹、本人的兄弟姐妹及姨表兄弟姐妹、姐妹们的子女及姨表姐妹们的子女，统统集合在一个大家庭中，形成了各代的姨表兄弟姐妹丛这种复合结构。

父系家庭，以父系血缘为核心，基本上是属于传统的主干家庭模式，即祖父母（摩梭语称祖父为阿普、称祖母为阿依）——父母（摩梭语称父亲为阿打或阿波，称母亲为阿咪）——本人（夫）、妻、未成年的兄弟姐妹（摩梭语称夫为汗处巴、称妻子为处咪、称兄弟为格日、称妹妹为姑咪）——子女（摩梭语称儿子为若、称女儿为姆）。这是一般的情况。据了解，摩梭父系家庭中主干家庭居多，以一对夫妻及其未成年子女组成的核心家庭也日益增多，但作为几弟兄、几妯娌共组成一个联合家庭的极少见，一般是男子一旦娶妻就另立门户而从家庭中分出来。不难看出，摩梭父系家庭中由单一的父系直系亲属所组成，较之母系大家庭，其结构较为单一。

第三，家庭当家人情况

当家人象征着家庭权力的主宰者，他对家庭内的生产生活、经济开支、收益分配、财产管理、对外交往等有着支配权或主导权。在摩梭母系大家庭中，性别、辈分之间关系平等融洽，没有中国传统的父权制家庭那种家长独揽大权的现象。年纪最长的母亲与舅舅最受尊重，一般由他俩主持家庭的内务及外交，故又被称为内当家（母亲）及外当家（舅舅），当他俩丧失劳动能力时，就由长女、长子或次一代中最能干者继任。但家庭内的重大事情则全家人共同商量，民主空气浓，成员之间的相互尊重已蔚然成风。

值得提出的是，由于生活于性别较平等、民主和睦气氛浓的社会氛围中，所以即便是父系家庭，摩梭全无父权制家庭的影子，相反，更多的是母系制的气氛，两性平等、和睦、相互尊重，所不同的只是血统以父系计、配偶双方正式组成家庭、财产由子继承、父母子媳之间互承担赡老抚幼的责任。然而，在摩梭父系家庭，有不少是沿用女方母系家庭的家名，子女从母姓，就连丈夫也从妻姓，这是一大特点，它与母系制这一主流文化的影响有关。

基于上述原因，在了解当家人情况时，我们打破了母系与父系的界限，以便全面掌握这方面的情况，并作性别分析。

据我们了解，一个家庭中当家人有的有一人，有的有二人（一男一女），有的虽为二人，但实际上没明确谁当。根据现行的户口政策，一个家庭有一个户主，在摩梭家庭中，当家人与户主有的统一，有的不统一。

下面是我们的问卷调查的有关统计情况，从中可以了解一些概貌。

表2—10　家庭当家人所占比例情况

当家人数	1人		2人		男女不明确	无回答
	男	女	男	女		
%	48.40	51.60	29	47	24.00	0.00

表2—11　男、女当家人分管事务情况

管理事务内容	管理者性别及所占百分比（%）			
	男	女	男女共同	无回答
安排家庭活计	33.33	46.78	1.17	18.72
管理家庭经济开支	40.45	35.29	0.00	24.26
处理对外事务	52.67	21.33	4.00	22.00
主持一日三餐祭祀	15.03	62.75	0.65	21.57
主持大的祭祀	55.07	20.29	0.73	23.91
其他	19.13	13.91	0.87	66.09

表中统计数字显示：1. 当家人中女性比例高于男性；2. 两性分管的事务，女性主要管理安排家庭活计，在管理家庭经济开支、处理对外事务、主持大的祭祀等重大方面男性高于女性。这说明，在当今摩梭家庭中，尽管仍以女性当家为主，但实权已在逐步转入男性手中，与40年前相比，是一个隐性的变化。它从一个侧面说明了在商品经济发展过程中，女性在管理方面处于劣势。它与一些经济发展较快的地区经济上去、妇女回家，或妇女创业，待形成一定规模之后妇女退下、男子上去，或妇女多从事劳动密集型的工作而男人多从事管理阶层的工作，不能不说是个暗合。同样，在户籍登记中户主与当家人不是同一人的状况，据我们了解，也主要是当家人是母亲，出面对外是男性（舅舅或儿子）而形成的。

表2—12　当家人与户主是否同一人情况

答案	是	不是	无回答
%	90.31	7.65	2.04

历史造成了妇女参与社会事务的机会少，沉重的家庭担子阻碍着妇女去学文化、学科技，去提高自身素质。长此以往，在市场经济中妇女将处于劣势，摩梭家庭传统的两性均衡、两性平等，将面临实际上的失衡。

第四，近十年摩梭母系大家庭分衍的情况及实例

如前所述，摩梭母系大家庭是在不断变动之中，40年来的变化是明显的，尤其是改革开放以来，其变化更加迅速。勿庸讳言，“文化大革命”中是个“史无前例”的变化：一夜之间，可以使母系大家庭一个个分解成夫妻小家庭。然而这是以行政的手段强迫其“进步”的，并非发自其内部的原因。而今天的一些变化，则是外因（经济发展大潮）通过内因（摩梭人自身观念的变化及利益的驱动）起作用而自发形成的。这种变化，在一些距离政治经济中心近、交通较发达、对外信息交流比较频繁的社区，速度尤快。令人深思的是，这种变化并非单向发展，而是呈现多元化的趋势，这里既有母系家庭的分化，又有母系家庭的壮大，还有墨守成规、不作改变的状况，出现了社会转型期多彩的文化现象。追溯起来，由于摩梭崇尚自然、不遵循人为的某种既定规范的社会——文化心理，形成了不拘一格的家庭形式，加上40年来某些极左思潮的影响，尤其是经历了“文化大革命”的风风雨雨，使摩梭母系家庭大都出现血统杂揉的状况，因此一个家庭中往往有走婚者、娶妻者、上门者、出嫁者各种状况，只不过以哪种为主导而已。40年前民族学家所调查到的那种几代成员都清一色不娶不嫁、伴母而居的家庭已越来越少，但在某一两代内全行走婚者仍不鲜见。所以当前出现的这种状况，有其历史和文化渊源，它在新形势、新观念的催化下，又有了新的发展。这方面，位于泸沽湖西北端的属落水行政村的里格岛上摩梭人家的分衍可算是一个缩影。

1987年我们前往里格岛调查时，岛上居住有5户人家[①]，全为母系家庭，其中人口最多的一家是阿姆阿乌家，3代计15人，其家庭世系结构是：

① 据称这5户人家早已于1950年之前居住于此。

阿姆阿乌家世系表（1987年）

- 阿姆阿乌·车尔（女，走婚）
  - 独支丹史（男，上门，未计）
  - 车尔独玛（女，未过婚姻生活）
  - 丹都甲泽（男，娶妻，另立门户，未计）
  - 独玛（女，走婚）
    - 甲阿泽（男）
    - 独支拉措（女）
    - 扁玛拉措（女）
    - 独支平措（男）
  - 车拉姆（女，妻）
    泽翁（赘夫）
    - 车尔平措（男）
    - 丹史（男）
    - 丹史独支（男）
    - 那儿独玛（女）
  - 扎波（男）
- 阿姆阿乌·拉差（男，喇嘛）

1994年，我们第二次再去调查时，这15口之家已分成两个家庭：车尔的第二个女儿车拉姆及其丈夫、3个子女（二儿、三儿及小女儿）分出另住在对岸的湖弯里，小儿子扎波已出去上门。当喇嘛的舅舅拉差已去世。这样，原来的母系大家庭只剩车尔及其长女车尔独玛、次女独玛及她的4个子女、三女的长子车尔平措共8人。据称他们是在五年前（1990年）分家的，原因是人口太多，老屋住不下。有意味的是已分出去的三女儿车拉姆的长子车尔平措仍留在老家，他们说这是表明虽然分出去了几人，但他们仍是一个家庭，即分出去的仍是这个母系家庭的成员，根根仍是一个。据了解，为了保持血缘关系及姐妹亲密，分家出去的要留一个子女在老家，这是摩梭的规矩。

1996年我们第三次登上里格岛调查时，阿姆阿乌家又有了变化：第三代（甲阿泽一代）已成年者，都在走婚。独玛的长子甲阿泽走婚小落水、长女独支拉措走婚已生一子叫鲁若独支、一女叫库姆，分家后仍留在老屋的车尔平措也在走婚邻居阿加家。这样，这个家庭成了4代10人，增加了独支拉措的两个小孩。

这个家庭在里格岛（含岛及岛对岸湖弯陆上）已有3户：车尔1户住岛上老家，计10人，仍为母系家庭；丹都一户分住湖弯，父系，但家名用女方家名阿它，计5人，已成年的男子仍走婚；车拉姆一户，分住湖弯，招赘，仍属母系家庭。

在里格岛，还有拉扣家于1996年5月份分了家，原来家里共12人：母亲、7个子女（3男4女）、4个孙孙。现一分为二各6人：母亲、2女2男、1孙留岛上老家；2女1男3个孙孙分出住在湖弯陆上。留在岛屿老家的那个小孙孙，其母亲及弟妹却在陆上，实际上也就是按那老规矩留下的。这个母系家庭分家的原因也是由于人多。

里格岛上原住的5户人，至1996年已分衍成11户，原来全为母系家庭，到1996年时出现了4户父系家庭，但这4户的子女现又过起了走婚生活，且家名随女方，实际上又成为母系。岛上人口已由户均11人减少为户均8人左右。

1998年6月，我们第4次到里格岛作跟踪调查，并从历史上了解分衍情况，其结果如下：

家名	分衍户数	分出时间
阿加	2	“文化大革命”时分出1户
嘎阿	2	同上
拉扣	3	“文化大革命”时及包产到户后各分出1户
阿姆阿你	2	包产到户后分出1户
阿姆阿乌	3	“文化大革命”时及包产到户后各分出1户
总计	12	

至此，岛上5户人家已分衍成12户，户均人口也变为7人左右。至于分家时间都集中在“文化大革命”及包产到户以后，前者分出是因强迫建立夫妻小家庭；后者多系人多不便于生产生活，但潜在因素，我认为后者还有价值观念的改变——即私有观念的增强。

这种情况带有普遍性，分家除了人多是主要原因外，也有的因家庭不睦而分家，比如八旗村的阿纳家，1987年我们去调查时，计7人：长兄阿纳·茨尔、次兄阿纳·松那、妹阿纳·嘎吐及其3个子女、小弟阿纳·独支。1996年再去调查时，因兄妹不和而分成2家：茨尔与松那兄弟俩为一家，他们都是走婚的，虽有子女，但不是一家，小弟独支已去世。阿纳·嘎吐及其走婚对象、子女共5人为一家。又如下落水村的阿瓦家，1994年我们去调查时，是1户7口之家：阿瓦·鲁若及其儿子丹史多日、侄女诺几及她的4个儿子共为一个大家庭。1996年我们再去调查时已一分为二：鲁若父子（皆走婚）为一家。诺几及其孩子们为一家。分家原因是舅侄不睦。

出现分家情况更多者，是家庭中某人娶妻。照摩梭人的说法：接了媳妇，就要分家了，媳妇找进来，家庭就不和。如下落水近年分家的有两户，都是娶了媳妇以后从母系大家庭中分离出夫妻小家庭的。平静、拖支、纳哈瓦各村都不乏类似事例，此种情况在分家中的比重较大，且有发展的趋势。

综上所述，当代摩梭家庭趋于小型化，母系、父系都在发展，故相当长一个时期内二者将并存于摩梭社会及个体家庭之中，至于哪种情况下哪种家庭形式占优势，将会因具体条件而有所区别，照目前我们所调查到的情况看，民族杂居区、历史上父系制比重相对大的社区，父系制发展较快；摩梭聚居区、传统上母系制占绝对优势的社区，母系制较为巩固且有的还有发展。至于对外交往频繁、接受外来文化影响大，是否是这两种家庭制度变化的重要因素？尚难下定论，我们的调查发现，有的社区地处政治、经济中心，对外信息交流相对频繁，外来文化影响大，父系制发展较快（如平静）；有的社区处于风景旅游区，接触外界多，接受外来文化影响也较大，但母系制却得以巩固并壮大（如下落水）；有的社区偏处一隅，信息闭塞，父系制却在发展（如拖支）；有的社区商贸相对发达，对外交往多，可母系制仍在巩固发展着（如瓦拉片），如此等等，情况千差万别。

但就家庭制度而言，双系的比重在增大。这是外来文化的影响及摩梭内部传统文化的凝聚力在社会转型期的冲撞、调适和整合过程所必然产生的社会文化现象，至于最后的结局将如何，这得看其发展，因为它是客观的存在，决不以人们的意志为转移的。

固定专偶走婚

摩梭家庭类型与其所采取的婚姻形式直接相关，婚姻形式的变化，直接促成家庭类型的变化。

永宁摩梭人实行着两种婚姻形式：走婚及嫁娶婚。前者以配偶双方夜合晨分、非从一方而居为其特点。走婚与母系家庭相适应、相伴随，它保证了母系血缘群体的生存、继承和发展，若无此，也就没有了母系家庭。嫁娶婚，同样是父系家庭的婚姻形式，是为父系家庭的生存和繁衍所必需，它与父系家庭相适应。长期以来，这两种婚姻形式并存、相互影响、相互渗透，并出现了某些交替现象，从而形成被民族学界称之为“双系家庭”的状况，它与纯粹的母系、父系家庭共存于永宁摩梭社会中。

那么，在改革开放的社会大背景下，永宁摩梭人的婚姻状况又有哪些变化呢？下表是我们对几个村抽样调查的成年人婚姻状况的统计（调查时间：1996年10月）：

我们所调查的18岁以上952位成年人中，过走婚生活的356人，占成年人总数的37.39%，其中男性127人，占走婚总数的35.67%，女性229人，占走婚总数的64.33%；嫁娶婚的302人，占成年人总数的31.72%，其中男性148人，占嫁娶婚总数的49.01%，女性154人，占嫁娶婚总数的50.99%。从总体上看，成年人中走婚的比例仍大于嫁娶婚。但各村情况有较大差异，拖支嫁娶婚的比例远大于走婚者，而争波及落水则与此相反，走婚的比例远大于行嫁娶婚者。缘何如此，留后分析。值得注意的是，摩梭成年人中有相当比重的人属未过婚姻生活的人，共计294人，占成年人总数的30.88%，比嫁娶婚者仅低0.84个百分点。这些人大体由以下几部分构成：（1）生理有缺陷者；（2）在校学生；（3）大龄青年；（4）家庭被人忌讳（如被认为养蛊）者；（5）喇嘛。我们在调查中惊奇地发现，当代摩梭人过婚姻生活的年龄在推迟，一般25岁以后才走婚或行嫁娶婚者并不鲜见，男性尤其如此。据《永宁纳西族的阿注婚姻和母系家庭》一书所反映的资料，40年前对永宁中心区六个乡1749名18岁以上成年男女婚姻状况统计如下：阿注婚姻（即走婚）占73.4%，阿注（走婚对象）同居（即不明媒正娶）占10.05%；嫁娶婚占9.6%，未过婚姻生活者占56.5%。[①] 与之相比，40年后的今天，嫁娶婚者的比重在加大，走婚者的比重在减少，其原因主要是外来文化的影响及过去的极左政策。随着改革开放、旅游业的发展，在一些风景旅游区如落水、瓦拉片，年轻人们又开始盛行走婚，母系家庭的比重在增大，而在一些民族杂居的社区如平静、开基，嫁娶婚者的比重仍较大。

表2—13　成年人婚姻状况统计

婚姻类型 村名	成年人数（人）			走婚（人）		嫁娶婚（人）		未过婚姻生活（人）	
	男	女	合计	男	女	男	女	男	女
海衣角	33	37	70	16	20	5	9	12	8
忠实	25	30	55	12	12	8	8	5	10
八旗	39	40	79	16	19	10	9	13	12
八株	65	79	144	13	39	23	24	29	16
瓦拉片	55	74	129	21	40	14	16	20	18
争波	59	69	128	17	42	14	14	28	13
拖支	60	54	114	4	8	28	27	30	17
下落水	43	56	99	16	32	12	14	14	11
纳哈瓦	8	10	18	1	5	4	4	3	1
开基	21	26	47	4	3	14	14	5	7
平静	34	35	69	7	9	16	15	13	9
总计	442	510	952	127	229	148	154	172	122

在建立配偶关系之基础——择偶观念上，40年前的情况是：男子选择

① 詹承绪，王承权，李近春，刘龙初著．《永宁纳西族的阿注婚姻和母系家庭》1版．上海：上海人民出版社，1980：51页．

女阿注时，第一重视貌美、年轻，第二考虑是否能干，对自己是否热情。女子选择男阿注时，家庭富裕和才貌出众则成为主要标准。[①] 我们此次问卷调查的情况是：

表2—14　择偶条件情况统计

择偶条件	老实厚道	勤快能干	长得漂亮	有知识文化	有钱财	其他	无回答
%	33.66	38.95	4.62	2.64	5.61	5.28	9.25

200份样本中，女性124份，占样本总数的62%，男性76份，占样本总数的38%，无回答者多为女性，因不好意思。从回答者的情况看，其择偶条件勤快能干占首位，老实厚道第二位，有钱财及长得漂亮已退居第三、四位，有知识文化是一部分女性对男性的要求。看来，今日的青年男女的择偶标准更注重实际，务实的成分多了，这与双方生产、生活、经济、责任等的联系加强有关。除了结成夫妻家庭的人外，昔日走婚配偶之间仅以性爱及情感为基础，无更多的其他联系。而今，配偶双方、男子与其子女之间的联系加强了，因此，对配偶的选择，更增多了一层理性的成分。

建立配偶关系的途径，昔日主要是通过日常接触、劳动、节日和庙会等，现今仍以此类活动为主，但已增加了新的内容，比如看电影、看录相、进卡拉 OK 厅、部分邻近永宁街或部分社区的青年还开始了进舞厅等，但这仍为少数。对大多数摩梭年轻人来说，他们仍生活于传统的、相对闭塞的农村社区中，过着日出而作、日入而息的农耕生活，在劳动中、生活中、节日或喜庆娱乐中相识，仍是结偶的主要途径。在我们的问卷调查中，同一村长大相识的，竟占了43.88%，在劳动中、娱乐中相识的各占15.82%，经人介绍相识的占10.20%，在亲戚家相识的，仅占2.04%，无回答者占12.24%。可见人们的社交活动仍局限于狭小的天地，行为半径很小。我们曾对配偶家庭相互距离情况作了调查，其结果如下表：

① 詹承绪，王承权，李近春，刘龙初著．《永宁纳西族的阿注婚姻和母系家庭》1版．上海：上海人民出版社，1980：55页．

表2—15 配偶家庭相互距离情况统计

距离	本村	5公里以内	6～10公里	10～30公里	40～50公里	50～100公里	100公里以外	无回答
%	57.81	19.79	5.21	4.17	1.04	0.52	1.04	10.42

显然，人们的通婚范围仍以地缘关系为主，这种婚姻关系在一些社区内纵横交错，形成了一种特殊的网络，网络越大，也就人多势众，特别是一些丧事场合，显得很突出，蕴藏于其间的，还有当今一些利益的分配及资源的利用和占有关系。

在走婚当中，最引人注目的是固定专偶走婚的盛行。这种婚姻是相对于往昔走婚对象的不稳定性而言的，往日的走婚中，也有专偶的出现，民族学家称之为"长期阿肖"，然而普遍盛行，却是在改革开放以后。1987年，我与攸延春下去调查时，发现在机关干部、小学教师及邻近城镇的一些青年人中正在悄然而起，当时我们曾惊喜地称它是摩梭人在古老的传统基础上所做出的一种现在的选择。五年之后，我于1992年第三次踏上这块土地时，发现情况有了很大进展，它已普遍盛行于城乡青年人中。据当时在落水的了解，上下两个村的年轻人除无儿需招婿或无女需娶妻者外，基本都实行固定走婚，并且影响到杂居的普米族。1994年，我又到落水，这时的年轻人谈起自己的走婚对象，就像我们谈吃饭穿衣一样，自自然然、落落大方。1996年我们再到落水，不光见到走婚对象之间、两个母系大家庭之间频繁的来来往往，而且见到他们走婚所生的子女到男方家住宿、寄读。这就是说，固定专偶走婚已成为一种时尚、一种现代的婚姻模式。

固定专偶走婚，就是婚姻仍取配偶双方各居母家、夜合晨分的走婚形式，但配偶固定。对于这种婚姻形式，攸延春我俩的看法是它是长期准备的文化选择，这种选择是出之于摩梭文化自身的目的，同时又对现代文明做出了相对的顺应。与母系制并存的一夫一妻制、传统的走婚关系中固定走婚部分，以及摩梭人在长期的历史过程中形成的一些特有观念等等，都为他们今天所选择的固定专偶走婚作了相应的文化准备。这种婚姻形式克服了一些过去走婚的弊端，同时保持了原有的一些长处，我们把它的长处归纳为以下几点：

第一，摩梭人的固定专偶走婚，配偶间的结合是自愿的，基本没有或极少有家庭和社会所加给的束缚与压力，以及由此所衍生的种种利害关系，但结合或离异，都需得到社会的认可，在电影场院，在节庆活动或宗教祭典等场合，即可建立走婚关系，不必求得整个家庭成员的同意，也无需经过法律手续（部分干部则履行了法律手续，而大多数农民则仍保持了原来的状况，未办理法律手续，相信这问题将来会以一定方式解决的），只要以一定方式向亲戚邻里，向社会昭示即可。社会只对走婚关系中的欺骗行为，或者不是双方自愿离异，而是一方无理地抛弃另一方等等这一类行为进行干预。对此，一种可能和较为合理的解释是，摩梭人恋爱心理和婚姻关系中本来即有的对真诚的希望，对忠诚的要求，在现代文明一夫一妻范式的诱发下，勃发起来，得到人们普遍的赞同，得到社会的强化和进一步现实化。过去，在有的摩梭人中，就已经表现出了对在走婚中那些不真诚的、浮浪、拈花惹草的人及其行为的不满和怨愤：

花丛不是蝴蝶的窝巢，
采掉花蜜它就会飞走。
这里不是浪子的家乡，
玩够了姑娘他就要远走。
不真诚的姑娘的话，
你可不要相信；
她和你还没分手，
心里又想着另一个人。

我天天想你呀，
你却把我丢在一边。
你是这样的狠心，
像芦苇东摇西摆。
你愿丢来我愿抛，
只可怜一对儿女。
愿你扎在刀口上，

愿你扎在枪口上。

忠诚，是婚姻关系中亲密、温柔、信任、共同性和紧密地成为一体这些需要的心理保障，人类的一切形式的婚姻，都是为了满足人类其他形式的结合所无法替代的人们这些最基本的需要。摩梭人在婚姻关系中既崇尚自愿，喜爱自由（这里的自由，是针对婚姻契约的某种死板的社会文化规定而言），当然也向往忠诚。人心，本来就是一个多层次的矛盾统一体。

看见了大海，
你不要丢了小溪；
看见了新人，
你不要丢了旧人。
水会流走，
花会凋谢，
心上的人啊，
你会不会变心？
远方的路很长很长，
我希望它变得更短更短。
想请人捎个信给你，
又找不到一个可靠的人。
麻布腰带织好了，
赶马的哥哥却没有回来。

其实，这些歌谣已经为固定专偶走婚作了相应的心理上和社会伦理上的准备。所以，固定专偶走婚一旦成为摩梭社会的一种基本的婚姻模式，它就自然地逐渐克服着过去的走婚配偶之间关系的不稳定性。

第二，固定专偶走婚关系的建立与解除，男女双方的个性及情感仍是相对自由的。走婚关系建立后，男女双方大部分时间依然居住、生活于自己出生的母系家庭，这就自然地在很大程度上免除了社会文化所赋予内容和形式的配偶双方的固定的角色模式及由此而生的那些积极的和消极的，尤其是那种繁琐僵死的规定条款。而且，摩梭社会和文化也没有形成一整套的、模式化的婚约规范。比之以往，固定专偶走婚确实大大促进和加强了配偶双方之间的义务和责任，以及父亲对子女的义务和责任，但是男女双方仍然有自由独立的生活，独立的个性及其发展。

摩梭人配偶双方，无论婚前或婚后，都基本上以自己出生的母系家庭为生存的依靠，有自己独立的经济生活，这种特殊的家庭结构和经济生活，使摩梭人较容易成为具有独立个性的人，加之摩梭传统文化敬重女性，因而，一般说来在婚姻关系中她们保持了完整的人格，无需男人的庇荫，更不依附着、仰仗着男人而生活，而发展。摩梭妇女们以自己的劳动负载起生活的担子，与其他家庭成员一道，扶养着自己的和姐妹的儿女。她们的勤劳和能干，得到了社会的公认，也得到了来到摩梭人中的外族人的公认。和摩梭姑娘、年轻媳妇们交谈，她们大都希望自己的配偶或将来的配偶英俊能干、活泼温良，是可爱的伴侣，而不是靠山，不是像外面某些姑娘所追求的那种企望支配一切的"男子汉"。

当然，由于配偶双方不是固定地生活在同一个家庭里，感情的交流和联络相应地就会受到一定影响，子女对父亲在感情上也相对疏远一些，这就自然地埋伏下了婚姻不稳定的因素，这是此种婚姻形式本身所不易克服的弊端。询问导致摩梭人离异的主要原因，回答最多的是互相猜疑。我们在宁蒗县法院永宁法庭作过调查，自1981年建庭至1987年，这个法庭共受理了12件摩梭人的婚姻案，这些案例里离婚的主要原因就是猜疑。比如落水村的一对走婚配偶，男的外出去找副业，猜疑女的在家有不轨行为，遂向法庭提出申诉，要求终止与女方的婚姻关系。法庭经过调查，认为证据不足，多系男方猜疑，经过调解，二人终于言归于好。

第三，固定专偶走婚，在一定程度上可以说，婚姻基本上是建立在性爱的基础之上。不必否认，它带有浓重的自发的底色，而不是自觉的图式。今天的摩梭青年谈恋爱，仍一如他们的祖辈，大多从一见钟情开始，但又与祖辈不同，建立走婚关系需要经过一定的相处了解。1987年7月在温泉村，我们和一些青年人闲聊，问起他们的择偶标准，大部分人都把容貌放在前列，外加本事和品德，也就是首先以貌取人，再看对生活和为人处世的态度、能力，这是他们性爱的基础。他们确实从不注意或很少注意性爱以外的社会和家庭所附属的条件，诸如对方的门第、财富、社会地位等等。到了1996年11月我们作问卷调查时，美貌已退居到第四位，而勤快能干已列首位，择偶更注重务实了。看来，较之他们的老一辈人，他们的爱情的基础，正在由单纯的以貌取人，扩大着其现实、丰富的内涵，这从一个侧面反映了配偶之间关系的加强。但与他们的老一辈一样，这种性爱从某种角度上说仍是单纯的，摆脱了一些人为的樊篱。这是由摩梭人的社会文化所决定的。摩梭人的社会文化很少对性和爱情的扭曲，他们不必在连接社会规范和个人心理的独木桥上反复地权衡利害得失，没有烦人的讨价还价交易的过程，爱就是爱，不爱就是不爱，直言不讳，无需瞻前顾后，摩梭社会基本没有情杀，没有强奸，少有种种因性和爱而犯的罪恶，也少有种种缘于性和爱的心理病态。那种认为他们是原始的、还不懂得真正的爱情和爱情忌妒的看法，我们认为是不切实际的。①

以上就是我们的认识。十年过去了，固定专偶走婚这一婚姻形式普遍盛行了，这一事实本身说明了它存在的历史的和现实的基础，同时在发展过程中它又不断得以充实丰富。譬如双方确立走婚关系之前要经过一段时期的相互了解的谈恋爱过程，当然也有边谈边走婚者；走婚配偶之间的经济联系越来越加强了，不少男子经常去探望自己的孩子，给孩子带去吃的穿的，常把孩子接到自己家中，有条件的还把自己已到入学年龄的子女接来自己家中就近上学；双方家庭生产上相互帮忙、生活上相互关心。我们在调查中碰到不少这样的事例：农忙时女子来男家帮忙或男子到女家去帮忙，一方家庭有困难，另一方主动来帮忙，走婚配偶共同搞第三产业等等。我们在落水的两家房东，一家是男子每天把子女送去上学，一家是女方把子女送到男方家上学，皆因女方离学校较男方家远，这在他们的上辈中是没有的。

对于固定专偶走婚的意愿，女子更为强烈，她们说这样放心点，也可以避免夫妻家庭中的诸多矛盾，这与女性结婚生孩子以后寻求安定的心

① 以上引自攸延春，和钟华．《古老的传统与现在的选择》，载云南省社会科学院民族文学研究所编．《民族文学研究集刊（3）》．云南开远：云南省开远市印刷厂印，1989：19～23页．

理，以及在家庭中的角色位置有关。

摩梭人在历史长河中，以自己特有的思维方式和行为模式，不断地顺应着历史，发展着自己。固定专偶走婚也是一种对历史的顺应和文化的选择。

随着经济条件的改变及外来者的增多，随着商品观念的刺激，到1997年10月及1998年6月我们再次作补充调查时，发现钱财的诱惑正初露端倪，已引起人们的担忧。同时固定走婚外的临时偶居也仍不同程度地存在着。

居住格局的变化

摩梭家庭的居住格局，是与其母系大家庭及走婚相适应的。

摩梭传统居住木楞房（又称木摞子房），系由圆木两端砍上卡口后纵横相架而成，上覆以木板，用石块压其上。院落布局一般为三方一照壁或四合院，由正房、经楼、宿舍楼、门楼组成，中间是天井，房后有后园，用房屋及土墙围成一座座庭院。

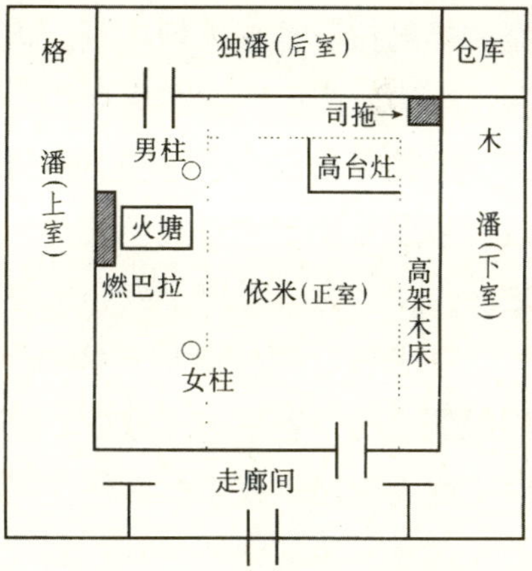

正房是平房，摩梭语称“日米”（又译为“一梅”），祖房[①]之谓。传统的“日米”呈土房套木房状，外围为土墙，内圈为木房，整个布局如图：

“日米”多与所靠之山呈垂直方向，据说与供奉于火塘上方之神位“燃巴拉”需设于靠山一侧有关。日米设有依米（正室）、格潘（上室）、木潘（下室）、独潘（后室）及走廊间五个部分。正室“依米”是正房的中心，一端设有火塘，铺以木板，高出地面尺许，中间为火塘，火塘上方设锅庄及供祭品

① 今又称为“祖母屋”。

的平台，锅庄所靠之壁上为“燃巴拉”像，用泥塑或用硬纸画成，其图像为莲花和海螺图案，有的中间绘一团火。火塘右侧置有一长方形大木柜，内装食品等物，上面为老人休息和睡觉之所。火塘左侧为橱柜，上置茶具、酒具及食品。火塘两边，右是主位，左为客位。房中有两根大柱子，左为男柱，右为女柱。建房砍这两根柱子时，必须是同一棵树，顶上一节为左柱（男柱）、根根一节为右柱（女柱），体现了女为根的文化内涵，在为孩子举行成年礼时，男孩要站在左柱前，女孩要站在右柱前。正室另一端为泥土地，中设高台灶，两侧架有木板高床，可供人睡。顶角设有一神龛，摩梭语称“司拖”，摩梭俗谚曰：“司拖日努米”，意谓“司拖”是正房“日米”的心脏。“司拖”上供有神像、花瓶和各种供品。高台灶红白大事才生火起用。与火塘一板之隔，右为家庭主妇起居室“格潘”（上方之意），兼作食品保管室；左为仓房“独潘”，储藏粮食和肉食，人死了，还作停尸寄葬之用。正室右侧房间“木潘”，设有大灶、磨、碓等，煮猪食及酿酒就在此室，同时还用来放置农具和用具等，有的人家仓库设在此间。妇女分娩也在此间，故摩梭俗话有“婴儿头拴磨盘，脚连木碓”之说。连接正室、左室、右室的走廊间，放置水槽。

火塘是“日米”的中心，全家人炊事、取暖、待客、议事及一日三餐祭“燃巴拉”都在火塘周围，人死后的葬礼也在此屋高台灶附近举行。小孩出生后，产妇要睡在火塘边。老人及未成年的孩子也在此就寝。

经楼摩梭语称“戛拉日”，即“菩萨房”，顾名思义，它在摩梭建筑中具有重要作用，它系两层楼房，楼上为经堂及喇嘛住房，是进行佛事活动之所。楼下为单身男子或客人住房，也有用作堆什物者。

宿舍楼，摩梭语称“搓日”，即楼房，供成年女子居住，亦即接待走婚配偶之所；若系夫妻家庭，则为夫妻及其他家庭成员居住。在人少的家庭中则无此楼，成年女性住在门楼上。

门楼，摩梭语叫“尼扎日”，楼上为成年女子住所，叫“以屋”，亦为接待走婚配偶之所，楼下关养牲畜，中间是大门。门楼的布局多在正房对面。

显然，这些房屋结构适应了摩梭家庭形式、婚姻形式、宗教信仰及生产生活的需要。正房集中体现了摩梭的传统文化，起到了祭祀、礼仪、聚会、餐饮、休闲等多功能作用，是传统文化传承之所，是整个院落的轴心。

经堂为藏传佛教传入之后的产物，显示了藏传佛教的神圣地位，是整个院落的宗教场所及庄严之地。成年女性之居室，直接是走婚制的产物。畜厩及仓库等，是为适应摩梭农牧兼营的生产门类及犁耕的生产方式而形成的。长期以来，摩梭人就这样在生产生活中创造了自己独特的民居建筑及其布局结构，摆脱了穴居野处的原始生活状态，创造了自己的文明。

永宁摩梭在修建房屋或迁居新房时，都要举行一定的仪式，请打巴或喇嘛念经、占卜，除秽祈吉，并请全村乡亲跳锅庄舞。《建房歌》中有这样的唱词：

> 铁铸的三脚架支上了，
> 它是屋内的欢乐。
> 锅庄上方的火塘安上了，
> 它是房屋的心脏。
> “燃巴拉”已竖好了，
> 它是屋里人的欢乐。
> 吗达咪，房屋的四角坐好了，
> 那是房屋的宝座。①

永宁摩梭人的房屋建筑，中心区与金沙江边一带有所差别，由于江边一带地势陡峭，所以房屋多依山而建，庭院小，除正房外多系土掌房，质地仍以木楞房为主，但也有土木结构的。与这一地区的地形及民族杂居而相互杂揉有关。

民主改革以前，土司规定百姓不准住瓦房，所以当时永宁只有青一色的木楞房。以后随着奴隶翻身，生活逐渐好转，才陆续有了瓦房。改革开放以后，建新房者越来越多，瓦房也越来越多，在我们的问卷调查中，有89.95% 的家庭都填了改革开放后建盖了新房一栏。这些新房都是瓦房，且系土木或砖木结构，全木结构的木楞房占少数。

在房屋布局、装修、陈设方面，也在不断吸收汉族、丽江纳西人、白

① 陈烈主编．《云南摩梭人民间文学集成》1版．北京：中国民间文艺出版社，1990：211页．

族等民居的特点，厅堂用六合门，耳房门窗加雕饰等。有的人家还配以沙发、衣柜、矮柜等新式家具，摆设有电视机、收录机等等。有些人家还把装杂物的楼房底层改修成卧室，房子大门也不一定是门楼，依房屋布局及间隙把大门开在适当的位置，人畜分开不在同一院子，建了厕所。如平静村独玛拉措家，现住一所四合院，是三年前建的，其布局为：正房与宿舍楼相对，正房座西朝东，宿舍楼座东朝西，经堂楼与畜厩楼相对，经堂楼座南朝北，畜厩楼座北朝南，中间为天井，后园在正房后面，厕所修在正房与畜厩之间的屋角，大门则在东北角宿舍楼与畜厩楼之间，它与传统摩梭院落相比较，大体有如下不同之处：

传统	现在
（1）大门对正房，从成年女性寝室下过。有门楼。 （2）卧室、畜厩组成门楼，共一栋。 （3）经堂楼下堆什物。 （4）无厕所。 （5）房屋皆为木结构。	（1）大门在屋角，无门楼。 （2）卧室、畜厩分开，各为一栋，卧室楼上下皆为卧室，畜厩楼上放草，楼下关牲畜。 （3）经堂楼下为新式客厅。 （4）有厕所。 （5）盖瓦的砖木、土木结构。

有的家庭成员中有娶妻者，其新房一般安排在卧室楼的楼下，还要贴上喜庆的汉文对联。

在落水一带，随着家庭旅社的兴办，传统的木楞房又大为时兴，但已有了显著的改变：为墙的圆木，已改成外圆内方、外凸内平的木屋，即把较粗的圆木一剖为二，整齐排列，外观与传统建筑一样，里面却已装修成现代客房，再加上雕饰一新、可容汽车出入的大门，门上缀有红红绿绿的霓虹灯。为了适应旅客的需要，家家都修建了厕所，大点的旅社还修了浴室，有的还设有用磁砖贴墙及地板的餐厅，拥有停车场，等等。旅客们坐在窗明几净的新式木楞房里，欣赏窗外的女神山和母亲湖，或躺在床上静听那湖水拍击岸边的声音，听那野鸭野鸟不时的鸣叫，会引起无尽的遐想，这不能不佩服摩梭人巧妙的构思。

摩梭房子无论怎样变化，但有一点是不变的，那就是正房必定是老屋——那设有神圣的司拖与火塘的长方形平房，且老屋的陈设及布局不变：仍是正室及仓房、主妇室、过道、侧室，室内陈设位置也不变，但更讲究了，大灶有的用磁砖贴面，还设置了漆得光亮的厨柜，木板房顶上放了一些玻璃亮瓦，室内光亮多了。火塘边有的放上了矮凳，有的铺上了褥子。尽管如此，总体布局仍原模原样。不光一般盖了新房的人家如此，就是盖了三四层木楼，装饰十分讲究的人家也如此，在高楼当中，仍在显要位置立着一栋正房——祖房。祖房仍是摩梭人家饮食起居、办红白事、待客议事的多功能房，就是当了老板、开了大旅社的人家也如此。就像传统中国社会的敬祖一样，祖房成了摩梭人的祖先和传统的象征。据说昔日摩梭土司阿氏，尽管盖起了讲究的汉式一进三院的四合院，但仍有祖房，而且每逢年节，土司都要亲自到祖房跪拜，祭祀祖先。今天的摩梭人尊重祖房，不忘祖房，正是这一传统在新时期的沿袭。据杨学政的考证，火塘是母系祖先和母亲的象征物，摩梭语称火塘上方的“燃巴拉”为“阿依燃巴拉”，阿依指祖母，拉意为神，燃巴（藏巴）有尊贵、吉祥两层意义，“阿依燃巴拉”可译为“祖母神”，一年一度的“祭火塘”“祭锅庄”就是祭祖，祈求火塘祖母神保佑母系血裔人口兴旺，牲畜繁殖，谷物丰收。届时同一斯日成员要杀一头肥猪，取猪头奉献在火塘上方，祈请“阿依燃巴拉”享用，打巴念诵“阿依燃巴拉经”，赞颂这位祖母神的无量功德①。燃巴拉，大都理解为火神、火塘神或灶神，杨先生破解此神为祖母神，联系到摩梭的母系文化及女神崇拜，不无道理。除了“燃巴拉”，摩梭人一日三餐要祭锅庄，对此民间另有传说：古时有两母女相依为命地生活于一山村里，不幸母亲去世，女儿十分孤独和悲哀，每天上山劳作时，仍要带上两份饭菜，一份献于火化母亲的树下，作为送给母亲的饭，一份自己吃。有天树子传出了母亲的声音，叫女儿不要再那么远地送饭来了，只要每天三餐时放点在火塘锅庄上，就等于自己在享用了。从此摩梭人家火塘里都要立一锅庄石，一日三餐用餐前都要先舀一点献在锅庄石上，意谓献给祖先。从而进一步显示了火塘的神圣之所在。故对火塘有诸多禁忌，如不能跨火塘，

① 杨学政．《衍生的秘律——生殖崇拜论》1版．昆明：云南人民出版社，1992：88页．（杨文音译为“阿依藏巴拉”，为与常用译文相统一，引者用“阿依燃巴拉”。）

不能把脚伸到火塘边上，不能背向火塘吃饭，不能把鞋子放在火塘前，不能在火塘前说髒话、粗话等等。火塘所在之祖房，人们必然对其敬重，明乎此，房屋布局结构再变化，正房却是永恒的。不忘先祖，不忘根根，正是家庭、家族、民族凝聚力之所在。

我们在下落水，先后住过两个家庭旅社，一个是已发展为拥有60多个床位、设有讲究的餐厅及宽敞的庭院的“摩梭风情园”，一个是规模不大、家庭性质还很浓的瓦汝家的旅社。在“摩梭风情园”，我们是常客，又因工作关系，我们与主人家处得很熟，所以我们常被主人当成家里亲友，坐到祖房火塘边与他们共餐，而其他过往旅客是在餐厅用餐的。他们一家人起早贪黑地工作，各忙自己分内的事务：老母亲管理牲畜及杂务、茨汝而车及妹妹负责旅社的管理及接待，小弟放牧，几个小孩上学。只有在一日三餐，全家人围着火塘而坐的时候，才回归到大家庭往日的气氛之中。我们也只有在这时才有机会与主人家团聚、聊天。但时间很仓促，因为他们还有很多活要干，还要忙于接待客人。就是在吃饭时，一家人也还在边吃边谈工作。在祖房，昔日那舒缓的生活节奏已经荡然无存。

我们是“摩梭风情园”发展的见证人，也是其房屋格局变化的目睹者。1994年，当我及同伴第一次踏进他们家时，这里是一座传统的摩梭庭院，不过正房右侧已盖起了一栋汉式平房，堂屋是六合门，雕有四季图，两个耳房雕有窗花，朱红的漆把这个古老的庭院染上了几分春意。当时才几个床位，有客就接待客人，无客就接待朋友，反正不以此为主业，农活仍是家里的主业。1995年我们再次来到他家时，平房对面又盖起了一座两层楼的新式木楞房，恰好位置在湖边，透过窗前的白杨树，可以直接看到湖水的起落及泛舟的男女。整个旅社形成了三方一照壁的格局，照壁背后是一个梨园，院中有一棵海棠果树，仍不失农家的风味。但旅社扩大了，床位增加到20来个。1996年，我第三次住到他家，梨园竟成了一座更加考究的二层楼客房及一个新式餐厅，床位增加到了60多个，还拥有了停车场。除了祖房仍与山垂直而坐外，已改变了传统的四合院格局，原来楼上住成年女性、楼下关牲畜的宿舍楼则退到了祖房背后，另成一个部分，与整个院落隔开了。西式的大门把祖房与临湖的客房楼联结起来，并与另两栋客房楼、餐厅、后园门等围成一个长方形的院落，只有那棵海棠果树仍留在院中。来来往往的旅客，进进出出的车辆，流行音乐，传统歌舞都汇集于这个院落中，传统与现代，就这样在交融着。而那栋老宿舍楼，与祖房一样，仍在担负着它原来的使命：楼上仍为年轻女主人宿舍，楼下仍关养着牲畜。

瓦汝家，我是第一次去的，祖房加新建的旅社楼是主体，畜厩及厕所已分开，天井很大，还有一个后园。显然，已非传统布局。较之“摩梭风情园”，瓦汝家的祖房仍为整个庭院的中心，客人就餐仍在火塘边，不过在客位增加了一张长方形小桌，客人就在此用餐。事情很凑巧，我们到他家时，正碰上他家女儿“坐月”，母子俩躺在火塘边主位上。据介绍，妇女生了小孩后就睡这里，以前要睡一个月，现在只睡三五天了，估计为了接待客人之便吧。一连几天，他们家都有亲戚从各地来送礼：鸡、猪膘肉、鸡蛋、红糖、米等等。主人家先敬以红糖煮荷包蛋加米酒，再以猪膘肉等丰盛的饭菜相款待，远道的客人一般要住几天才离开。产妇一天要吃好多顿：鸡、鸡蛋、猪肉、米酒、红糖，几乎不断，全家人都倍加关心，所以产妇身体很健康，奶水也很好，婴儿长得胖乎乎，静静地躺在母亲身边熟睡，很难听到啼哭声。据介绍婴儿出生后第三天要拜太阳，届时产妇的母亲在太阳刚出来时把一根烧着的松明丢在天井，由产妇或母亲左手抱婴儿，右手拿镰刀、麻秆等走出正房到天井里见见太阳，以求得太阳神的保佑。我们到他家时，已是五六天，所以没有亲眼见到了。我们到他家的第二天，产妇就由火塘边搬到了主妇室。只要孩子醒来，她不时地要把孩子抱到火塘边喂奶。据民族学家在五六十年代的调查，举行“拜太阳”以后，产妇才能从“格潘”上室迁到“几米”正室，但我们见到的瓦汝女，三天时已住在正室火塘边。看来此规矩现在也在“灵机应变”了。

除了“日米”祖房外，摩梭人也特重视经堂，在某种程度上，更为虔诚。可以这样说，当今的摩梭人家，只要盖起了新房，都要把经堂装饰得特别好、特别下功夫。我们在温泉的瓦拉片村，参观了好几家人的经堂，有几家那一派金碧辉煌的气派，令人瞠目结舌，主人家往往以此而自豪。经堂，成了财富的象征，从印度、拉萨等地来的各种金光闪闪的佛像、经幡、器皿，象征着主人家的富有和能耐，也体现着人们对藏传佛教的笃信。

祖房“日米”，象征摩梭的传统文化；经堂则代表藏传佛教文化。自从藏传佛教（俗称喇嘛教）传入摩梭地区，形成全民信教的局面以后，摩梭古老的打巴教式微，喇嘛教渗入社会生活的各个方面。各家各户所设的经堂就是具体的表现，对经堂倾注着那么大的物力和财力，体现了人们的一种价值取向。而对本民族传统的象征——祖房的深厚感情，同样体现了人们的另一种价值取向。这两种文化、两种价值取向，就这样并行不悖地共存于摩梭家庭中，并外化于居住格局、建筑形式之中。

一个个的家庭群落而居，组合成了村落。民族学资料表明，这些村落是由血缘为纽带的“斯日”（家族）或同一家族的若干母系大家庭组合而成的，形成了血缘——地缘集团。而今，区域间的人们交往频繁了，地缘集团在扩大，外来户或外来民族迁入并繁衍的情况在一些村落中并不鲜见。同时以婚姻为媒介，血缘集团又进行新的组合。以下落水村为例，相传最初入主此地的只有一个“尔”（氏族），后来分衍为9个“斯日”，加上外地先后迁入一些摩梭家族及汉族、白族户，于是形成了现在38户村民，其中33户摩梭人、3户汉族、2户白族。下落水村也由单一的摩梭村寨变成了民族杂居的村寨。

传统上，永宁盆地（中心区）的摩梭村寨，都分布在盆地周围山脚下，中间是广阔的田野，最大限度地利用了耕地，用今天的观点来看，这不能不说是摩梭先民的明智之举。同时依山而居，可以避开肆虐的狂风的袭击，因为此地风沙大，这也是适应环境、利于生存和发展的一种选择。而今，随着人口的增加①，坝子中的村落逐渐增多，改变了原来的村落布局。从摩梭自身来看，家庭的小型化，也促成了家庭户数的增多及村落向坝子发展，特别是近10多年来，这种发展势头较大。

总之，从居住格局来看摩梭村寨，大体有如下变化：第一，血缘关系在进行新的组合，地缘关系在扩大；第二，村寨地域在扩大，打破了传统的依山而居的格局，向平坝中心延伸；第三，村寨人口结构由单一民族向多民族杂居发展。

---

① 摩梭比其他民族人口发展慢，而外来民族人口呈膨涨势头。

血缘——地缘——业缘

母系制最鲜明的一个特点，是血统以母系计。在这里，血统起着十分关键的作用。无论是“尔”（氏族）、“斯日”（家族）或“依杜”（母系家庭），都是以母系血缘为纽带而联结起来的。村落庭院，同样依血缘群体而居住。乃至人死了，也依血缘群体而焚、而葬。至于人际交往，更不用说以血缘亲疏而定亲疏。

据民族学家的考证，摩梭祖先系从北方迁徙而来，初到泸沽湖地区时共有六个“尔”（氏族）：西、胡、牙、峨、布、搓，他们分别居住在永宁坝子及泸沽湖边，行氏族外婚（有通婚集团）。“尔”的含义是“一个根骨”，是由一个始祖母的后裔组成的血亲集团。后来“尔”又分裂成“斯日”，同一“尔”的各“斯日”间可互通婚。“斯日”是比“尔”小的母系血缘集团，含义也是“一个根骨的人”。随着生产力的发展，氏族血缘纽带松弛，每个“斯日”又分裂成若干母系“依杜”①。又据《宁蒗彝族自治县志》称：“嗯”和“嗯咪”摩梭语意为氏族、宗族，一个“嗯”可以形成几个“嗯咪”，即一个氏族可以分解成几个宗族。“嗯咪”下面形成若干个“斯日”，“斯日”，摩梭语意为家庭和家支，一个“斯日”可以分解成若干个家支。“斯日”是在“嗯”或“嗯咪”之下，家庭之上的一种血亲集团，摩梭称一个“斯日”为祭锅庄时同念一个祖谱的家庭。“斯日”下面形成“尔”。“尔”，摩梭语意为家，“尔”就是从一个家支分解成的若干个“日都”（即“依杜”），“日都”是指一个具体的家庭②。显然，对“尔”的含义二者有异议。我本人未作过具体研究，不过在调查中往往碰到这种情况，问他们家属哪个“斯日”，一般都答得出来，问属哪个“尔”，一般都不知，再往前推问最早属哪个“尔”，少数人能答得出来。比如下落水村，好几个人都对我

① 严汝娴，宋兆麟著．《永宁纳西族的母系制》3版．昆明：云南人民出版社，1991：31～35页．（其中“依杜”的含义，该书界定为“母系亲族”，我则认为是家庭。）

② 宁蒗彝族自治县志编纂委员会编纂．《宁蒗彝族自治县志》．昆明：云南民族出版社，1993：191页．（每个名称上的引号为引者新加，特作说明。）

们讲最早来这里是“戈尔”，“戈尔古（九）日”，说戈尔9家，“日”为家，说明“戈尔”比家要大，而他们所指的家，是指现在的“斯日”，则说明“斯日”是比“依杜”更大的群体，在瓦拉片村，我们也碰到过类似情况。为了不致混乱，我本人还是用氏族、家族、家庭等称谓来表述。

不管对称谓如何理解，上述几种都是血缘集团，即以血缘为纽带联结起来的人的组合。由于摩梭行母系制，故在可考的历史中，多为母系血缘集团。这种血缘关系，是组成摩梭社会及摩梭人社会关系的基本构件。由氏族而家族，再分裂为家庭，这是社会发展的产物，也是由母系氏族社会到现代社会的发展过程所必然。这一分裂过程，在有些摩梭社区还可理出其线索来。譬如下落水戈尔氏族[1]的分衍如下表（△表示1户）：

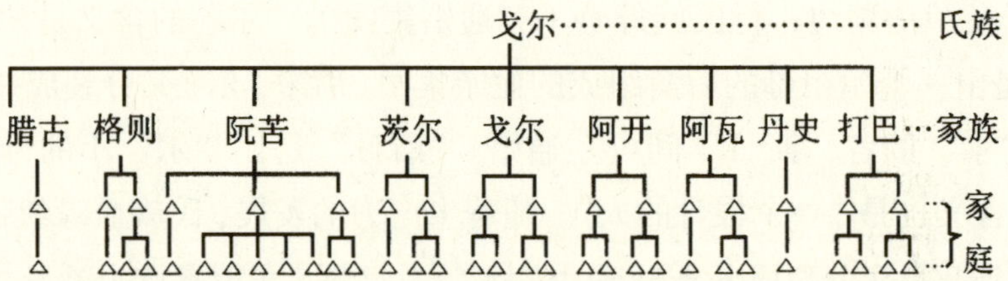

除了阮苦1支早已迁至争波外，其余8支仍在下落水村，且这一庞大的血缘群体至今仍构成下落水村的主体，它占了全村总户数的60.53%，占全村摩梭户的69.7%。而今联系最频繁的是这8个家族又分离出来的各个相关家庭。平时有事相互帮忙，有了大事（如丧事）共同分担。我们在下落水村参加了没日家族的丧礼，死者是车塔家儿子，因没日家无儿，就抱养给没日家。待客主要都由其姐家接待。据说在过去凡来客，由全村接待，到哪家就在哪家吃，现改为亲戚（家族）做饭请客，全村每家要送去一背柴、一竹盒面粉或馒头、一筒饼茶或数元钱等，另，每家去一人帮忙。还可看出氏族血缘集团共同体的影子。因为村，实际上是戈尔所定居的地域，这一群体长期在这里生产生活、生存繁衍，从而形成了血缘关系基础上的地缘关系。费孝通先生对这种关系有过透彻的分析：在稳定的社会中，地缘不过是血缘的投影，不分离的，“生于斯，死于斯”把人和地的因缘固定了。

① 我把“尔”理解为氏族。

地域上的靠近可以说是血缘上亲疏的一种反映，血缘和地缘的合一是社区的原始状态[①]。惟其如此，村这一共同地域，是氏族这一血缘群体的地理基础，它以这共同的地域巩固着血缘纽带，而血缘纽带是这一共同地域存在的前提，二者互为作用，形成血缘、地缘合一的这种生存格局，并显示出了相当的稳固性。即使从这一血缘群体中分裂出来而到了另外的地域，但它和原来的群体和地域仍然保持着联系。我历次对下落水村“戈尔”的分衍情况调查时，人们都说已分裂成9个“斯日”，但在当地只排到了8个，直到1998年6月最后一次调查时，才找到了“阮苦”一支，系已迁至争波，何时迁往，已无稽可考。但据阮苦·甲泽介绍，大约已有十四五代，直到1949年解放之前，他们阮苦家每年都要到落水沙坝一带收鱼，这是分出时戈尔给的产权。以前大家还是来往，后来因为离得较远，就慢慢疏远了。这就说明随着血缘、地缘的分裂，血缘纽带也就松弛了。然而在同一地区生活的群体，即血缘与地缘合一时，二者的关系仍是亲密的。在拖支村，我听59岁的甲巴·给若讲述了他们家族的一段故事：“古时我家是九个弟兄做一家，后来我们分家了，分别到丽江六区、江边、落水、新营盘、金棉、四川习地（译音）等地分起住。分开时家中有一口锅，九弟兄每人砍一刀发誓：我们这一代人一个住一个地方，每年大年三十晚上回来过年，大家打伙过一天。这样，在我们甲巴家先过一天，再分出去过。直到解放前都行这个礼。有红白事也要通知。现在不通知了，远处的也不来了，同一斯日的也认不出来了。不过村子里的还是要通知，我们家仍要早一天祭锅庄，因为我家是根子，无形中我又成了头了。斯日的人有啥事都来找我，闹纠纷由我来解决。”甲巴·给若的这一段话，可以看出血缘凝聚力以及血缘、地缘的现代变迁。甲巴家原为母系，他现娶妻。据他讲，他原走婚，后因他成分不好而被迫分手。他讲的“九弟兄”也可能曾是父系，或原是母系，后来流传中改变为父系。在下落水村，我们也了解到类似的情况，汝亨、没日、车塔三个家族是从金沙江边及大咀迁来的，至今他们仍与老家间或有来往，但越到后来往也就越少了。

氏族、家族是两个大小不同的血缘群体，氏族在结构上包括了若干个

---

① 费孝通．《乡土中国》1版．上海：上海观察社，1948：77～78页．

家族，传统上它们虽然都承担着政治的、经济的、宗教的多种功能，但从血缘关系来看，前者要疏一些。由于氏族不断分衍成一个个血缘关系更亲近的家族群体，家族成员之间的联系更为紧密，随着时代的推移，氏族成员之间的联系也就渐渐地疏远了。家族又不断分衍成宗（俗谓“家支”）、家庭，其成员之间的联系也依此递进，而这，都是从血缘的亲疏关系生发出去的。费孝通先生把中国乡土社会中这种亲属关系形象地比喻为丢石头形成的同心圆波纹：好像把一块石头丢在水面上所发生的一圈圈推出去的波纹。每个人都是他社会影响所推出去的圈子的中心。被圈子的波纹所推及的就发生联系[①]。这种联系依波纹离中心的远近而疏密。我们可以把摩梭母系家庭也比作一个圆心，由母系家庭而母系家族再到母系氏族，一圈圈推出去，离中心点越远，血缘关系越疏，成员间的交往也就越少。而与血缘关系不分离的地缘关系也以同样的方式决定着人们的社会行为。很长时期以来，摩梭社会处于相对稳定不变的状况，所以这种血缘——地缘合一的格局得以保持下来，与此相适应的社会交往方式也就自然而然地得以承袭：一人有事，众人帮忙；一家有事，全村出动；一家有难，全村分担。家庭、家族、村寨合而为一，而个人也从属于相关的群体。近代以来，这种格局有所打乱，因而也就有了阮苦·甲泽及甲巴·给若所讲的那些情况，血缘群体越缩越小，居住地域越来越广，分小群体而居或单个另辟新地者，每有出现。血缘和地缘已逐渐分开，其关系处于“动”的状况。究其原因，主要是：

第一，商业贸易的出现和发展，促动了永宁摩梭部分地区的对外交往和人口流动，出现了货币交换及血缘集团以外的人际交往，改变着人际关系格局，从而对血缘纽带起了冲击。近代历史上，永宁摩梭地区与四川木里藏区乃至西藏，以及云南的丽江、中甸、德钦、大理、下关、昆明等地区有马帮贸易往来，有的人远迁至拉萨定居。无疑，这些商业活动远超出了血缘关系范围。尤其是改革开放以来，商品观念在人们心目中开始强化，正在打破着昔日以物易物的馈赠式的感情交换，血缘纽带的环扣正逐步加大了缝隙。

第二，外民族的大量迁入，在血缘——地缘关系这张网上捅了洞，从

① 费孝通.《乡土中国》1版.上海：上海观察社，1948：24页.

而打破了它的一统天下。自20世纪初以来，先后有汉族、彝族、壮族、白族、回族等民族和丽江纳西人先后进入永宁定居，他们或与摩梭村寨相邻群落而居，或与摩梭社区相杂而处，互相交往或通婚，相互影响。改革开放以来，全国各地前来经商者，比比皆是，以其强有力的外来文化冲击着这张关系网。

第三，社会革命和政治运动以新的意识形态和干预行为，强有力地冲撞着这传统的社会结构。这里着重谈谈社会革命改变了原来的政治体制（土司制）、阶级关系（领主与农奴、百姓不同等级）、土地关系（占有关系），这些都是超越血缘关系的革命，阶级意识从观念形态上超越了血缘关系，土地关系冲破了地缘关系。合作化运动及人民公社化，土地公有（集体所有）、建立了各级生产组织、实行政社合一，改变了原来的生产、生活方式，超越了血缘关系的生产组织代替了家庭的生产职能及家族血缘群体的互助功能。当然，由于血缘——地缘关系的合一，也可能暗合着血缘关系的联系，但它并非从血缘关系出发。“文化大革命”的政治风暴，更猛烈地冲击着这一关系网，一切“以阶级斗争为纲”，以阶级来划分人群乃至家庭，以血缘关系划分成为反动，然而另方面又在强制捏合建立血亲关系（登记结婚）。改革开放，农村实行家庭联产承包责任制，又恢复了家庭的生产功能和原来的生活方式，调整了人与人之间的关系不再以阶级来分群，母系家庭一大二公的特点，以其占优势的人力和财力，在现阶段经济发展中发挥出了最大的能量，为母系血缘集团——家族功能的恢复和发展奠定了基础；宽松的政治生活，又为家族功能的恢复和发展创造了客观条件。基于此，近年来家族成员之间的联系又加强了。然而，其中又包含着一种新的组合成分——姻亲关系超越地缘关系及地缘、血缘关系开始分裂所形成的新的关系。

前已述及，由于传统上血缘关系决定亲疏，离中心点越远，关系越疏，越近则越密。加上历次政治运动，更加速了对远者的“疏”的程度。我们在调查中发现，当今的摩梭人中，对氏族已很生疏，在回答“你知不知道你们‘斯日’（家族）属于哪个‘尔’（氏族）”这一设问时，只有7.07%的人回答得出来，其余皆为不知道或不理解而无回答。而问及“你们村与你家同一‘斯日’的有几家”一问时，有75 .4%的人能做出具体的回答，说明血缘关系亲的家族，今天仍在起作用。像纳哈瓦村至今仍基本保持血缘——地缘合一的格局，家族的作用仍很突出，我们做问卷调查时，100%的被调查者都能说出自己家所属的“斯日”。

家族究竟有哪些活动呢？据民族学家的调查，当时还有互相帮助的传统，如所猎获的野物，盛行平均分配，每年两次祭祖，实行共餐，在婚丧事务中有互相帮助的义务，在发生绝嗣的情况下，成员间有互相继承及互相过继的权利等，此外还有共同的墓地和共同的宗教活动①。据我们的调查，此类活动现在仍在进行，变化不大，建房、红白事等相互帮助，还特别盛行。

表2—16　同村同“斯日”（家族）情况统计

户数（家）	13家以下	4～6家	7～10家	11～15家	15家以上	无回答
%	19.79	18.18	19.79	3.21	14.43	24.60

为了了解家族的社会影响及作用，我们设计了三个相关的问题，其回答情况如下：

表2—17　有要紧事或有困难时找何人商量或解决

答案	找村长	找同一斯日成员	找长者	找邻居	找好朋友	谁也不找	无回答
%	23.83	47.29	17.33	4.69	4.69	1.81	0.36

表2—18　家庭与别人发生小纠纷找谁解决

答案	找村长	找长者	找斯日家	找邻居	找其他	未回答
%	46.64	26.47	18.49	4.62	2.94	0.84

表2—19　家庭与别人发生大的纠纷找谁解决

答案	找法院	找村政府	找斯日长者或有威望者	找村内长者或有威望者	找其他	未回答
%	18.88	74.68	1.29	1.72	1.29	2.14

① 严汝娴，宋兆麟．《永宁纳西族的母系制》3版．昆明：云南人民出版社，1991：41～45页．

以上三表说明，当前家族的作用主要是血缘群体内部的相互帮助，而牵涉到解决纠纷等问题时，人们还是依靠政权组织，尤其是基层政权组织。联想到10年前我们到永宁时，有些婚姻纠纷及其他民间纠纷的解决，多以家族或村内长者为主，这不能不说是个大变化。实际上，摩梭人崇尚和睦、和谐，以上都是以“假如有了这种情况”为前提作回答的，因为他们几乎都说我们没有这些纠纷（今天青壮年男人们酒后的争斗仍时有发生）。尽管如此，它从一个侧面反映了家族组织的权威性已经减弱，但血缘群体内同一组织的认同感仍强固地存在着。

氏族外婚，是氏族制度的显著特点之一，但由于氏族不断分衍，其分离出来的各个家族之间可以通婚，所以实质上这一婚姻规范已经改变，比如下落水戈尔氏族分离出来的几个家族互有婚姻关系，这种关系有单向，也有双向：

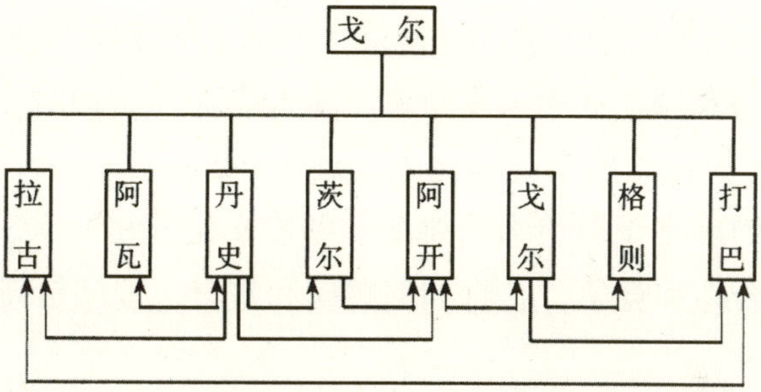

血缘、地缘的合一，婚姻的交错，形成了血亲、姻亲相互迭合的关系网。这一关系网又把外来的几个旺族网络进去，形成了更大的关系网，而那些势单者，则游离于外，显得势单力薄。尤其在一些丧事、祭祖等活动中，表现得很明显，这是我们所亲眼见到的。随着经济的发展，经济实力正向血缘实力挑战或二者相结合，显示出一种前所未有的复杂的文化现象。不过，截至目前，同一家族不能通婚的规范仍为人们所恪守。然而由于通婚受制于地域及走婚的婚姻形式，所以也会出现同一家族内走婚的情况，但有一条是明确的：男女双方的根根不在一家才能走婚。

总之，血缘、地缘合一的模式，长期以来在摩梭社区中起着主导作用，但随着商业经济的发展、外来民族的迁入，社会革命和政治运动等因素的影响，这种模式正在改变，特别是改革开放以来，在发展经济中出现了人际间更广泛的联系和交往，它已超出了血缘、地缘的关系，而行业之间的关系正在加强，业缘关系正悄然而起，尽管目前人们尚未意识到它的存在，然而它的确已初露端倪。像下落水这种全村从事同一行业——旅游业的专业村，其社区成员之间的关系已不全然是往昔的血亲、姻亲、乡亲的关系，又加进了行业的一层关系，这层关系有相互交往、相互扶持、相互合作，又有相互竞争，这是社会经济发展的产物，它也必将推动经济的发展。就一个社区来讲，在一段时间内将会与地缘、血缘交互起作用，甚至以它们为前提。再由此扩展开去，与地域更广、空间距离更远、无血亲姻亲关系的个人和群体发生更为直接、更为密切的业缘关系。这种状况在个别经济中心区域已经出现，下落水的个别家庭旅社、永宁街上的某些经商者也已开始，比如与外地旅行社的联手①、与外地客商的直接的商品交易等。

从血缘到地缘再到业缘，标志着社会、经济发展的层层递进。业缘关系的出现，是摩梭社会进入商品经济这一新的发展阶段的前奏。可以预见，随着商品经济的发展，业缘关系将进一步冲破血缘、地缘之关系网，从而得到不断发展，其网络将会越来越大。这样，必将对摩梭传统的人际关系、思想观念、行为准则予以更大的挑战，摩梭文化的和谐、宁静将面对业缘关系所带来的合作和竞争，它将如何顺应和整合，这又是新的课题。

宗教的魅力

摩梭人最早信奉本民族原始宗教打巴教，其宗教人员称打巴（又译为达巴），多由劳动者家庭的男子担任，一般为舅甥相传，少数为父子相传②，拜师收徒者极少。打巴平时在家劳动，替人作法事时才收取少量报酬。据杨学政的研究，打巴教行自然崇拜、鬼神崇拜、祖先崇拜，人们祭祖、丧葬、嫁娶、出行、生育、命名、起房、举行成年礼等，都要请打巴诵经、占卜。在古代，每个氏族都有一个打巴，后来分衍成家族后，每个

---

① 据了解，目前“摩梭园”与宁蒗女儿国旅行社、四川西昌旅行社、丽江国际旅行社，“摩梭之家”与丽江云杉旅行社都有业缘关系。

② 据左所打巴介绍，这一带的打巴因系男性传承，所以要结婚成家，形成父子相承。

家族也都有自己的打巴，他们熟悉自己所属氏族、家族的族谱，在社会生活中起着重要作用，因而受到特别尊重。最初打巴分为三种：一种为哈打巴，其职能是为人主持祭仪和祈祷，祭祀天地山川等自然诸神，祭祀祖先，为死者亡灵指路，叙述祖谱等。“哈”，摩梭语有“祈祷或歌诵”之意，“哈打巴”即祭司或祭祀、祈祷的巫师。另一种是补达巴，其职能是为人驱邪撵鬼，施行各种巫术，诵经念咒。“补”，摩梭语有“诵经和诅咒”之意，“补打巴”意即驱邪撵鬼的巫师或诵经诅咒的巫师。还有一种叫盘打巴，其职能是为人占卜打卦、为婴儿命名等。“盘”，摩梭语意为“占卜打卦”，“盘打巴”即占卦的巫师。现三种巫师已归为一体，统称“打巴”，兼行祭祀、祈祷、诵经诅咒、驱邪撵鬼、占卜打卦之职能。

打巴教没有系统的教义，也无宗教组织和寺庙，只有口诵经和一种占卜经书，基本上还保持着原始部落宗教的特征，但在藏族本教传入摩梭地区后，已明显受其影响，如神名、巫师职能、某些仪式等，丰富和发展了自身的教义、经典、仪式，从而由自然崇拜及祖先崇拜的多神原始宗教发展到对一些神系的崇拜——由地位并列的神发展到有统领、分神职的神。从而使打巴教进入了原始宗教的高级阶段①。

在藏传佛教传入这一地区以前，打巴教是人们信奉的惟一宗教，人们的生产生活都离不开它。达巴教的影响渗透到人们生活的方方面面。

据杨学政的考证，藏传佛教约于宋末元初经四川巴塘、里塘传入摩梭地区，最早传入的是萨加派（花教），最早兴建的佛教寺院是永宁者波萨迦寺，建于元至正十三年（公元1353年）。至清代，格鲁派（黄教）传入永宁，传入路线：一是西藏，一是四川巴塘、里塘。由于受到封建统治者的扶持，其势力和影响迅速增大，至新中国建立前夕，其政治、经济力量、寺院僧侣人数及信教群众，皆居各教派之冠。永宁扎美寺又称扎美戈寺，是滇、川摩梭地区规模最大的寺院。至今，格鲁派仍是摩梭人信仰的藏传佛教的主要教派，其僧侣俗谓喇嘛，享有较高的社会地位，普遍受到

---

① 杨学政．《藏族、纳西族、普米族的藏传佛教》1版．昆明：云南人民出版社，1994：26～27页．宁蒗彝族自治县志编纂委员会编纂．《宁蒗彝族自治县志》1版．昆明：云南民族出版社，1993：205页．

人们的尊重。但摩梭僧侣世俗化的程度较高，他们一般持守戒律不严，除法事活动外，平时饮酒食肉，普通僧侣住在家里，不脱离生产劳动，并从事经商或其他副业，农忙时帮助家庭劳动，平时则在家里经堂念经修习，他们还可结交女阿夏（情侣），社会舆论认为这是正常之举。僧俗关系融洽，这是永宁摩梭僧侣独具的特色。

藏传佛教对永宁摩梭地区的社会政治、经济、文化、习俗等具有深刻和广泛的影响，乃至形成全民笃信的状况。新中国建立前在政治上形成封建领主支持藏传佛教、藏传佛教依附于封建势力的局面，寺院虽不能干预土司政权，但寺院的最高行政领导堪布一职则由土司之弟世袭。不过尚未形成政教合一制度。藏传佛教对摩梭社会生活及风俗习惯影响极为深刻，人们患病、死亡、年节、建房、生育等等，都离不开喇嘛的念经做佛事。比如丧葬仪式上，要请喇嘛举行一系列仪式及诵有关的经书；人畜患病要请喇嘛占卜问卦、驱邪禳灾；生育、取名要请喇嘛念经；迁新居要请喇嘛念经；[①] 家家大门及房顶悬有经幡，家家都设有经堂，村村都有嘛尼堆，等等，藏传佛教渗透到人们生活的方方面面，昔日打巴的很多功能，都被喇嘛取代了。打巴教逐渐衰微，直至今日，在永宁坝子打巴已几近无人，而喇嘛则在“文化大革命”中曾一度中断之后又呈发展趋势。但有些法事，如人死后的指路、续家谱族谱（迁徙路线）、祭祖节祭祖等，非打巴莫属。当今，由于打巴难找，有的已由长者取代。在金沙江边的拉伯一带，打巴相对多些，他们所从事的活动也就多些。客观上因这一带离中心地区远，藏传佛教势力未盛，因而打巴仍占有重要地位。但藏文化影响仍较著，有些经济条件较好的人家，在办丧事时要专程从远处请喇嘛来举行仪式，一般人家则无条件而请本地打巴举行。

摩梭人除了主要信仰藏传佛教外，兼揉了原始的自然崇拜、打巴教信仰。相信万物有灵，崇拜天地山川、日月星辰、风雨雷电、飞禽走兽、土石草木之神；崇拜打巴教的始祖母鲁阿巴都及其他神祇如火塘神阿依燃巴拉、畜神尼汝诺戛拉、谷神吉汝瓦戛拉等等；崇拜藏传佛教的所有神祇。

---

① 杨学政.《藏族、纳西族、普米族的藏传佛教》1版. 昆明：云南人民出版社，1994：237～245页.

显然，崇拜的神祇很广，宗教活动也较多，这些宗教活动已经民俗化，已经成为社会生活的组成部分。一些传统节日如春节、转山节、祭祖节、祭土地节等，都要请打巴或喇嘛念经，农历十月二十五日的喇嘛寺跳神会，更是盛况空前。届时，人们穿戴一新前往烧香求佛，观看喇嘛们戴着各种面具的跳神舞，宗教与娱乐合而为一。平时的丧葬礼仪、人畜生病、庄稼灾害、生育、建房等，也要进行宗教活动，至于一日三次的经堂烧香磕头、一日三餐的祭“燃巴拉”、一日几次的绕嘛尼堆等，更为老人们生活的一部分。至今，宗教气氛仍然很浓，举凡有什么认为不祥之事，人们都要求诸宗教。我们到里格岛调查时，恰逢阿姆阿乌家在请喇嘛念经作法事，一问才知他家婴儿夜里啼哭厉害，恐为鬼魂作祟，遂请喇嘛驱邪。在下落水村，我们亲临了一次葬礼及一次全村性的祭祀活动，其隆重、庄严、热闹的气氛，令我们大开眼界。兹实录如下：

没日·丹史独支的葬礼

时间：1996 年 11 月 7 日～8 日

地点：泸沽湖畔下落水

没日·丹史独支，男，50 岁，久病不愈而亡。亡故后经历了如下程序：

洗尸：刚断气，即召亲属和乡邻瞻仰仪容，并由二三个得力男子将死者衣服脱尽，用白酒或净水洗净全身，换上全新的衣裤。

捆尸：在死者口里放入少许米粒大的金银和谷物，再在五官塞上酥油，然后用麻布捆成胎儿形状，双手交叉（男左手在里，女右手在里）于胸前，谓祈死者重新转世投胎人间。

安魂超度：捆尸后请打巴念诵安魂经、请喇嘛念诵超度经。

停尸：将尸体装入白布袋，呈坐式，在正室后仓挖坑，用大铁锅或竹篮糊上泥巴埋起来。停尸期间香火不断，儿孙辈每日早、午、晚三次哭唤并烧香叩头。

起尸装棺：由打巴或喇嘛测定吉日后，于火葬前三天将封埋的尸体取出，装入房状、形似轿子的棺内，立放于祖房正室高台灶的左边，棺前摆设供品，点灯烧香，两旁挂上家里最好看的衣服，棺上打一把用各种彩纸做成的花伞，意思是不让死者灵魂在回归祖先故地时日晒雨淋。

开路及交代祖谱：死者家族的一位打巴或长者坐在棺右，为死者念指路经，由死者现居地一站站送至祖先故地。相传摩梭祖先从北方迁徙而来，叫司布阿纳瓦的地方就是祖先住的地方。开路时先拴一只鸡[①]作为死者灵魂伴侣上路，以免孤寂，同时请喇嘛念经。在葬仪期间，打巴首先向死者交代本家族的祖谱及死者家谱，以便死者亡灵回归时找到自己的祖先。所有亲戚都要牵来羊或驮来猪膘，带来钱粮茶等向死者吊唁，并请其向自己的祖先转告家里的情况。来者都是女性，据说女性会哭诉，只有哭诉，死者才能听到。

洗马绕村：火化前一天，选择一匹好马象征死者坐骑，用三碗水象征性地洗马，给马佩上华丽的辔头鞍褥，上置一件金边衣示死者亡灵，由死者侄儿（或儿子）牵着马，村中数个小伙子骑马陪同，前面由两个穿着盔甲的“武士”手持长刀，边走边舞开道，绕村一周，示为死者亡灵送坐骑及亡灵向乡亲告别。途中每到一家门口，主人家都要来斟酒，表示慰别和哀悼。

谢别乡亲：略

火化：略[②]

以上是葬礼全过程。由于我们是在火化前一天下午才赶到，所以前面的过程未能亲眼看见，但晚上的“谢别乡亲”及次日的火化过程，我们都参加了。

我们带着茶叶和瓶酒进入灵堂，向死者亡灵敬献后，被主人家迎进火塘边。灵堂就设在高台灶右侧，供桌上摆满了祭品，灵柩周围装点得很隆重，右侧还摆有一副马鞍褥子。凡是远道而来的亲戚前来吊唁，门口都要放火炮，唢呐声同时响起来，客人献

① 死者为男性就拴母鸡，女性就拴公鸡。

② 以上见宁蒗彝族自治县志编纂委员会编纂.《宁蒗彝族自治县志》1版. 昆明：云南民族出版社，1993：200～201页.

上供品、往灯里添油后，就到火塘边就坐，死者儿女磕头致谢。不一会，全村妇女结成一队，捧着祭品来送别死者，在灵前哭抱成一团，此情此景，令人撕心裂肺。

入夜，院子里烧起了一堆大火，人们围火跳舞，两个穿着铠甲、脸上涂得黝黑的“武士”，挥舞大刀，不时在台前跳驱鬼舞。

据说此前喇嘛已经念了三天经。

次日凌晨四时半，三声沉闷的礼炮（土炮）把全村人唤醒，表示火化仪式开始了。七时许，天微明，东方已现出了鱼肚白，几抹彩霞映入泸沽湖中，又是三声礼炮，我们赶到当事人家，院里的火堆旁已挤满了人，坐骑已装饰一新，人们正忙着把旗幡、祭品等往屋外搬。唢呐声响起，起灵了，妇女们哭声恸地，亲属们一个接一个地依次面朝灵堂跪下，棺木从他们头顶上抬过，送葬队伍出发了。由火把引路，锣鼓齐鸣，旗幡队、坐骑、棺木、哭送的人群依次鱼贯而行，鞭炮声不绝，沿着湖边往火化场地赶去。

到了火化场地，妇女们在下方哭别亲人，男人们忙着把棺木抬上早已堆好的木架上，已正坐上方的喇嘛们（约20来人）正在念经，一侧小桌上摆满了五谷、茅草、面偶、水果等，家人向喇嘛跪拜。一切就绪，要开始火化了，全体男人跪下向死者拜别，每户带一瓶酒向死者祭奠，以示请他把酒带给自己已逝去的亲人。火化开始，一小喇嘛从主持火化的大喇嘛手中接过火把，开始点火，喇嘛们不停地念经。人们逐渐散去，场内只留下了几个守烧的人及念经的喇嘛们。妇女们离去时都要用湖水把脸洗干净，不能再流泪，意思是不把悲伤带回去，求得家庭清吉平安，也让死者别牵肠挂肚。回到死者家中，每人额上被点上糌粑酥油以示除秽。

火堆继续在燃烧，主烧的小喇嘛不时用长把瓢接住主持大喇嘛递给的五谷、酥油等往火堆里加，约10时许，烧的差不多了，喇嘛们撤出火化场，只留下守烧的四个男子继续守在那里，直至火堆熄灭。

第二天，家人把烧好的骨块拾起，装入瓷瓶，放到高山上。火化处插上了各色旗幡，葬礼至此全部结束。

据说棺木抬出后，还要念驱鬼除邪经，并打扫室内外，由属相相合者把高台灶重新生火架锅，表示重新开始正常生活。

十年前我与攸延春前往调查时，也参加过开基格瓦一位妇女的葬礼，因其中年而逝，更增添了一层悲惨的色彩，然而其隆重程度，不如此次。

在落水村，我们还亲临了一次全村性的佛事活动——摩梭语叫拖拉依，其宗旨是祭祀自然神灵，以祈人畜平安、免除火灾、雹灾及其他灾害。

那是1996年11月9日，在没日家葬礼过后，村民们趁数十个喇嘛来此举行葬礼的机会，共同邀请喇嘛念经祈福禳灾，钱由村民们自愿捐献，据说这种活动每年年初、年中、年末各举行一次，人们认为经过这几次念经，全村这一年就平安了。

当日早晨，房东一家人忙着炒爆荞花，煮包谷、青稞、小麦、豆等粮食。准备就绪后，由老妈妈带着小孙孙，用小簸箕放着上述供品，再加上糌粑、米、猪膘等，走向泸沽湖边的祭祀场地。此前，她的女儿已背了一大背青松枝赴祭场。我和同伴也随之到了祭场。

祭场设在村子东面的湖边，背山面水，一条长数十米的烧天香带，浓浓的白烟，弥漫了半个天空，巍峨的大山在烟雾中时隐时现，更增添了一层神秘的色彩。村民们不断地背来一背背松枝往里添加，虔诚地面向大山叩头。在湖边的帐棚里，几十个喇嘛庄重地、不停地诵经，每人前面摆着面偶、食品及法器等，靠湖岸，村民们支起锅灶，一大锅一大锅地煮着肉、鸡等。全村村民一家家背着供品及米、猪膘等陆续往祭祀场走来，他们先往村口嘛尼堆绕一圈，再背到祭祀场，面向喇嘛磕头后，三步一拜地拜到烧天香处，面向大山连磕三次头。

喇嘛仍闭目正坐念经，那些小喇嘛看来已耐不住，不时地与前来玩耍的小孩逗趣，小孩们也顽皮地往小喇嘛头上、身上戳几下，老喇嘛一睁开眼，他们就赶快躲开。直到下午太阳偏西了，喇嘛念经结束，十来个负责祭祀的汉子把祭品、面偶等一簸箕、一簸箕地收拾起来，一一丢入湖中，人们欢呼打闹，如释重负，原来庄严肃穆的场面顿时活跃起来。

天香烧完了，小孩们成群地在火堆的余烬中跳来跳去，玩耍嬉戏，简直成了儿童的世界。大人们则准备张罗晚餐——全村的野外聚餐。

夕阳的余晖洒在湖边沙滩祭场上，人们三一堆、五一堆开始了丰盛的晚餐。整个仪式至此结束。

在摩梭人的宗教观念里，渗透着人与自然一体的宇宙观，从而产生了一系列自然崇拜的宗教仪式及宗教禁忌，“捡拉依”就是最典型的祭祀仪式。此外，每月逢五（初五、十五、二十五）的绕山和祭山，每日的转经（转村口或村中央的嘛呢堆），人们都要口诵天下圣山的山神，祈其护佑人畜平安、庄稼丰收。惟其如此，昔日的土司习惯法中有相当一部分对森林、草场的严格管理方式，对生态保护起了积极作用。同时民间也有诸多对山、水、树的宗教禁忌，如神山上的树、水源树、千年古树、罐罐山（装骨灰罐的山）上的树、幼树等都不能砍，认为砍了会伤害着自己。“文革”时领导安排去砍，有的被派去的人在砍伐前恭恭敬敬地对树说：“不是我故意来砍你的，是领导叫我来砍的。”砍了以后就用松毛把树桩盖住，怕天神看见了会来惩罚自己。

从上述事例中，我们不难看出宗教在摩梭社会中所占的分量。可以这样说：宗教是摩梭人精神生活的重要组成部分，一个人的一生——生老病死、起居往来，都与宗教结下了不解之缘；一个家族、家庭的兴衰，乃至农牧猎的丰歉，人们都把它与宗教相联系；节日与习俗，更与宗教相融……总之，在这里，宗教具有无比的魅力，是人们一种强大的精神力量。

值得提出的是，女神的地位在宗教系统中也逐渐下降，形成了神系中男女互位的现象。据杨学政的研究，永宁境内的阿沙男山神，被摩梭人奉为格姆女神的情侣，藏传佛教传入后演变为藏传佛教神——男人的保护神，并居于统治女神的大男神地位，当地的藏传佛教活佛及永宁土司都亲自向阿沙男山神烧香祭拜[1]。这就从根本上改变了神的主从关系，同时把女神的形象也翻了个个。在现实生活中出现的一些性别不平等现象，如在宗教场合对妇女施加的一些禁忌，不能不认为与此无关。在摩梭人的原传说中，格姆女神司管着摩梭妇女的生育和疾病，并能保佑当地人畜繁衍、谷物丰产、风调雨顺。在民间格姆女神是美好和崇高的，每年农历七月二十五日的转山节，就是人们朝拜这位女神的盛大节日。届时，永宁坝的摩梭人身着盛装、带上丰盛的食品，到格姆山烧香祈祷、朝拜女神，进行野餐，举行对歌、赛马等活动，热闹异常，因为人们把女神当成这一地区的保护神。更有意味的是，喇嘛们也前来进行佛事活动，祈神佛帮助女神保佑此一地区人畜平安、庄稼丰收。显然宗教与民俗又融为一体，喇嘛教与女神崇拜并行不悖，乃至合而为一，与神系中的男女互位现象形成鲜明的对比。

随着改革开放、经济发展，摩梭人的宗教信仰并未减弱，有的方面还呈发展的趋势，尤其是藏传佛教，其寺庙建筑、家庭经堂布置更趋辉煌，佛事活动更趋隆重和盛大，民间的祭献更趋丰厚，除了宗教因素外，与人民生活水平的提高有关。在一些盛大的佛事活动中，也注入了商品交易的内容，如群众在寺院跳神场附近摆摊设点，进行骡马、百货交易等。一些现代手段也被用在佛事上，如用收录机录放经书等。我也曾亲临现场，见年轻人一边涂画经堂的莲花、海螺等神圣图像，一边顿足唱流行歌曲的场面。

总的印象是，人们对宗教的笃信和虔诚仍然存在，但新老两代人已有程度上的差异。如果说老一代人的信仰显得深沉和质朴的话，那么新一代人更有挚著而又灵活的感觉。喇嘛教作为人们的一种精神支柱，在摩梭社会中起着它的作用。

习惯法与法律

历史上摩梭社会没有成文的法律，只有习惯法，用以调节和规范人们

① 杨学政.《藏族、纳西族、普米族的藏传佛教》1版．昆明：云南人民出版社，1994：223～224页．

的行为方式，所以在摩梭社区中，一些社会习惯具有法律效力的作用，这在我国许多少数民族地区是常见的。如昔日凉山彝族的习惯法规定：1. 同一家族内部不能抢劫与盗窃，违背须重罚或按失物原价若干倍赔偿。如偷公羊一只赔11只，偷母羊一只赔12只，偷猪按百只赔偿，牛马偷一赔二等，偷鸡最可耻，发现后众人唾弃，应羞愧自杀。2. 同一家族内部伤人致死者必须抵命或被开除出家族。3. 除了严格奉行家支外婚、姨表不婚的原则外，还不能与幼女发生性关系，若有发生，要将男方处死。4. 拐骗本家族及娶来的妇女外卖或姘居，要被全家族及娶进的媳妇杀鸡狗咒骂，并将当事人处死。5. 男子不能打妇女，丈夫不能把妻子打出血，妻子不能抓丈夫的头发，否则要向对方赔礼①。其他如傈僳族、佤族、景颇族等，都曾有过自己的习惯法。若有违反者，将会受到惩处。

永宁摩梭社会在民主改革前为封建领主制，其最高统治者是阿氏土司，土司有一套较为完备的习惯法，被称为“土司法”。“土司法”主要包括土地、畜牧、狩猎、财产、礼仪等，其主要内容如下：

土地归土司所有。归农民或农奴占有的土地虽可以租佃和抵押，但禁止买卖，死绝户的土地，则由土司收回。土地在秋收之后到次年四月前可以作牧场放牧，五月以后则禁止放牧。

山场：分牧场、柴林（柴山）和禁林（神山）三种，牧场分封各斯沛；柴林按摩梭、彝族、普米族等划分，若越界砍柴，则罚酒一坛、羊一只、茶两筒；禁林有格姆山等八处，侵犯者罚款、降等级，火烧者罚牛一头等。

到山上采集火草②，要土司采过三天后百姓才能采集，违者降人身等级。

狩猎：猎到珍贵野兽，如虎、豹、马鹿、獐子等，要作为贡物归土司，违者给予处分。

对盗窃者视情况处以责打、罚款、监禁等，如偷鸡者罚半开五元，偷粮食者罚半开十元，偷猪者罚半开二十元，偷马者罚半开四十至

① 高发元主编 .《中国少数民族道德概览》1版 . 昆明：云南民族出版社，1992：第200～201页 .

② 一种叶片植物，叶背白色，纤维可与麻纤维一起作纺织原料。

五十元等。

土司法尚无死刑的规定，如犯杀人罪，则抄没全家财产，终身监禁杀人犯。

在分家方面，若系姐妹分家，封建份地、耕畜和房屋等财产一律留在母家；若为兄弟分家，上述财产可以平分。

在礼仪方面，百姓见土司必须回避、磕头，解开包头巾；见土司以外的斯沛及斯沛妇女，必须让路，站在路旁。

禁止百姓穿黄、紫红、灰色和缎子衣服，禁止穿带衣领的服装，禁止戴金戒指或耳环①。此外，还有禁止种稻，禁止出远门等。

显然，土司法鲜明地反映了统治阶级的利益，它是为维护封建土司所有制及其统治服务的，同时也反映了等级及性别的不平等。在人民没有任何权利的当时，“法”的衡定与度量，当然只属于统治者，以下事例便是很好的证明：

阿布村的阿布扎石，因不注意——见到土司未脱包头布，受土司痛打并罚款。

开基格瓦的叔夫那尔布，因醉酒后眼花，问土司是谁，遭土司毒打一顿并罚半开十元。

开基木瓦的阿抬梅之马布池尔，因穿金花红缎子衣服，被降为俄（奴），后用半开五十元赎身。

皮匠街的尼阿之马因穿灰布裙子，被降为俄等级、监禁三天、罚半开五十元。

开基格瓦的阿尼阿那先于土司采集火草，被人告发，结果被监禁十五天、罚半开一百元②。

“普天之下，莫非王土”，永宁这一方的土地，山林、牧场全为土司所有，这块土地上的人民，全为土司之子民及奴隶，故执法者自然为土司及其统治系统。其执法范围及层次如下：

① 以上参见《宁蒗彝族自治县纳西族社会及家庭形态调查（宁蒗县纳西族家庭婚姻调查之一）》1版．昆明：云南人民出版社，1986：37～38页．

② 《宁蒗彝族自治县纳西族社会及家庭形态调查（宁蒗县纳西族家庭婚姻调查之一）》1版．昆明：云南人民出版社，1987：39页．

杀人、械斗等大案件由土司亲自处理，总管和把事协理；

盗窃、打人等由总管和把事处理；

一般性的盗窃和纠纷由伙头处理。

土司署设有监狱，分黑监、白监二种，重罪关黑监，轻罪关白监，由世袭的十二家看守轮流看监狱①。

在阶级社会，法律本身就是体现统治阶级意志的，它是上层建筑的重要组成部分。“土司法”虽未成文，但它具有法律效力，是土司实行阶级专政的一个重要工具，也是土司强制执行的行为规则。当然在规范集体与个人、规范百姓间关系及行为的某些方面，如分区域砍柴、不能斗殴、不能偷盗、不能在未收割时在田地里放牧等，对维护社会公德及良好的社会秩序，还是有积极作用的。

应说明的是，以上所引资料皆收集于突出“阶级斗争”的那些年代，未免在观察事物时带有时代特征，据后来的调查及资料显示，土司习惯法中也包含了一些积极的、合理的、体现摩梭文化特质的内容，如在自然资源的管理方面，规定每年五至八月份，任何人都不准到山上砍活树，打房板和砍竹子；提倡人们种树和保护山林、砍柴砍干不砍湿；对毁林开荒和烧山进行严厉惩处等。对犯罪的百姓无死刑规定，这也体现了一定程度的宽松。

此外，民间还有一些约定俗成的道德规范，如在婚姻规范方面的同家族不走婚、血亲不走婚；社会道德方面的尊老爱幼、团结和睦、相互帮助等，同样起着规范人们行为的作用，但它只是作为一种道德约束，违者有舆论压力，但无法律效力和法律约束。然而这些道德规范，反映了摩梭人的价值取向和行为准则，有广泛的群众基础，成为摩梭优良的道德传统。由于有这些优良传统，摩梭人特别注重社会道德，所以很少有纠纷发生，乃至今天我们在调查中问到若发生纠纷时找谁解决，几乎人们都回答，我们没有与谁发生过纠纷。当然在价值观念正在变化的当今，在一些人中不可能不发生纠纷。

① 《宁蒗彝族自治县纳西族社会及家庭形态调查（宁蒗县纳西族家庭婚姻调查之一）》1版．昆明：云南人民出版社，1987：38页．

昔日，百姓犯了“土司法”，由土司及其统治系统解决。今天，土司统治已经废除四十多年，摩梭地区与其他民族地区一样，执行国家制定的政策法令，同时还有自治条例。在《宁蒗彝族自治县自治条例》中，就明确提出尊重摩梭人的婚姻和家庭形式，这就在法律上保证了摩梭人现行的母系家庭及走婚的合法性，结束了强迫他们“进步”到夫妻小家庭的历史。至于今后他们要采取何种婚姻及家庭形式，这全由他们自己根据个人或家庭的意愿来决定。

我们在永宁法庭查到了1988年至1996年的案件登记，涉及摩梭的主要是离婚、债务、家庭纠纷等内容，其中离婚案件占76.1%，而离婚案件中主要是行父系制的拉伯摩梭及与他族结婚者，案件的处理结果，也基本上以调解作结者多。

表2—20　永宁法庭民事案件处理情况一览表

年度	件数		案由	处理结果
	合计（件）	其中摩梭（件）		
1988	13	4	离婚4	撤诉1、调合1、调离2
1989	8	4	离婚4	全部调离
1990	8	2	离婚1、债务1	调合1、调解1
1991	13	7	离婚2、债务4、抚养1	离婚：判离1、调离1；债务：判决1、调处3；抚养：调处
1992	19	5	离婚4、债务1	离婚：调合2、调离2；债务：未果
1993	15	8	离婚5、家庭纠纷1、债务1、抚养1	除离婚判离1、调离4、抚养调处外，余为调解
1994	13	6	离婚5、赔偿1	全部调离、调处
1995	14	4	离婚4	调合3、撤诉1
1996	15	7	离婚6、侵权赔偿1	调查时尚未结案
总计	118	47	离婚35、债务7、抚养2、侵权1、家庭纠纷1、赔偿1	

据1995年底的统计，永宁乡总人口16400人，其中摩梭6160人，占了

总人口的38%，而民事案件9年累计占总案件的39.83%。较之汉族案件，有着明显的区别：在家庭内部，汉族有赡养、虐待等案件，摩梭则无；经济纠纷汉族有，摩梭则无。这与他们的家庭制度及经济发展水平有关。另外其他民族中出现的财产纠纷、重婚等案件，摩梭也没有发生，同样与其家庭、婚姻制度及道德规范有关。因为母系家庭走婚及崇尚谦让、和睦，避免了此类情况的出现。随着经济的发展，有了一些变化。如1998年6月我们到永宁派出所了解到全乡刑事案件中盗窃案件占45%，然而，摩梭几乎没有盗窃案件，而打架斗殴伤害案件却较多，原因主要是：1. 由于界线不明确，引起与外来民族的山林、土地、水源纠纷；2. 与外民族成婚的婚姻纠纷，比如嫁出去的女儿受男人欺负，其弟兄就认为不尊重自己、欺负了自己的姐妹，于是就会发生殴打事件。看来除了实际问题外，文化冲突也是原因之一。

表2—21 永宁法庭1988～1996年民事案件处理及各民族所占比重表

民族	件数（件）	%	案由	处理结果
纳西摩梭人	47	39.83	（1）离婚（2）债务（3）抚养（4）家庭纠纷	（1）撤诉、调合、调离（2）调解、调处、判决、调处（3）调解
汉	37	31.36	（1）离婚（2）经济纠纷（3）赡养（4）债务（5）虐待（6）赔偿	（1）撤诉、调离（2）调解（3）调处（4）调处（5）未结案（6）调处
普米	9	7.62	（1）离婚（2）经济纠纷（3）财产纠纷	（1）调合、调离（2）调处（3）调解
彝	5	4.24	（1）离婚（2）重婚	（1）调离、撤诉（2）判刑
藏	1	0.85	人身损害赔偿	尚未结案
壮	5	4.24	离婚	调合、撤诉
其他	14	11.86	（1）离婚（2）劳务纠纷（3）债务（4）鱼塘纠纷（5）赔偿	（1）撤诉、调离（2）调解（3）调处（4）未决（5）判决
合计	118	100		

上表可看出各个民族的案件中离婚的比重最大，其原因与永宁法庭的工作职责范围有关。据法庭庭长阮奥智的介绍，永宁法庭主要处理民事案件及轻微的刑事案件如虐待、重婚、伤害赔偿等，其他方面重点的由县里办，一般民事纠纷由乡政府、行政村公所解决，解决不了才送到法庭，一般都以调解结案，而婚姻案件则直接到法庭，故婚姻案件比重大。关于摩梭的离婚案，相当一部分是行父系制地区的，行母系制的则主要是认定事实婚，即固定走婚、有子女、社会公认。因为直至今日，摩梭青年男女多固守传统的走婚习俗：双方自愿、家庭同意即可建立走婚关系，社会也公认这一事实，少有到政府有关部门进行婚姻登记，履行法律手续。但发生了婚姻纠纷，如双方解除走婚关系、子女的抚养问题等，他们也诉诸法庭，通过法庭照法律程序来解决。关于子女的抚养问题，都是由女方提出，因为子女都是随母的。以1991年发生的一起抚养诉讼案为例，我们可以大体了解到一些内幕。现将其整个程序实录如下（隐去姓名）：

案由：抚养

原告：某女（摩梭人，24 岁）

被告：某男（摩梭人，22 岁）

起诉书

宁蒗县永宁人民法庭：

被告：某男，现年 22 岁，摩梭人。

起诉原因：被告以走婚形式于 1990 年 7 月 2 日和我同居过夫妻生活，同年 7 月 6 日才见我父母，当时他所带给我父母的礼物是春城烟 2 条、五加白酒 1 瓶、四方茶 1 筒。就这样我俩过了一段夫妻生活。当我怀孕 6 个月后，有一天晚上在永宁电影院某男提出要我去医院打胎，我不同意打。从那以后他仅在摩梭人过小年到过我家一次，就这样丢下我不管。当我生女孩 2 个月半后我才去找他到永宁行政村向上级要求解决，经永宁行政村有关领导解决后，某男同意离婚，同时承认小女孩是他的，并愿意承担小女孩的抚养费，一直抚养到 18 岁，每月抚养费是 16 元，18 年共计人民币叁仟肆佰伍拾陆元（3456 元）。经永宁行政村将此情况提交永宁人民法庭断案时由某男一次交清给我。但是时间已经过了一个月，问题仍没有得到解决。

我生小孩身体虚弱染上痢疾，住院治疗一个星期，共交医疗费 230 元。在这期间某男根本不管我的死活，不看望自己的孩子，他做（作）为一个男人没有人性，他煌（毁）了我的青春，既然他能做得出，我只好奉陪到底。请有关部门及时解决将抚养（费）由某男一次交清。等抚养费交到法庭后，离婚即日生效，否则一切后果由某男负责。

此呈

起诉人　某女

一九九一年七月十三日

永宁行政村 *** 村

宁蒗县人民法院

受理案件通知书

（91）宁法民字第 5 号

某女：

我院已接到你单位一九九一年七月十三日诉某男抚养子女的起诉状，经审查，符合《中华人民共和国民事诉讼法（试行）》规定的受理条件，我院决定立案审理。现将有关事宜通知如下：

（略）

（“送达回证”有某女签收手印）

七月二十日

宁蒗县人民法院

出庭通知书

某女：

我院受理你诉某男抚养子女一案，现决定于一九九一年七月二十三日上午十时三十分在永宁法庭开庭审理，特此通知。请准时出庭。

此致

某女

宁蒗县人民法院

书记员 沈光清

（盖章：宁蒗彝族自治县人民法院永宁人民法庭）

一九九一年七月二十日

（某女的签收签字及手印）

宁蒗县人民法院

应诉通知书

（91）宁法民字第5号

某男：

我院决定受理某女诉你抚养子女一案，现将原告的起诉状副本送给你们，并将有关事项通知如下：

（略）

一九九一年七月二十日

（有某男的签收手印）

询问记录

时间：1991年7月23日上午

地点：永宁法庭

询问：阮奥智

记录：沈光清

略（对当事人双方的询问笔录）

宁蒗彝族自治县人民法院永宁法庭

民事调解书

（91）宁法民字第5号

原告：某女，24岁，摩梭人，现住***（省去村名——转抄者）

被告：某男，22岁，摩梭人，现住***

上列当事人间，因抚养发生争执，由某女诉到本庭，经本庭调查调解后，双方自愿达成协议如下：

一、**（小孩）由某女负责抚养，某男每月付抚养费 7 元，每年 84 元，从一九九一年起至二〇〇七年止（共计 16 年，总合 1344 元）；

二、一九九一年至九二年两年的抚养费由某男在一九九一年七月二十六日前付清；

三、一九九三年起，每半年付一次抚养费（142.00 元）至 ** 到 16 岁止；

四、诉讼费未收。

此调解书与判决书具有同等的法律效力，双方必须自觉遵守。

一九九一年七月二十三日调解成立（盖法庭公章）

永宁人民法庭

审判员　阮奥智

书记员　沈光清

一九九一年七月二十三日

调解书分送 2 当事人（某女手印，某男签字）[1]。

俨然，这是严格按法律程序进行的一桩抚养民事纠纷调解案件，它从一个侧面反映了摩梭人法律观念的加强，尤其是摩梭妇女能用法律来保护自己，这是个划时代的观念转变，它与土司时代土司法的执行，以土司及其统治系统主宰量刑、量罚相较，不可同日而语。同时，就摩梭人自身的观念来看，也是个大进步。1987年，我们到永宁时曾听到过这样一件事：泥鳅沟上下村一对男女青年建立了走婚关系，男青年在女方怀孕时又另有所爱，引起了女方的怨愤，也遭到了乡人的谴责，于是另一女青年虽然爱该男青年，但不敢公开接待他。七年之后，孩子已满六岁，在村里老人的裁决下，男方被罚育子费200元，才结束了与原走婚配偶的婚姻关系。可见那时的婚姻纠纷主要仍按传统请老人裁决。当时我们到永宁法庭调查，

① 引用的案情表格及本案例皆取得永宁法庭同意公开发表。

从1981年开庭至1987年，七年间仅有12件摩梭人的婚姻案件，主要是行父系制地区拉伯的案件，十年后的今天，婚姻案件却占了摩梭民事案件的首位，这不能不说是个大的变化。这种变化，至少说明了以下两点：

第一，摩梭人从传统习惯法的约束走向以国家法律为准绳，来维护自身的权利，法意识提高了。

第二，个人参与诉讼，本身就说明行使了公民的诉讼权利，不管诉讼主体是否意识到。尤其女性作为原告提起诉讼，这不能不说是种超越、是一种可喜的自我意识的觉醒。

值得一提的是，永宁法庭在处理民事案件时的执法、宣传法的工作方法及工作态度，以及诉讼人的配合和宽容。我们亲自旁听了一桩婚姻案件：女方是汉族、男为摩梭人，两人同居，女的怀孕引产后双方发生矛盾，村里调解不了，就上诉到法庭。

在法庭草坪上，庭长、记录员和当事人双方坐成一圆圈，庭长宣布开始后，先由起诉方陈述起诉原因，再由被起诉方谈理由，中间庭长不断向他们解释法律的有关条款，以商量的气氛，大家按法律求统一。最后以调解结案：解除同居关系，男方付女方引产时的医疗费1/2，因过错是双方造成的。诉讼费由男方出。结果两家人都满意地接受了此调解，双方言和，都争出诉讼费，还高兴地给法庭各送两瓶酒，以示谢意。酒，法庭要退回，但留下了化仇为和的好事。事后，我们问庭长为何气氛会那样好？这位摩梭汉子的回答是：他们不懂法，要向他们解释，讲过了，他们才心中有数。我们这里民族多，工作要做细，双方握手言和，也就没后事了。

从土司执行习惯法的严酷，到永宁法庭法官们的耐心细致，对摩梭人来讲，的确体现了两个不同的时代，即从奴隶到主人的时代。同时，也是他们由受制到自主的具体体现。

从土司习惯法到国家法律，摩梭地区经历了时代的跳跃，摩梭人经历了社会地位的变化。

习惯法中有些好的部分，今天也以新的形式沿袭下来了。比如秋收后到春耕前的田间放牧，现在采取由村里出布告，规定统一的收割时间（大约10天至半个月），以免收割晚了遭牲畜践踏。我们1996年的那次调查，正值秋收时节，亲眼看见永宁行政村贴出的有关收割时间的告示，同时也亲身经历了农民们一户户、一村村一起出动收割的热闹场景。平静村村长告诉我们，摩梭有游牧传统——“抓火膘”的习惯，即催膘的习惯。这里无草场，秋收后稻草、包谷杆等运走后还留下桩桩（砍得较高），正可作为饲草，所以田野成了牧场。这样，整个永宁坝几乎都在差不多同一段时间内收割。一片片收割完的田野，一群群的牛马，成了永宁一景。因为收割完后，天一亮人们就把牲畜赶出去，直到天擦黑才赶回家。秋收后饲料、饲草丰富而充裕，加上田野成了天然牧场，经过这一冬的催膘，到来年春耕时，牛马也就肥壮了。

至于民间的分家，男女一视同仁。一旦母系大家庭因人口过多或其他原因需要分家时，经全家商量决定，并确定所分出的人口后，就由大家庭先起好房子（有的要提前几年，有的则时间短一些），在分出的人正式搬出老屋时，无论男女，都要带走生产生活用品以及自己分内的承包地①，不像有的地区和民族中在财产资源分配上所体现出的男尊女卑现象。分家以后，老屋新屋的人仍以一家人相处，平时的生产劳动、大小事务多共同进行，节日喜庆及红白大事更融为一体。当然，其中少数因成员不睦而导致分家者，联系就疏一些。但无论哪种情况，分家中土地及财产资源的分配是两性平等的，分家以后在资源的利用及管理上，两性也都有相同的权利。譬如在土地利用方面，作物的种植、种类和收获后的处理，成年男女一起商量决定，由当家的“达布”具体安排，而非个人独断。这一习惯，一直沿袭至今。

追踪土司家族

民主改革前，阿氏土司家族是永宁的统治者，他们享有至高的社会地位和优裕的生活条件，并实行父系制婚姻家庭。经过民主改革，他们失去了原来的社会地位和经济条件，失去了土地、奴婢、牲畜，由剥削者变为自食其力者。20世纪60年代中期，他们中不少人被关进监狱，“文化大革命”

① 同村才做得到土地随人。

中又受到了进一步的冲击。经历了几十年的沧桑之后，他们的后代们究竟怎样呢？我们于1987、1993年至1996年作了追踪调查。

先从第25任土司阿占科一系说起（见本书第一编《阿氏土司谱系》）。阿占科有四子二女，他中年而逝，长子阿民翰承袭土司职。阿民翰有一妻二妾，正妻梭娜系八旗村斯沛家女；一妾系藏家女，早逝，无子女；另一妾为活佛姐姐茨尔独玛，亦无子女，1953年去世[①]，对于她，罗桑益世活佛[②]有这样的回忆：

> 姐姐叫泽里独玛（即茨尔独玛——引者），出生于1928年。她五官端正，忠厚老实，性情温和，和母亲非常相似。虽然出身于总管家庭，但她从来不以贵女自居，心慈好善，穿着一般。从小参加家务劳动。她是我从小尊敬的家庭成员之一。
>
> 姐姐举行“成丁礼”三年后，刚满16岁，总管家族出于政治需要，维持与土司家的姻亲关系，不顾姐姐反对，由哥哥阿少云作主，将她嫁给了永宁阿氏最后一任土司阿民翰为妾……[③]

因无子女，正妻梭娜过继了陈把事家一女孩，名叫高若。高若走婚，无子女。民主改革时阿民翰家房子被没收，遂从土司家中分出另住，并带上陈把事家一女孩小梭娜为养女。这样，大梭娜、高若、小梭娜三人组成了一家，阿民翰则已于1947年去世。小梭娜长大后，招赘阿民柱走婚所生之子。现这个家庭共3代6口人：高若、小梭娜夫妇及他们的二子一女，阿民翰妻大梭娜已经去世。这个家庭中男主人（小梭娜丈夫），是退休工人，他们的次子当喇嘛已赴印度，女儿上中学，长子及小梭娜、高若在家当农民。他们已盖起了新房，生活过得还不错。

阿占科次子阿民奇，承袭扎美寺堪布职，无嗣，已逝。

---

① 阿土司后裔拉窝咪·给若提供，罗桑益世活佛回忆录中则说1948年10月7日去世。

② 罗桑益世活佛：摩梭人中的第一位活佛，也是地位最高、最有威望的摩梭活佛，曾长期在西藏拉萨哲蚌寺习经，以后主持扎美寺，他出身于永宁摩梭土司署总管家庭。

③ 《女儿国诞生的活佛——罗桑益世活佛回忆录》1版．昆明：云南民族出版社，1995：27～28页．“成丁礼”的提法笔者认为不确，应为“成年礼”，因为此礼仪男女皆行。

阿占科第三子阿民柱，于长兄阿民翰死后袭土司职，为第27任土司，也是最后一任土司。阿民柱娶俄等级女拉窝咪·丹史独玛，生有一子一女，子拉窝咪·给若，与妹妹茨尔及茨尔的子女生活在一个家庭里，他们已改从母姓拉窝咪，但汉名仍姓阿。这个家庭的结构及婚姻情况是：

- 阿民柱（土司，夫，已逝）—拉窝咪·丹史独玛（妻，已逝）
  - 拉窝咪·给若（男，走婚）
  - 拉窝咪·茨尔（女，走婚）
    - 茨尔独支（男，走婚）
    - 鲁若平措（男，走婚）
    - 梭娜独玛（女，走婚）
      - 丹史（男）
      - 独支（男）
    - 匹措独玛（女）

这已是个农民家庭，且已变为一个母系家庭，一家3代8口人，所有成年男女皆走婚，已改变了土司的父系家庭传统。给若是土司的正宗后裔，土司嫡系按父系计他是惟一的继承人。他初中毕业后返乡当农民，在政治运动中受到冲击，1985年阿民柱平反后，1986年他当上了县政协委员，现仍任此职，平时就在家劳动当农民。下面是他给我们讲述的关于他的家世及他的经历：

我父亲阿民柱是土司阿民翰的弟弟，老三，阿民翰死后我父亲顶（替）土司，因为老二是喇嘛——堪布。解放后我父亲当第一届县政协委员、人民委员，一直在县上，1958年以历史反革命罪劳改，1961年病死于省监狱。我父亲过去曾在昆明南箐中学读书，与龙云有关系。阿民翰没有子女，堪布也没有子女，土司直系只剩我一个人了。

解放初期我被送到丽江中学民族班读书，1955年毕业，当时已决定把我及两个同学保送到高中、直至大学，后因家中衰败，没有劳动力，我就回来了。第二年（1956年）发生叛乱时我赶马去了，到丽江、华坪、永胜、中甸，赶了两年，人民公社成立了，我在生产队挣工分，“文化大革命”中被批斗。我现在只有两兄妹。

我父亲没当土司时，分出一院房子单独住。生了我以后我父母才结婚，我想可能是试试我母亲是否会生娃娃，我两三岁时才大办婚事。本来我母亲还可以生的，但到了土司家以后就抽大烟，没有生育了，39岁就死了。

土司阿民翰死后，兄死弟承，我父亲当了土司，土司住土司府，我们就搬到土司府，原来的房子卖给了大生意人娜珠·丹史。1956年以后土司府房子被没收，我们就在外婆家住，外婆家无人，我妹妹原来就在外婆家。“文化大革命”中外婆家被补划为富农，我们又被赶到尤咪瓦（村名）住了14年。1983年落实政策，我们又回来住外婆家。1985年父亲平反，得了400元抚恤金。1986年我当了县政协委员，直至现在。中间当了5年政协常委。我是农民，得了三年的生活补助。

到我们这一代都走婚，因怕影响儿女，我从1962年开始走婚，有二个女儿、一个儿子，“文化大革命”中强迫实行一夫一妻制，像我这样成分不好，怕影响他们家，他们家是贫农，也不愿被牵连，就这样分手了。感情是好的，儿女们也来往的。后来我又找了一个，但无儿女，就“不走”了。现在只我们两兄妹，加上两个侄儿、两个侄女、两个侄孙大家生活在一起。

以上就是末代土司家的情况。末代土司阿民柱还有走婚所生一子，现上门阿民翰养女高若家。他原在公路养护段当工人，现已退休在家。他是阿民柱后代中惟一一个有公职者。

阿占科的长女阿永珍，嫁土司总管家，是总管阿少云同父异母弟、罗桑益世活佛胞兄阿少山之妻，住在下落水村，生有一女二子，长女与次子现为一个家庭。阿永珍、阿少山的家庭结构及婚姻状况是：

- 阿永珍（妻，已逝）
  阿少山（夫，已逝）
  - 小阿永珍（女，56岁，走婚）
    - 阿给若（男，28岁，夫）
      曹丹史（女，24岁，妻）
      - 阿斯若（男，4岁）
      - 阿拉姆（女，1岁）
    - 阿鲁若（男，21岁，走婚）
  - 阿生农（男，48岁）
  - 阿丹史平措（男，走婚）

这个家庭的婚姻结构是：第一代（土司时代）娶妻，第二代（解放后）走婚，第三代（改革开放后）娶妻。这与政治形势有关，解放后的一代，因成分不好，被迫走婚，改革开放后政治环境宽松了，加上家中无女儿，也就顺理成章地结婚娶妻。

阿占科的小女儿给若嫁争波阿子才的弟弟阿子和，是斯沛阶级。生有一子叫茨尔。茨尔原走婚，包产到户后约在1980年与给若玛结成一家，他俩都是40岁出头。给若玛对我们讲："那时我妈妈去世了，茨尔也只有妈妈和他两个人，我们在劳动中相识，茨尔问我：你妈妈不在啦（她父母离异），愿不愿到我家来？我看他这个人老实，就同意了，这样我们就做一家了。当时只有三间泥巴房，一样也没有，我们在1990年卖了三匹马，就盖起了新房子。"不幸的是茨尔害了肝病，但家中无男劳力，只有照样干活。他们的儿子也于五年前害病死了。现在给若与其儿子、儿媳及两个孙女生活在一起，大孙女已到丽江去打工，常带些钱及东西添补家庭。至于给若的丈夫阿子和，1958年时以历史反革命罪被送去劳改，1963年病死于丽江劳改农场。

阿占科二弟阿少符，为扎美寺堪布，娶女奴松巴·嘎吐为妻，无后，两人皆已去世。

阿占科的三弟阿占胜，分封在拖支，为拖支斯沛，由于他很精明、又善于经营商业和畜牧业，所以至解放前已成为土司家族的首富之一（见附件）。解放后阿占胜任县政协委员，1958年以历史反革命罪被判劳改，

1961年病死于丽江劳改队中。他娶陈把事家女为妻，生有二子一女，他们现在都住在拖支西蕃坪，已分成两户：长子扎巴松竹为一户，次子阿丹史及女儿阿永珍为一户；扎巴松竹娶妻，生有二子二女，他本人原为教师，现已退休在家，两个儿子都在上大学，是阿氏家族中现有文化程度最高的一家。他的妻子、女儿、弟弟、妹妹都是农民。扎巴松竹1953年从丽江中学初中毕业后回到家乡，1954年被保送到云南民族学院学习，1955年学习结业后就在宁蒗县文教局工作，1958年被赶回农村，历尽磨难。直到1988年落实政策，他因子女多，要求留在永宁平静完小教书，后在教区当会计，1988年退休回家（见附件）。回家后一面干农活，一面读书，积累了很多当地的历史资料、尤其谙熟阿氏家族情况，现在他是阿氏家族中年长、辈分高的一位长者，也是知识丰富、善于思考的一位长者。

阿占科的大妹娜儿，从土司家中分居另住在开基木瓦，过着走婚生活，生有三子二女，长子及长女皆早逝，次子当喇嘛，次女永珍走婚，生有二子，长子阿妥底先走婚，后与阿纳结成一家，生有二女一子；次子车达都当喇嘛。现在这个家庭由阿纳及其子女、孙女、夫弟组成，一家三代六口人，娜儿及阿妥底（阿纳之丈夫）已去世。他们都是农民。

阿占科的二妹甲玛，从土司家分居出来住在拖支，先走婚，后招一藏族活佛为夫，加上走婚生的一子一女，计有四子二女，其家庭结构及婚姻状况如下表：

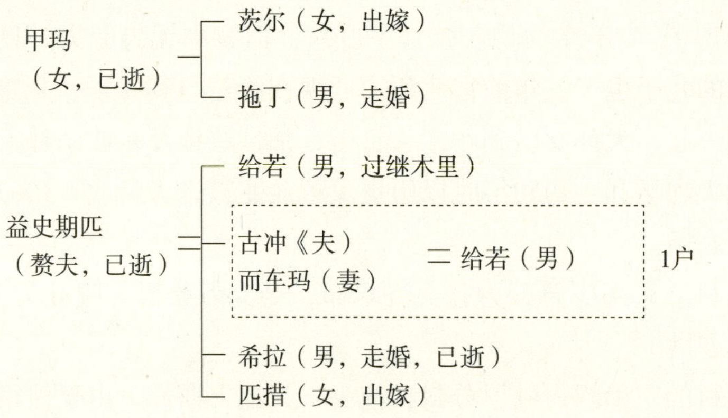

关于她家的情况，甲玛的第三子古冲向我们作了如下介绍：

父亲在1948年左右去世，父亲去世前我们一起住喇嘛寺，父亲死后迁至日月坪，是用八两金子向二舅阿少符买的，金子是木里的哥哥寄来的。我母亲从土司家分出来，因为是女的，只分家产、田地、家奴，不分佃奴（即分居奴——引者），所以当时家里有7匹骡马，10多20头猪，家产有10多驮，搬了两三天，田地全在河边，是较好的一大片，家奴有10来个。主要生活来源是靠收租，自己种少部分田地。我家经济情况在阿氏家族中算中等。1958年被没收，全家搬至拉丁古，隔了七年，又迁至拖支。“文化大革命”中家破人亡，母亲、弟弟都死于“文化大革命”，我们家分散了。妹妹出嫁了，我就与外侄匹初丹史住一家，因姐夫死后由我们抚养大，后来我出来了，住在开基亲戚家，编篮子、找雪茶、挖药材、烧石灰等，交给合作社定工分，1981年来这里安家①。

我1955年在丽江中学民族班毕业后，1956年到云南民族学院学习，1957年被撵回家，直到1983年平反我一直在农村劳动。1983年平反后我又恢复工作，在县政协工作至1992年退休，还当了县政协委员，现每月领500多元退休金。

我们去采访时，得知他独生儿子给若才13岁，而他本人已62岁，儿子在上学，老伴务农，一家三口生活还不错。

阿占科最小的妹妹阿若纳卡，与老总管阿云山走婚，后正式出嫁，生了三个孩子，二男一女：长子阿少云，即后来的总管；次子茨尔娶阿子才之妹丹史独玛，无子女；女儿梭娜走婚，生有二女，长女茨尔、次女高若，姐妹共招四川盐源前所人阿丕措上门为赘夫，皆无子女。至于老总管阿云山，是位很杰出的人物，美国学者洛克对他有这样的描述：

老总管总是忙碌的，他憎恶任何抽鸦片的人，对这样的人从无一句好话。当云南政府1931年发出强迫种鸦片的命令时，激

① 指现住的纳哈瓦村。

起了他的义愤。……邻近的四川土司和他领土东南的蒗蕖土司一遇到困难就要求他帮助，因为他的正义感和不可谴责的品质，大大地受到尊敬。他于民国二十二年五月初二（1933 年 7 月 20 日）逝世，不但是永宁和云南的损失，而且也是所有穷人、受困难的土司和他近邻们的损失，因为他常常替他们担担子。①

洛克对阿云山的评价很高。的确他是历任总管中出类拔萃者。他在任期间理顺了土司和本民族及外民族之间的关系，大力倡导藏传佛教，规定永宁摩梭人家有两个儿子的必须有一个当喇嘛，家家必建经堂等，并掀起一股进藏热，使藏传佛教更加渗入到社会生活的各个方面。与此同时他大力发展商业贸易，组织永宁马帮外出经商，并动员外地客商前来永宁做生意，等等，对改变永宁闭关自守的封闭状况，起了不可低估的作用。罗桑益世活佛在回忆他父亲阿云山时，谈了很多具体事例，对阿云山的贡献及人品作了这样的概括：

父亲是土司近亲，后来又继任永宁总管，由于他豁达大度，主持正义，办事机智果断，使永宁土知府衰败的局面有了改变，因此他的声望无论在永宁、蒗蕖或在四川的木里、盐源，乃至西藏都很高。经济上，由于他曾经组织过马帮，会做生意，经营有方，有一定经济基础，加之作为土知府每年发给他的各种补助，还有朋友、僧俗群众的布施，在总管家族中可算是富有的，然而他同情贫苦百姓，以慈悲为怀，经常给穷百姓布施。他的个人生活也很简朴，常年吃的是粗茶淡饭，不喝酒，不吸烟，更不抽大烟。出门才穿褚巴（即楚巴，藏装之一——引者），在家都是穿粗布长衫。②

① 洛克.《中国西南古纳西王国》. 云南大学历史所民族组油印本，1976.

② 《女儿国诞生的活佛——罗桑益世活佛回忆录》1版. 昆明：云南民族出版社，1995：12、13页.

阿云山死后，由他的长子阿批独支即阿少云继任永宁总管，据洛克在《中国西南古纳西王国》一书中的记述，这是“他父亲选择的，曾经在很多场合代表他父亲参加”。罗桑益世活佛回忆录中也这样叙述了阿少云继任总管的经过：“哥哥阿少云原来同父亲住忠实土司阿格南卡家，因达坡总管家儿子不成器，无能继承总管家业，所以总管家族和父亲做出了决定，要他入赘达坡总管家，嫂嫂名叫松娜。后来又娶了奴婢彦色·偏（扁）玛、丽江大研镇纳西族妇女黄春荣为妾。”又据土司后裔扎巴松竹的介绍：

> 从历史上看，永宁土司世袭，总管与把事不是世袭，是土司任命、帮助土司管理的官职，历史上有两任不是阿氏家族的，一是旦氏总管，一是日氏总管，都在现在的忠实村。只要有能力、才干，土司可以赋给总管职权。到了近代，因为阿少云的父亲阿云山，与我（扎巴松竹）的祖母是兄妹，我祖母人很聪明，又主观，我祖父（第24任土司阿应瑞）是个十分憨厚的人。阿云山有才干，又狡猾。祖父到拖甸、加泽等地闲逛，祖母掌了土司家大权，阿云山兄妹把土司全部权力抓在手，总管权力大就从这里开始。后来阿云山就把土司全部职权管下来了。我祖父还在年轻时，阿占科就长大了，让阿占科袭职好像没办过手续，阿占科属狗，三十四五岁就死掉了。接着掌权的是阿民翰。此时阿少云已当了总管，阿民翰又是老实人，不会理财，阿少云帮他理、支持他。他是阿少云的妹夫，当时很多事情都是阿少云去经办的，从才能、手腕上讲，阿民翰都不如阿少云。

从上述介绍看来，这是统治阶级内部的权力之争，土司政权内部的权力、血亲、姻亲互为交织，明争暗斗。但有一点是肯定的，总管父子的才干、谋略远超于三任土司，其政绩、影响也远大于三任土司。

对于阿少云的功绩，扎巴松竹把它归纳为四大方面，现摘录于下：

> 阿少云本人有才能，思想较开朗，他有几大功劳：第一，他对彝族、藏族等强大民族以交朋友方式沟通关系，所以历史上我

们没与彝、藏等族打过仗。第二，他跟人家讲和、讲友善，但也不忘充实自己的实力，目的在于武装保卫自己。第三，他对外来民族都比较开放、开明，在我们永宁居住的丽江纳西、汉族、藏族等都是在他这一代大量进来的。第四，他对宁蒗和平解放起了举足轻重的作用。滇西北工委派来的易少白与阿少云是相当要好的朋友，易以私人关系来沟通，带来了滇西工委指示，他拒绝了贺国光[①]要他当边防司令的委任，宣布宁蒗和平解放。当时宁蒗四大黑彝没有一个不听他的话。

扎巴松竹这一番话是较为客观和公正的。阿少云是个杰出人物，他任总管的年代即20世纪30年代中期至40年代末，正是国家多事之秋，斗争相当复杂；也是永宁地区多事之秋，土司阿民翰无力主持土知府内部事务，阿少云承担了解决内部、外部矛盾的重任，他果断巧妙地解决了一连串矛盾，如僧俗矛盾、民族矛盾等，这方面罗桑益世活佛的回忆录中有详细的描述。我们可较全面地了解阿少云的能力和魄力。宁蒗和平解放后，阿少云曾被选为云南省第一届人民代表大会代表、丽江专署政治协商委员会委员、宁蒗县副县长等职。“文化大革命”中被从昆明抓回批斗，死于永宁。

阿少云有一妻三妾，正妻阿可梭娜是达坡总管家女，招赘阿少云（为继任总管职而入赘），无子女。妾彦色·扁玛为俄等级之女子，据她妹妹丹史玛讲，扁玛人才好，被阿少云看中，大老婆死后，阿少云就找了她。扁玛无子女，一直住在阿少云家，解放后随阿少云到昆明住了四年，“文化大革命”中随阿少云回永宁。阿少云死后就回到娘家住（也在达坡），国家每月给她40元生活费，还有口粮。1982年死于娘家。阿少云的小妾黄春荣，是丽江纳西女，生有一女，10来岁即死。黄春荣已于1958年去世。这样，阿少云本人已无后人。阿少云还有一位大妾，是土司阿占科的长女、阿民翰之妹，后又回土司家住，无子女，早逝。

再说老总管阿云山（见本书第一编《阿氏土司谱系》），曾先后娶过两

---

① 国民党西昌行辕主任兼警备司令。

个妻子，正妻阿若南卡系土司近亲女，生有三男一女，阿少云为其所生。阿若南卡死后，又娶了俄等级的女子格则·永玛，生有二男一女，长子阿少山娶土司女阿永珍。次子为罗桑益世活佛，女儿直玛嫁土司阿民翰为妾，无子女。

现在，老总管家只有阿少山的子女及孙辈一户、还有罗桑益世活佛一人。

至此，土司家族及主要近亲的现状已大致理出。据了解，从阿恒芳（第23任土司）那一代起计算，阿氏共分衍出如下几支：

忠实村土司家
开基村二老爷家
拖支村三老爷家
达坡村总管家（分出一支为争波阿子才家）
八株村阿家（已理不出，估计在阿恒芳那代分出）[①]

从上述追踪到的资料，可看出以下两点：

第一，新中国建立后，随着民主改革、政权更迭，土司家族已失去了往日的统治地位及经济地位，结束了摩梭历史上长达数百年的封建领主制度，其家族成员以平民的身份，成为自食其力的劳动者。在政治运动中不少人曾受到冲击，但在粉碎“四人帮”以后，得到了平反，并落实了有关政策，有代表性的人物，都当上了县政协委员，其他成员也都享受着平等的权利，生活好转了，政治阴云也没有了。他们已从封建领主阶级成员变为劳动人民。

第二，随着民主改革，身份的改变，土司家族成员的家庭婚姻已平民化，从形式上看，既有父系制，又有母系制家庭；既有嫁娶婚，也有走婚。从通婚范围看，已突破了等级内婚的制约，通婚范围广泛了，且几大家族联姻的现象已逐步减少。另方面，由于政治、经济、观念等原因，在某一段时期有回溯现象，但这已不是原来意义上的政治联姻，而是“成分不好”的限制，只能在本阶级内解决婚姻问题。

① 本节所用资料除注明者外，为拉窝咪·给若提供。

随着岁月的流逝，当年的土司、总管等上层的后代，其生活已经平民化。他们中的年长者，正好出生并成长于中国社会革命、新旧交替的年代，起起落落是他们的生活轨迹。他们中的男人们，不少人受过初中以上的汉文化教育，又都受过冲击，所以一般显得谨小慎微而又自尊心强，对世态炎凉采取淡泊的心态。然而对子女的素质教育、文化教育却十分重视。尽管生活拮据，他们大都想尽一切办法供子女上学读书，而孩子们的求知欲也特强，所以阿氏中这些年来考取大学、中学、中专者不断涌现，土司后裔阿民凉（扎巴松竹）就是其中的代表，他的两个儿子先后考取了大学，这在永宁摩梭山乡中是罕见的。此外，由于昔日喇嘛教崇高的社会地位，摩梭上层中拥有为数不少的地位较高的喇嘛，所以土司、总管这些上层后代，与宗教界上层人士也有着千丝万缕的联系，尤其与现今还生活于印度的一些大喇嘛们有的还有较密切的关系，如末代土司后裔阿永兴，两个舅舅都是具有格西学位的大喇嘛，住在印度，争波土官阿子才之子阿肯若，叔叔在印度也享有较高学位。这些喇嘛有的曾返乡省亲，而在永宁的亲属也有曾前往印度探视或迁往印度伺奉者。

第三编　对发展趋势的预测

对几个社区的典型调查及个案分析

对永宁摩梭母系制的现代变迁的研究，在于要掌握大量确凿的、活生生的材料，这些材料决不可能靠文献或他人的调查资料作主要依据，而是要深入实地反复调查，从大量第一手资料中研究分析，再与第二手资料作对比、借鉴、参考、充实，这样才能得出较为科学的结论。为此，从1987年以来，我以长达12年的时间来观察它的变迁。采用社会学、民族学的调查方法为主，辅以多学科的方法，定性定量相结合，除了普遍调查外，还对一些社区及家庭做了跟踪调查。

在典型调查中我采用了问卷调查及个案调查相结合的方法。我的选点原则是：1. 昔日盛行母系制；2. 昔日父系制比重相对较大；3. 处于对外交流相对频繁、接受外来文化影响相对较大的状况；4. 偏处一隅、与外界信息交流少、处于相对保守的状况。

根据上述原则，我选定了下落水、瓦拉片、拖支、平静、纳哈瓦、达市六个相当于自然村（社）一级的农村社区作为典型调查的点，根据它们的特点，划分为三个类型：

（一）下落水、瓦拉片两社区，昔日以盛行母系制著称，且离摩梭政治、经济、文化中心稍远，今日成为风景旅游区，经济发展较快，与外界接触相对频繁。

（二）拖支，昔日为土司三老爷分封地域，受土司文化影响大，父系制比重相对较大，今日仍偏处一隅，经济发展相对较慢。平静，系民族杂居区，又处于摩梭政治、经济、文化的中心地带，文化交融性强，父系制比重相对较大，尤其是今天，对外交往频繁，外来文化影响大。

（三）纳哈瓦，昔日处于闭塞状况，今日成了政治、经济、文化中心地带，系由封闭到开放的典型地区。达市，处于边缘地区，但系今日交通干线边，对外交流相对较易。

上述类型的摩梭社区，在改革开放的今天，在婚姻家庭及思想观念方面，究竟起了什么变化？其发展趋势如何？这是我所要了解的重点。由于条件的限制，在调查研究时，对几个社区所花的时间及深入调查的深广度有所差异，所获取的资料也就有多寡。就时间而论，在下落水最长；就单位时间所获得的资料最丰，则数瓦拉片。我们在落水村的最后两次调查时间，或因正值秋收大忙或因旅游旺季，对外接待频繁，加上人们的经济观念较强，要弄清一个问题得见缝插针，花时较多，好在得到茨汝而车村长及村文书曹学忠的热情接待，所以掌握的资料较全面。而在瓦拉片，农忙已基本接近尾声，外来人也不多，加上我们得到村支书安阿哈及“计生员”独支玛的大力协助，独支玛全力以赴地协助我们的调查工作，使我们在较短的时间内收集到了较多的资料。

经过实地调查，才发现下落水和瓦拉片的经济发展状况及婚姻家庭的当代变迁有所差异，尽管它们都处于风景旅游区，但下落水已形成旅游经济为支柱，全村投入旅游行业，以旅游业发展为契机，带动了生活方式、思想观念的变化。而瓦拉片尽管也处于温泉风景旅游区，但因偏处一隅、景点单一、客源少，除了少数几户人家从事餐饮、住宿、小卖部等旅游服务外，绝大多数摩梭家庭并未从中受益。相反，却因其地处滇、川交界，临近藏区，因而跨境商贸却较发达。与下落水明显的不同之处，在于人们外出经商，而下落水则就地发展。这样，也就带来了生活方式及母系制变迁中的差异。鉴于此，我把它们改分为两种类型。

拖支与平静两社区，在父系制比重较大这点上是共同的，但形成原因及发展情况稍有差异。然而从发展趋势上看，又大体相近，所以我把它们合为一种类型。

此外，为了便于对比，我把昔日都处于闭塞状态、而今则区位差异较大的纳哈瓦及达市作了补充调查，并列为一个专题进行阐述。

本部分的重点，在于用几个小社区的调查资料来探测摩梭母系制的现状及发展趋势，因为事物发展过程中矛盾的普遍性与矛盾的特殊性是辩证统一的，一般寓于个别，通过“解剖麻雀”，可以找出一些规律性的东西。当然，这种调查不是孤立的，它应与普遍的调查相结合、相统一、相印证，从而更科学地去把握事物的本质及其发展规律。

对典型调查所搜集的资料，以个案分析法进行分析，即对一个摩梭社区的地理环境、历史情况、经济发展状况等与其婚姻家庭形式的关系进行分析研究，从而探究其形成和发展过程，以预测它的发展趋势。

母系制的再度辉煌
——在下落水的调查

下落水属落水行政村的落水自然村，它位于离永宁乡政府所在地21公里的泸沽湖畔。落水村分上落水、下落水两个部分，上落水背靠大山，从县城来的公路从村边而过，村里主要为普米族所居住。下落水傍湖而居，主要为摩梭人所聚居，我们把调查的点放在下落水。

据1996年底的统计，下落水共有38户，其中摩梭33户、210人，另有汉族3户、白族2户。这5户都是中华人民共和国建立后迁入的。

据摩梭村民戈尔·给若、阿瓦·鲁若等介绍：最早来下落水居住的是戈尔氏族，后来又迁入了汝亨、没日、择塔等家族。戈尔氏族现已分衍为9个家族：戈尔、丹史、阿瓦、腊古、格则、打巴、茨尔、阿开及现已找到的阮苦[①]。这些家族再分衍，至今已成为23户家庭（指住在下落水者）。此外还有汝亨家族现有2户、没日家族有2户、择塔家族3户，加上原为阿土司家族的阿家1户、土司家奴婢2户，全村共计33户。汝亨、择塔、没日等家族系从金沙江边及大咀迁来，至今那里还有他们的家族成员。显然，下落水的村民系由土著及外地迁入者两大部分所组成，其具体情况如下表：

① 1998年6月，通过在县里工作的阮苦·甲泽，我们了解到了阮苦家族就是戈尔氏族分出的一个，已定居永宁坝的争波村，现已分衍成8个家庭，分别居住在格姆山麓的争波及泸沽湖畔的独家村。

表3—1　下落水摩梭家族家庭户一览表

家族名称	戈尔	丹史	阿瓦	格则	打巴	茨尔	阿开	腊古	汝亨	没日	择塔	阿氏	瓦日	尔耻玛	茨里
户数	4	1	2	3	4	3	4	1	2	2	3	1	1	1	1
土著或迁入	土著	土著	土著	土著	土著	土著	土著	土著	迁入	迁入	迁入	迁入	迁入	迁入	土著

1998年6月，年届81岁的老戈尔家族成员戈尔·给汝告诉我们，他小时下落水只有12户人，其中属戈尔氏族的8户，另有择塔2户，汝亨、没日各1户。近70年时间，变为现在的33户。

据村长茨汝而车及村文书曹学忠介绍，下落水实有土地面积分片包干时是以人均3.3亩分配的，由于海拔偏高（2 700米）、土质不好（沙石土）、水利条件差，只产包谷、荞子、洋芋，且常发生干旱或泥石流，农业产量很低。1991年以前年年要吃返销粮，人均年收入200多元，人均有粮最高那年也只250公斤。过去春节一过，多数人家已缺粮。现在由于泥石流淹没了大片土地，加上建房占地，人均只有1.98亩土地，但庄稼盘得好，近年也无干旱，包谷亩产400～450公斤，人均有粮约500公斤，粮食问题已基本解决。此外大力种植苹果为主的经济果木760亩，推广薄膜大棚蔬菜等。

从1991年开始，在县旅游局长家的带动下，全村人陆续开办了家庭旅社。据我们的入户调查及现场观察，这里完全是个旅游专业村。围绕旅游，人们开展了如下业务：旅店、餐饮、小卖部、划船、骑马、歌舞晚会。其收入分配是这样的：

旅店、餐饮、小卖部由经营者所得。1996年时，全村开旅店者计28户，其中在下落水农户中开设的家庭旅店兼营餐饮者有16户，还有好几户正在筹办。开小卖部的全村有11户，其中设在下落水村子中的有4户。其余旅店及小卖部开设在公路边。旅店设有60个床位以上，且设有写字台、沙发椅等的有3户；设有15～30个床位者，13户；其余在15个床位以下。收费标准（以床位计）：18元、15元、13元、10元。

划船、出租乘骑、歌舞晚会，全村按户参加，分成两大组：出租乘骑一大组、划船及参加晚会为一大组。一个大组又分为12个小组，3个人为一小组。即按划船需要，1人掌舵，2人划桨。1周轮换1次，18～40岁的男女参加。收费标准：出租乘骑1人次5～10元，划船1人次15～20元。

以上两项年创收每户都在万元以上。后一项全村年创收在10万元以上。我们对20户家庭的问卷调查中，回答“你家收入的主要来源”这一设问时，100%的人都回答是“旅游”，只有3户兼答了“畜牧”“基建”“运输”等，足见旅游业在该村的地位。这是1990年以来该村根本性的变化。据了解，以前这里的经济收入来源主要靠卖点瓜子及干鱼、挖点草药，以微薄的收入来换回家庭必需的茶、盐，生活贫困。旅游业的兴起和发展，改变了这里的面貌。1996年人均纯收入达2000多元。由过去的贫困村变成了远近闻名的富裕村。

随着旅游业的发展，交通、通讯、住房等条件也改善了，公路直通村内，全村33户摩梭人，1996年时仅2户尚未建新房，不少人家有了电话、电视机、录像机。

表3—2　下落水村村民拥有机电产品统计

名称	1996年10月	1998年6月
汽车	4辆（卡车3，中巴1）	4辆（卡车2、中巴1、吉普1）
摩托车	10辆	2辆
拖拉机	1台	7台
电话	6部	21部
电视机	未计	59台
洗衣机	8台	29台
电冰箱	2台	未计
冷柜		4台

教育条件也有了很大改善。落水上下村共有1所完全小学，它是国家教委、联合国儿童基金会加强贫困地区小学教育项目——实验学校，省教育厅希望小学。学校设有一至六年级及一个学前班，适龄儿童全部入学。不容忽视的是，由于市场经济的冲击，在小学毕业以后进入高一级学校的

人数少，即使进入，中途辍学的比例也较大。我们曾到永宁中学了解，整个落水行政村两年流失10来人，占了该村在校生的50%，其中除少数家庭的确困难者（主要是浪放村的汉族学生）外，大多数都“挣钱”去了。

行政村卫生员的诊所开在上村公路边，上下村直线距离不到半公里，所以人们可以就近看病。据卫生员曹炳春（女，普米族）介绍，她的工作职责主要是搞防疫和保健，还为产妇接生。近年来村里的卫生状况也有改善，许多家庭已将紧挨湖边的畜厩改建在他处，还修建了厕所，注重美化庭院等。然而也面临着旅馆生活用水流向湖里、污染环境的问题。另外，拦湖造地、侵占湖面的现象也不得不令人担忧。

在两性分工方面，村民们仍遵循“男主外、女主内”的传统模式。但内涵已经延伸，男人们的对外交往中，经济活动已成为主要内容，比如联系客源、信贷等。女人们的“主内”，除理家外，接待游客已是一项重要的内容。不容忽视的是，随着业务的发展，在家庭重大决策中男性处于主体地位的情况在逐渐增大。这是在家庭与社会扩大了联系、家庭生产与社会生产紧密相连的情况下，促成了长期活跃于社会大舞台的男人们的优势的发挥，从而扩大了他们的权力。而女人们，传统的性别分工练就她们的是“主内”的能力，难于走上社会大舞台，在社会化程度加大的今天，她们仍只能在“主内”范围内增强自己的适应力。另方面，由于旅游业发展以后，随着服务内容的扩大，两性从事的工作门类也相应增多，而家庭人口资源却相对稳定，故男女两性从事旅游服务工作的机会均等，这就促成了两性劳动性别分工及劳力负载的差异在缩小。比如划船、牵马、歌舞等项目，已无性别界限的限制，男女都可从事，只是家务劳动仍以妇女为主，所以妇女的闲暇时间比男人少。

在社会权力方面，妇女比例仍少，落水村原来的村民委员会中男女比例为6:0，1998年4月份改选以后为8：1，这不能不令人深思。

下落水历史上是盛行母系制的地方，据1956年的统计，当时摩梭有20户，其中母系家庭6户，占总户数的30%；双系家庭12户，占60%；父系家庭2户，占10%。1996年11月，我们做调查时，全村摩梭家庭已增至33户，其中母系家庭23户，占总户数的69.7%；双系家庭8户，占总户数的24.24%；父系家庭2户，占总户数的6.06%。与1956年的统计数字相比，母系家庭上升幅度较大，父系家庭及双系家庭的比例都下降了。为了了解其间关系，我们对一些家庭户的谱系做了具体调查。结果发现摩梭家庭及婚姻制度处于不断变化的状态中。由于没有成文史，我们很难往前追溯得很远，仅能从现还健在的最老的家庭成员中获得有关情况，而这些情况仅是他们的记忆所及。再以此与过去民族学家的调查资料作对比分析，这就是我们现在所能做到的。

摩梭家庭及婚姻不断变化，带有普遍性，且不自今日始。就下落水而言，许多摩梭家庭往昔至今，实际都是走婚、娶、嫁、入赘交替，有不同代交替，也有同代交替，连续几代都走婚、或连续几代嫁娶者只是少数，故所谓母系或父系，都是就某一两代、即某一时段而言。譬如阿瓦·鲁若家，从资料所查到的世系加上我们现在调查时的状况，其家庭谱系是[①]：

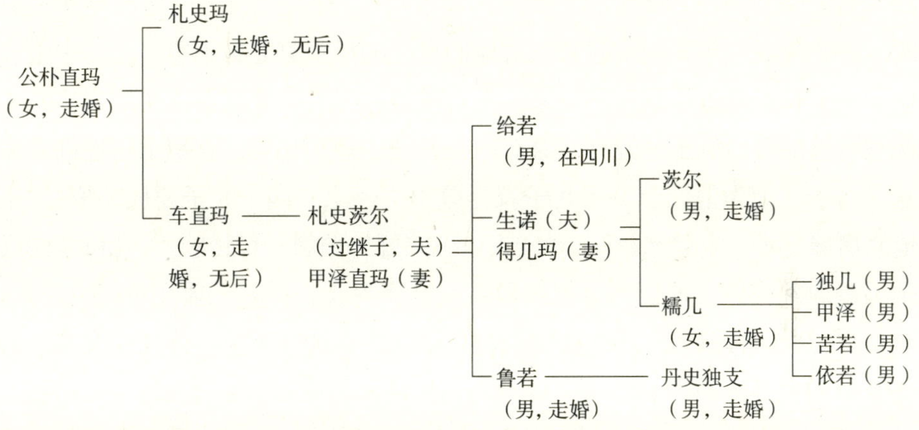

这个家庭的婚姻状况是五代人已成年者都有不同的婚姻形式：第一、二代走婚；第三代娶妻；第四代娶妻、走婚；第五代走婚；第六代尚未成年或尚未过婚姻生活。就第一、第二代而言，可说成母系，第三、四、五代婚姻二者兼有，单就血统看，可说成双系。这样，有的资料把他家说成

① 根据《宁蒗彝族自治县永宁纳西族社会及其母系制调查（宁蒗县纳西族家庭婚姻调查之二）》1版．昆明：云南人民出版社，1988：400页．（以及作者1994年、1996年两次找鲁若调查口述资料综合整理而成。）

父系，这是从第三代——鲁若的父母这一代算起的，当时鲁若应尚未过婚姻生活；有的材料说成双系，这是就第三、四、五代而言。而今现存者已分为二户：阿瓦·浓几为一户，行走婚；阿瓦·鲁若为一户，因系孤身一人，已将其走婚所生之次子丹史独支带出同住，成为一家，父子皆走婚，从婚姻上看应为母系，从血统上看，应为父系。

又如戈尔·给若家（其世系表见下页），这一家的婚姻结构是：娶妻、走婚——走婚、娶嫁——走婚、娶嫁。其中第二代的品初及扁玛，原来都是走婚，改革开放后先后从家中分出，与其走婚对象及子女另成两家。总之，下落水的摩梭母系家庭，都在不断分衍，只是其速度很慢，除人太多或娶妻或招赘进了外血统的人，影响大家庭的和睦而外，一般是不分家的。即使分家，也要由母系大家庭起好了新房子、大家商量好才分家，而且分出去的往往要留一个子女在原来的家庭，以示兄弟姐妹仍是一家。惟其如此，下落水的摩梭家庭1956～1996年的40年间，才增加了13户，且有3户是近年才分家的。一些年轻人与我们聊起来，对他们自己的母系家庭赞不绝口，其中最新颖的一个观点是母系家庭不分家、不占耕地，因为分家就要占耕地建房。他们举村里汉族的例子，说有一家有四个儿子，短短16年，就把承包地都拿来盖了房子，因为他们有一个儿子就得分出去一家，四个儿子要成四家，“土地修房修完了，吃什么！”“对老人也不兴好好照料，可怜啦。”几位摩梭汉子感慨地向我说。他们为自己的母系家庭而自豪，择塔·独几对比说：“包产到户时我家11口人，到现在仍为11口人。约在1971年左右分过一次家，那是因为人太多，共有22口人，住不下，生活不好安排，才把家人一分为二，各11口人。而且分家前大家商量好，先把新房子修好，三年以后才分开住的。”

传统祖房及庭院布局

新的庭院布局（右为租房）

戈尔家世系表

- 戈尔·给若（夫）甲阿（妻）
  - 而车独玛（女，走婚）
    - 丹史拉姆（女，出嫁）
    - 阿若（男，走婚）
    - 扎玛—**（男）（女，走婚）
    - 而车玛（女）
    - **（男）
    - **（女）
    - **（女）
  - 友珍独玛（女，过继出）
  - 品　初（夫）茨里独玛（妻）　分出
    - 八　斤（男）
    - 平　措（男）
    - 给若甲泽（男）
    - 松浓茨尔（男）
  - 独玛（女，出嫁）
- 戈尔·茨尔拉措（女，走婚）
  - 扎史平措（男，未过婚姻生活）
  - 独　玛（女，走婚）
    - **（女）
    - **（男）
    - **（女）
    - **（男）
  - 扎史拉措（女，走婚）
    - **（女）
  - 扁　玛（妻）周五斤（夫）　分出
    - 甲措玛（女）
    - 茨　措（女）
    - 给若拉措（女）
  - 松浓独玛（女，出嫁）

至目前为止，这33户摩梭家庭户均人口 6 人左右，最少2人，最多10多人，一般为5～7人，其分布情况是：

2人	1户	占总户数的 3.03%
4人	3户	占总户数的 9.10%
5人	6户	占总户数的 18.18%
6人	9户	占总户数的 27.27%
7人	6户	占总户数的 18.18%
8人	4户	占总户数的 12.12%
9人	2户	占总户数的 6.06%
10人	2户	占总户数的 6.06%

摩梭家庭结构一般为三代，二代次之，四代为少数，其分布比例是：

2代	10户	占总户数的 30.3%
3代	19户	占总户数的 57.58%
4代	4户	占总户数的 12.12%

事实证明，摩梭家庭在不断向小型发展，而其分衍的过程，也就是不断出现婚姻形式转换的过程。下落水村摩梭家庭的分衍，大都遵循着这一规律，当然其中也有几代纯母系的家庭因人多而分开者。我们做了20户人家的调查，现举数例，可窥见其具体分衍情况：

（一）汝亨·娜珠家（其世系表见本书第二编“母系家庭的分衍”第三例）

昔日以典型的人口众多、历代以母系相承而为民族学家所注目，至今在家的年轻一代仍以母系相承，男女都过走婚生活，但娜珠的长女扁玛先是走婚，其配偶格则·贡嘎在“文化大革命”中上门入户，至今他是此家庭的成员；娜珠的次女独玛茨尔系职工，已出嫁；娜珠的两个在外工作的儿子诺布及鲁若皆已娶妻成家。随着婚姻形式的转换，这个大家庭按户籍算实际上已分衍成4个家庭，娜珠的家庭人口现已减少为12人。

（二）茨尔·鲁若家

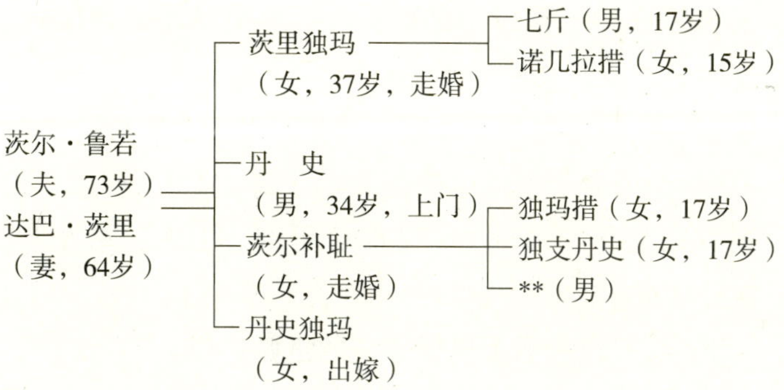

茨尔·鲁若因系独儿子，娶妻，组成父系家庭，但其子女的婚姻已出现多样化，这样，事实上已分成四个家庭：鲁若夫妇与长女茨里独玛为一户，次女茨尔补耻为一户，上门的长子丹史为一户，三女丹史独玛已出嫁，实际为一户。俨然，茨尔·鲁若的家庭已由原来的11人变成现在的 5 人。

（三）而耻玛家

20世纪60年代的调查材料为母系相承，现在的情况是：

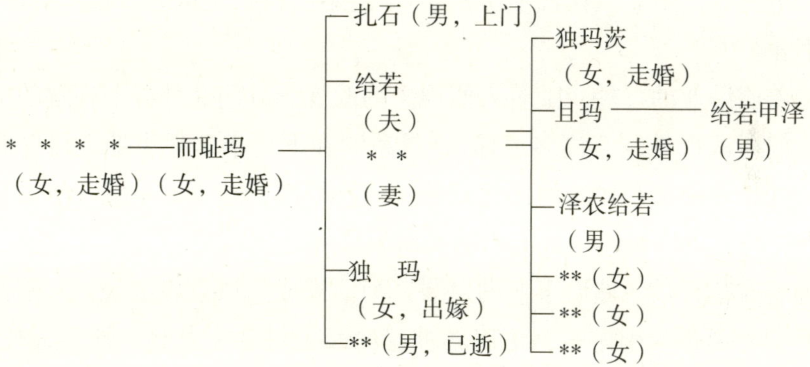

显然已改变了原来的婚姻承袭方式，这样，家庭也由1户变3户（上门、娶妻、出嫁各1户），规模变小了。

（四）戈尔·给若家（其谱系见前面）

给若的子女中除过继出及嫁出的两个女儿外，留在家中的一女走婚、一子娶妻，已分成两户，家庭规模自然缩小。

其他还有腊古·司给家，戈尔·丹史平措家、阿瓦·鲁若家等，都有类似情况。形成婚姻形式多样化的原因，主要有以下几个方面：

第一，母系家庭中出现以下情况：1. 某成员结婚（含出嫁、招赘）；2. 母系家庭过继养子或养女后娶妻或招赘。

第二，解放后提倡建立夫妻家庭，一些干部带头实行一夫一妻制。

第三，“文化大革命”中强迫建立夫妻家庭。

第四，受外来文化的影响，一些年轻干部、工人、军人、知识分子，参加工作后在外面成家。

第五,一些父系家庭的子女仍行传统的走婚。

第六，从深层看，是摩梭宽松自如、从实际需要和意愿出发行事的社会——文化心理使然。

值得注意的是，在下落水的年轻一代人中，近年又普遍盛行走婚。据我们了解除了个别因与外地姑娘相爱而娶妻，或家中缺男或女劳力而嫁娶，以及那些在外面工作的干部外，在家的大都实行走婚。有的在外当干部的，也有走婚者，比如择塔·独几是县里干部，但仍走婚，他认为过去的传统好：“成立一个家庭，我们必须有正房、经堂、畜厩，还有家中的妈妈、舅舅等，不能只认钱不认六亲。”走婚的村长也认为：找媳妇进来，家庭不和。

随着旅游业的发展，随着人们观念的改变（以前在外界不理解的情况下，他们对谈母系制有诸多忌讳），母系制在下落水这片土地上再度辉煌起来。这是一种很有意味的文化现象。究其原因，除了这里盛行母系制的传统外，与其家庭组织形式与当前经济发展相适应有关。

随着改革开放、旅游事业的发展，泸沽湖成为风景旅游区，它不仅以迷人的湖光山色吸引游客，更以其神秘的摩梭母系大家庭令外界人神往、探奇。世代傍湖而居的下落水摩梭人家，自然成了游人兴之所至的地方。于是摩梭家庭旅社、划猪槽船、骑马环湖、歌舞表演等旅游项目成了摩梭农户的一大产业、一大收入来源，人们足不出村，大把的钞票便可入户。要搞这些事，需要的是人手，一个家庭中，既要有人开办旅社，又要有人去参加社区组织的划船和出租乘骑、参加歌舞晚会，还要有人去盘土地及带小孩、喂牲口，等等。母系大家庭人口多、劳力和资金集中，正好适应了这一需求，所以发家致富者，全为这类兵强马壮的家庭。比如“摩梭园”

是12口之家的母系大家庭汝亨·娜珠家开办的，“摩梭风情园”是7口之家的母系大家庭格则·独玛家开办的，“摩梭之家”是11口之家的择塔·独玛这个母系大家庭开办的。当然，除此以外，他们的发展还有管理、社交等诸方面的优越条件，但母系大家庭的人多势众是其前提。相反，有的夫妻小家庭，由于人口少、孩子小，顾了这头又顾不了那头，致富门路就相对少了。在下落水，我们亲眼目睹了丹史与独支拉措这对年轻夫妇，带着两个幼儿，他们刚从母系大家庭中分出，两夫妇既要忙于经营小卖铺，又要忙于盘田、理家和带小孩，还要参加村内的旅游经营活动，忙得不亦乐乎，村内组织的某些项目他们也只有放弃一些机会。独支拉措告诉我们，他们之所以没有走婚，是因两家相距太远，不方便。问她走婚好，还是结婚好？回答是：走婚好一点，“娃儿有人照管”。显然，致富门路的拓宽，需要相对较多的人力及财力，客观上对母系大家庭的发展起了推波助澜的作用；而母系家庭自身所具有的“一大二公”的特点，又与这一形势的需求自然合拍，二者互为推动，形成了母系制的发展。此其一。

其二，泸沽湖自然景观与母系制人文景观的合一，促进了这一社区旅游经济的发展。严格说来，泸沽湖之迷人，与其说是湖光山色，勿宁说独具一格的母系制更具有魅力。于是这里的摩梭人一改往昔的不自信，而为自己的母系文化而自豪，更从各方面来维护和加强这种制度。其结果，带来了更大的经济效益。传统文化与市场经济的结合，显示出了难以预料的经济效益和社会效益，摩梭母系制的再度辉煌，就这一社区而言，为形势所使然。

其三，传统观念在新形势下的发扬。母系制的传统、母系文化的熏陶，这是潜在的、起决定作用的因素。传统与经济发展的合拍，促成了母系制在当前的发展。尽管摩梭母系制在其发展过程中，在婚姻形式的选择上有着多元化的趋势，但就下落水当前的社区经济发展需求看，走婚更趋符合需要，这也是一种经济和文化的选择，是摩梭人一切从需要出发、非遵循某种固定观念模式的社会——文化心理的体现。

归结起来，传统与现代的结合、特有观念与经济利益的驱动，促成了下落水母系制的再度辉煌。

一种特殊的组合
——对瓦拉片的调查

瓦拉片位于永宁坝子西北端，是温泉行政村所在地，西北毗邻四川木里县境，东北则与四川盐源县山水相连。因其所处地理位置，昔日曾是滇、川、藏贸易交通要冲，同时又曾以“男女同浴”的温泉在其境内而闻名，在永宁坝子，它又是母系制比重大的社区之一。

至1996年11月瓦拉片共有51户人家，368人，全为摩梭家庭。其中母系35户，占全村总户数的68.63%，双系6户，占11.76%，父系10户，占19.61%。与40年前对温泉乡（现行政村）的普查统计相比，父系比重比当时的平均值增加了17.1个百分点，母系比重比当时的平均值增加了6.93个百分点，双系比重则减少了20.04个百分点。但从绝大多数看，母系家庭比重仍占绝对优势。

这里地势比坝子中部及南部高，海拔在2700米左右，农作物有水稻、包谷、洋芋、荞子、豆类等，水利条件也较好，温泉河横贯村内的田地，山脚又有溪水流入村内。周围的山峦把村子围成一个小盆地，挡住了西北而来的朔风，温泉河从这里流入四川境内，沿河成了山间谷地，形成了一个特殊的小气候，气温相对较高。所以农作物生长较好，人均有粮500公斤左右。与永宁坝子的摩梭人家一样，村民们都有饲养牲畜的习惯，由于村庄紧靠山场，放牧条件比坝子还好。除了农牧业以外，还出产药材、水果等。

瓦拉片共有四个斯日（家族），人们至今都很明确，它们分别是瓦夫、崩若、给者、潘米，其分布情况如下：

家族名称	户数	所占百分比
瓦夫	20	39.21
崩若	19	37.25
给者	3	5.89
潘米	9	17.65

同一斯日一般不走婚，但血缘不亲、即四五代以外的可走婚，而四五代以内血缘近的不走婚，父母双方的近亲都不能走婚。我们对这四个斯日之间的婚姻关系作了逐一调查，结果发现瓦夫与崩若、崩若与潘米、潘米与瓦夫三个斯日都有交错的婚姻关系，瓦夫、崩若内部也有婚姻关系的出现，惟独给者斯日与他们没有婚姻关系，其原因尚需进一步调查。

关于成年人的婚姻状况，我们对全村18～55岁的成年男女213人进行了逐一调查，结果走婚的有105人，占49.3%，娶嫁婚的48人，占22.53%，未过婚姻生活的60人，占28.17%。其具体年龄段及性别分布如下表：

表3—3　瓦拉片18～55岁成年男女婚姻状况统计

年龄段 / 性别 / 婚姻形式	18～25岁				26～45岁				46～55岁				总计	
	男		女		男		女		男		女		人数	%
	人	%	人	%	人	%	人	%	人	%	人	%		
走婚	11	23.4	14	42.4	27	69.23	28	63.64	11	47.8	14	51.85	105	49.30
娶嫁婚	3	6.4	1	3.03	7	17.95	13	29.55	12	52.17	12	44.4	48	22.53
未过婚姻生活	33	70.2	18	54.6	5	12.8	3	6.81			1	3.7	60	28.16
合计	47	100	33	100	39	100	44	100	23	100	27	100	213	100

从表中可以看出：1. 年龄段越低，娶嫁婚比例越小；2. 年龄段越低，未过婚姻生活的比例越大；而未过婚姻生活者中男性比例高于女性；3. 女性走婚人数多于男性。

关于第一个问题，主要是政策因素所致，以46～55年龄段为例，这一年龄段的男女，他们的婚龄正处于“文化大革命”之前，在“文化大革命”中多被强制办理一夫一妻婚姻登记（计有9对），加上原来的提倡，娶嫁婚比例自然要高，而18～25岁这一年龄段，正是改革开放以后进入婚龄，宽松的政治环境和自由选择婚姻形式、特别是尊重婚姻习俗的政策，形成了走婚比例又呈上升趋势。

第二个问题，18~25岁这一年龄段未过婚姻生活者多，计占这一年龄段总人数的63.75%，除个别生理缺陷者及在校学生外，主要是他们的婚龄都比较大，一般要超过25岁以后才开始过婚姻生活。同时显示这部分人男性高于女性15.66个百分点，这与男女婚龄男性大于女性有关。

第三个问题，女性走婚多于男性。这与女性盼求自主、希望在娘家过和睦的家庭生活、回避复杂的人际关系这一心理有关。我们与一些女性交谈，她们绝大多数都希望生活在自己的母系大家庭里，因为这是她们的依靠：生产、生活、抚育子女都可以由大家庭支撑着，不必去独立担担子及面对那些姑嫂、婆媳、妯娌乃至夫妻等矛盾。当然更欣赏现代时兴的固定走婚，这可以使她们保持安定的生活和宁静的心境，用独支玛的话说：这样心里更踏实。

年轻一代人对走婚关系的确定，有个了解对方的恋爱过程，在选择配偶方面显得比过去更慎重，一般人谈恋爱过程起码有二三个月，当然也有边谈恋爱边走婚的情况。10年前我们对温泉乡调查时，了解到这个乡的乡规民约规定，初生婴儿，认不出孩子父亲来的母亲，要被罚款50元，谁被罚款，谁就会被村人耻笑。据了解，建立走婚关系一般要经历这样的过程：男女双方在劳动中、娱乐中相识并相爱，情投意合时就互赠礼物，如男子赠一枚戒指或一对耳环、或一块围巾，女方回赠一条腰带，就算关系已确定。确定前女方一般要征求家里意见，若不违反婚姻规范，家里一般也不会持异议。男子首次到女方家时，带上烟、酒、糖、茶之类礼物进入女方家正屋，当着女方家成员的面放在锅庄祭台上，女方家也就承认了这一关系。自此，男子就可以公开出入女方家门，社会也会自然认可。双方家里有什么事，都要前去帮忙，农忙时也相互到双方家庭参加劳动，有了子女后，男子常带些衣物给孩子。总之，双方在生产、生活上来往较密，经济上也有了一定的联系。

如果男女属于男娶女嫁的话，那另有一套较为繁杂的程序：男女双方自己或经亲戚朋友介绍认识，征得家里同意或征得本人同意后，男方要请媒人来女家求亲，媒人一般由亲戚中长辈或村里有威望的人担任，媒人要带上民族服装一套、糍粑、酒、烟、糖、茶等若干。女方应允后就算定下了这门亲事。正式迎娶时，要送上给新娘的金边衣、裙子、鞋子、袜子、头巾、腰带等全套衣服，还要送一件金边衣给新娘的母亲、送一套衣服或鞋子给新娘的父亲[1]，另送四五筒茶、几箱瓶酒（过去是用坛装的自酿酒）、

① 若父母系走婚，就不送衣服，只送烟、茶等礼品给父亲。

若干袋水果糖（过去是红糖）等。女家收了这些礼物后就分送给同一斯日及亲戚家，一般每户分送烟二包、糖一袋、茶二块、酒一瓶等，另要给女伴散水果糖，出门时还要一路撒水果糖。那天斯日及亲戚朋友要送礼祝贺，主人家请客。

姑娘要被接走时，女家回赠男方如下礼物：给新郎的金边衣及下装、腰带等一套民族服装或西装、一圈猪膘、一对特制的火腿[①]，火腿要拴成一对，以示尊敬。据了解，随着人们生活水平的提高，婚事开始出现了互相攀比讲排场的情况。

在婚姻问题上，当事人有完全的自主权，譬如有了儿女之后，双方有小矛盾或感情合不拢，家里人不会过问，由当事人双方自己商量解决。据了解，双方吵闹被认为是不光彩的事，所以极少有因不睦而吵闹者。即使双方断绝关系，男方家庭的人会主动来承担对子女的部分义务，比如送来吃的、一年送几套衣服，过年杀猪还要送肉，等等。这些都体现出了摩梭那宽松的社会——文化心理之无处不在。

瓦拉片摩梭家庭户组成，仍以3代居多，计32户，占全村总户数的62.74%；其次为2代，计15户，占29.41%；4代计有3户，占5.89%；1代1户，占1.96%。户均人数7人左右，最多12人，最少1人。全村家庭户组成人数及其所占比例如下：

表3—4　瓦拉片家庭户人数表

人数	户数	所占总户数的（%）
1	1	1.96
2	2	3.92
3	2	3.92
4	4	7.84
5	5	9.80
6	7	13.73
7	7	13.73

①　从猪胯骨开始到腿部，上半部去皮、去油，留下全部瘦肉，切割得很均匀，不能砍断关节。

人数	户数	所占总户数的（%）
8	4	7.84
9	5	9.80
10	9	17.65
11	2	3.92
12	3	5.89
368人	51户	100%

相对来讲，瓦拉片摩梭家庭人口较多，10人的比例最大，占全村总户数的17.65%，其次为6～7人，各占13.73%，但没有一类占绝对多数，各种类型的人口数相对均匀。概括起来，4～10人的户数占多数，12人的还占了5.89%，这为一些社区所少有。

在婚姻关系方面，目前村内相互通婚的有42户，占了全村总户数的82.35%；有9户的家庭成员与四川盐源、木里及外村人有婚姻关系，占全村总户数的17.65%。一般相距不太远，通婚范围仍较狭小。我们对26位成年男女进行了抽样调查，结果走婚对象在本村的有18名，占总人数的69.23%；相距5公里的5人，占19.23%；50公里以外的3人，占11.54%。

分家的情况在这里不算多，"文化大革命"前至"文化大革命"后计有：

潘米家一分为三：益史给若、阿班、司给玛3户原为1户，先是阿班与潘米家分为2户，"文化大革命"中搞一夫一妻制时司给玛又从潘米家分出。

那开家一分为二：惹巴塔青（男）与阿坡（女）系兄妹，"文化大革命"中一夫一妻制时分为2户。

阿争家一分为三：阿丁玛、独支玛、给若原为1户，阿丁玛为给若舅舅的妻子，夫妻分出另住；独支玛在"文化大革命"中一夫一妻制时从四川娶过来，是给若哥哥的妻子，给若哥哥死后，嫂嫂及夫弟、弟媳和他们的子女们仍为1户，后子女长大了，分成2户。

崩若家一分为二：山丹与山比玛为姐妹，改革开放后因姐妹不睦而分成2户。

据了解，瓦拉片的摩梭家庭，自改革开放以来除了仍以农业为主外，不少人家的经济收入来源主要靠做生意，一些人经营跨区域的土特产及农副产品，有的已远至海南、甘肃及缅甸、泰国等，资本最多的已达数十万元。一般多搞本地及邻近地区的贸易或开办经销店，资本也在一万元以上。至于旅游，村民直接受益者为数不多。而做生意者，全村已有30多户，占了全村总户数的60%以上。同时也有出外打工及远嫁的，全村共有10人，他们的大体情况是：

独玛拉措：女，30岁，上到初中二年级时正值包产到户，家里不让她再去读书而辍学。1993年出去经商，先在丽江、中甸一带做小百货生意，后到畹町、缅甸做百货生意，并与一缅甸人结婚，现两夫妇一起在桂林打工。

给若拉措，女，20岁，1992年初中毕业，1994年被县政府召去当服务员，1995年以后到桂林打工，先后当商店售货员、玻璃厂工人等，至今仍在桂林。

丹史独玛，女，23岁，文盲，给若拉措把她带到桂林打工，先后在幼儿园当保姆、在米线店卖米线等。

潘米·高若，男，32岁，文盲，在木里金矿打工。

扎嘎·生诺，男，36岁，初中毕业，现在南京打工。

此外，还有5位姑娘已外嫁到江苏、浙江、山东等地。

全村约有1/3的青壮年男子外出做生意。

瓦拉片这种向外发展、全村多数家庭经商、观念不断更新的摩梭社区，在婚姻家庭组合上出现了两种新的形式：一是走婚配偶双双从母系家庭中分离出来，共同经营第三产业；一是双方合作经营、一起生活，但仍属于各自的母系家庭。

第一种有两户，主要是男方在当干部、女方是农民。显然是婚姻家庭观念及经济利益的驱动所致。

第二种也有两户，我们具体了解了其中的一户，即独支玛及而车的合作经商。他俩共同经营一个商店，除了日用百货外，还有跨区域的经营，经济上各管自己的家，双方的衣物等仍留在母家，吃住在一起，所得利润除去双方家庭一部分开支外，其余作周转资金。利润分配不定比例，“哪家有事哪家用，家里需什么就拿什么”，俨如一个家庭，但实际上又是两个家庭，两位经营者的经济关系是对等的，又是平等的。这就是说，男女双方有共同的经济生活，但两人又各属自己的家庭。我们问这是怎么想起来的，独支玛说：“他家土地在街边，地理条件方便，合伙做生意是我提出来的，两家人多，用钱也多，就要想办法找点钱。他同意了我的想法，家里也比较开放，我两个妹妹都在外边做生意，她们也支持我这样做。我妈妈不但同意了，而且经济上也给了支持。”而车说：“说干就干，这样就干起来了。”问他们今后的打算，他们说还要扩大业务，而且已有了具体安排。问他们以后打不打算从各自家里分出来，回答是不打算。原因是这样更好，双方家里都照顾到。独支玛还说，这样也可避免许多矛盾。现在，而车主要到木里等地跑生意，独支玛则主持商店内务，大事相互商量，小事各自作主，母系大家庭的一些传统管理方式在他们的合作经营中不时体现出来。

这是在改革开放的新形式下出现的两性间的一种特殊组合，它从一个侧面反映了社会转型期中传统与现代的调适过程，即既保持传统，又顺应时代。

父系制的吸引力
——对拖支、平静的调查

拖支位于永宁中部，逆开基河而上，翻过几个小山坡，便是一块小谷地，一条小河蜿蜒而过，在两岸形成了一片富饶的农田，周围是重重山峦，俨然另是一片小天地。阿土司三老爷的房子是在地势稍高的台地上。那里像一把大椅子：靠背是青山，扶手是两个缓坡，脚踩小河。被土司看成是一块风水宝地。

由于气候、土壤、水利等条件都较好，所以这里出产水稻、包谷，还有洋芋、豆类等。

历史上这里是通往金沙江边的要隘，据说当年忽必烈南征大理国革囊渡金沙江之前，曾屯兵这一带地方，日月坪（摩梭语以支底）传说曾是元军指挥部所在地。这里地势较高，也较平而宽，据说对面山头是元军阵地制高点，居高临下，扼守住永宁坝通往外面的咽喉。

我们的调查点是拖支行政村所在地拖支，也就是当年阿土司家三老爷阿占胜府第所在地，北面与日月坪隔河相望，西面与西蕃坪隔河相望。西蕃坪是普米族聚居的社区，当地习惯上称普米族为“西蕃”。

拖支是阿占胜的分封领地，据现年62岁的阿占胜的长子扎巴松竹的介绍，阿占胜的摩梭名是品初浓甲。他1933年从土司家庭中分出来到拖支居住。

拖支现有摩梭59户，另杂居着几户彝族、壮族、藏族。摩梭家庭户中父系34户，占摩梭总户数的57.63%，母系16户，占27.12%，双系9户，占15.25%。显然这个社区的摩梭家庭，父系制占了绝对优势。造成这种状况的原因，主要有以下几个方面：

第一，受阿氏土司的影响。阿氏土司实行父系制，至今土司家族仍多行父系，坚持了阿氏的老传统。阿氏家族在拖支村现已分衍为6户：阿占胜的直系2户——扎巴松竹娶妻、阿丹史未过婚姻生活，旁系阿底、阿茨尔2户，皆娶妻，还有阿氏家族出去的年苏、甲巴2户。阿占胜来拖支居住时带来的奴隶有分居奴10户、家奴7～8人，另有犯法以后当奴隶赎身者、从彝族奴隶主手中买来者、自愿前来投靠为奴者计30来人。分居奴可以自己找配偶，也可走婚，也有由主子强行组合成家庭的。据扎巴松竹介绍，如果分居奴家中只有妇女，又无能力招婿时，阿占胜就从别的地方找人来上门。比如阿沙家只有一跛脚妇女，找不上配偶，阿占胜就从其丈母娘家奴婢中找了个男子到阿沙家上门。又如斋念家只有一个喇嘛和一个妇女，找不到配偶，阿占胜就从温泉找来一男子让他们组成一个家庭。家奴有走婚者，也有由主子组合成家庭者，如阿甲益史、古玛丹史2户，就是由阿占胜给他们找来配偶组合成家庭的。之所以如此做，是奴隶主需要增殖人口，以获得更多的奴隶——劳动力。土司家族加上奴隶家庭，使父系制在拖支占有相当比例。目前的父系家庭户中，从土司家奴分衍出来的有12户，加上土司阿氏住在该村的3户及土司亲属2户，共计17户，占父系家庭总数的53.12%。

第二，民族杂居，受他民族婚姻的影响。同一个大村的西蕃坪，原住的全是普米族，1958年迁入1户阿氏、现已分成2户，他们实行父系制，后有几户彝族、壮族、藏族迁入拖支大村，与摩梭相杂而居，他们也实行父系制。几十年来，各民族之间交往频繁，朝夕相处，他们的婚姻家庭形式对摩梭施予影响，出现了相互通婚的情况。

第三，"文化大革命"中强迫实行一夫一妻制。据我们的统计，在行父系制的34户中，有18户是"文化大革命"中强行组合的，占行父系制户数的52.94%。这些家庭已逐渐适应了父系制的生活，加之又生存于历史上父系制相对多的环境中，所以较温泉等社区，被扭合的夫妻家庭巩固率相对较高。

第四，改革开放、个体经济开始发展，一些年轻人的价值观开始挣脱母系群体观念，个人本位、个体发展开始主导自己的行为，认为一个人苦苦养活一大家人不划算，于是提出了分家的要求。另有利益相争、兄弟姐妹不和睦而提出分家者。加上部分家庭无女而娶妻，或人多而分出。这样改革开放后分家者共有24户，占现有摩梭总户数的40.68%。这些分家户中父系家庭占多数，计有15户，占父系家庭总数的46.88%。显然，已习惯于父系家庭者，分家乃是顺理成章的事，无需逾越从母系制到父系制的鸿沟，其分家比率自然要大，难怪摩梭人家一般都把娶妻看成家庭不睦、促成分家之源。在这些分家者中，母系家庭占的比例较小，仅阿窝咪、从那两户，占这一时期分家总户数的8.33%，可见母系家庭的稳定性还是较高的。

为了便于全面掌握拖支摩梭家庭的基本情况，列表于后。

表3—5 拖支摩梭家庭基本情况一览表（1996. 11）

户名	母系或父系	家庭代数	家庭人数	家庭原属奴隶或土司阶层	分家情况或结婚情况
阿甲·益史	父	2	5	家奴户	
古玛·旦史	双	3	6	本人为家奴	
阿平初	双	3	12	家奴出嫁成家	
丹史·扎史	双	2	6	分居奴	
尤洪·茨尔	双	3	5	分居奴	改革开放后分家
尤洪·甲泽	父	2	4	分居奴	
苏的·阿桃	双	22	6	家奴户	
阿争·布池	父	3	8	分居奴	“文化大革命”中组成夫妻时分出
阿加·尼玛	母	3	5	1人为奴隶	
阿它·独玛	母	2	5	分居奴	
海若·丹史	父	2	5	家奴	“文化大革命”中组成夫妻时分出
海若·车平措	父	2	6	1人为奴隶	“文化大革命”中组成夫妻家庭时分出
阿麻·独支（次兄）	父	2	4	分居奴	“文化大革命”中组成夫妻家庭时分出
阿麻·尔车（长兄）	父	2	3	分居奴	“文化大革命”中组成夫妻家庭时分出
阿麻·特礼（妹）	父	2	5	分居奴	“文化大革命”中组成夫妻家庭时分出
农品·丹史	母	3	7	分居奴	
阿沙·车马	双	3	9	分居奴	改革开放后分家
阿沙·达都	父	2	3	分居奴	改革开放后分家
争年·竹比	父	3	9	分居奴	“文化大革命”中分出
争年·丹史	母	2	2	分居奴	“文化大革命”中分家
修八·丹史	父	2	5	分居奴	“文化大革命”中分出
修八·达都	双	2	6	分居奴	“文化大革命”中分家
从那·独支	母	2	6	分居奴	改革开放后分家

户名	母系或父系	家庭代数	家庭人数	家庭原属奴隶或土司阶层	分家情况或结婚情况
从那·而车	父	2	4	分居奴	改革开放后分出
阿它·茨尔	父	2	4	分居奴	改革开放后分出
阿它·阿给	父	2	4	分居奴	改革开放后分出
阿它·独玛	母	2	5	家奴户	改革开放后分家
阿窝·丹史拉姆	母	2	4	家奴	
补翁·车拉措	母	2	3	家奴	改革开放后分家
补翁·那卡	父	2	4	家奴	改革开放后分家
古玛·梭娜	母	2	4	家奴	
年苏·都知	父	3	7		改革开放后分家
年苏·丹史	父	2	4		改革开放后分家
拉牙·给若	父	2	5		改革开放后分家
拉牙·古玛	父	3	5		改革开放后分家
阿牙·梭娜	父	2	3		改革开放后分家
阿牙·丹史平措	父	2	3		改革开放后分家
阿牙·独支	父	2	5		改革开放后分家
阿窝咪·独支平措	父	2	4		改革开放后分家
阿窝咪·娜卡	母	2	6		改革开放后分家
达都·丹史	父	3	6		改革开放后分家
崩若·茨尔	父	2	6		"文化大革命"中组成一家
年斯·搓翁	父	3	8		"文化大革命"中组成一家
念珠·娜几	母	2	3		"文化大革命"中分家
念珠·希尔	父	2	6		"文化大革命"中组成一家后分出
阿加·梭娜	母	2	6		"文化大革命"中分家
阿加·茨尔	父	3	5		"文化大革命"中分家
翁冲·丹史	父	3	8		"文化大革命"中组成一家
年苏·给若	双	3	7	土司亲属家族	
年苏·达都	母	2	3		

户名	母系或父系	家庭代数	家庭人数	家庭原属奴隶或土司阶层	分家情况或结婚情况
甲巴·茨尔	母	2	4	土司亲属家族	
拉福·比玛	双	3	7		“文化大革命”中组成一家
拉福·打甲	父	2	6		
拉福·给若	父	3	10		
布乌·鲁茸	母	3	5		
甲此·茸布	母	2	6		
阿丹史	父	3	8	土司家族	改革开放后分家
阿底	父	2	4	土司家族	改革开放后分家
阿茨尔	父	2	4	土司家族	改革开放后分家
总计59户					

平静村旧名皮匠街，因聚居着从丽江迁入从事皮匠行业的纳西村民而得名，现改名为平静村。平静村位于乡政府所在地永宁行政村的中心地区，紧挨永宁最大的喇嘛寺——扎美寺，从宁蒗至温泉，再延伸至四川盐源的乡村公路纵贯南北，一条小河横穿东西。村内杂居着摩梭人、丽江纳西人，还有稍后迁入的汉族及藏族等村民，依公路及小河分区聚居，小河以南主要聚居着丽江纳西人家，间杂有藏族3户，小河东北主要为汉族聚居区，摩梭人沿小河南岸聚居于西南部，而西北部为丽江纳西人、汉族杂居区。另有为数不多的白、彝、普米、壮等民族杂居其间。据村长华毅生（汉族）介绍，平静村共有人口151户，其中农业人口121户，非农业人口30户。据说在这片土地上最早居住着七户摩梭人，故至今摩梭居住的区域汉名叫七家村，摩梭名则叫“瓦可”。这些摩梭家庭原先全为扎美寺当差，故又被称为俾子村。民国年间不断有丽江纳西人迁入，他们最早由总管阿云山、阿少云父子请来为土司阶级做鞋、打首饰、打制日用品等。后来又陆续迁来四川和云南大理、鹤庆的白族和其他地方的汉族等人户，他们主要是来做生意的。至抗日战争时期这里已成为滇藏贸易十分活跃的集镇，木里藏族商人运来的金子、贝母、皮货等，由这里转销至丽江、大理等地，从内地运来的日用百货、茶、盐、布等又从这里转销至藏区。至建国前这里拥

有百货店、杂货铺20余家，到1953年有居民百余户，年集市贸易额达5万元。1956年皮匠街毁于武装叛乱，1958年后小商贩及手工业者转为从事农业，集市贸易萧条。直到粉碎“四人帮”以后，随着改革开放和泸沽湖风景区的开发，皮匠街才又活跃起来。

平静村计有29户摩梭人，约占全村农业人口总户数的24%，主要从事农业，辅以畜牧业。这里土地平坦，水源相对方便，主要产稻米、包谷、豆麦等，一年一熟。畜牧业主要是猪、牛、马的饲养，但商品率低。

昔日，尽管皮匠街曾繁荣一时，但除赶马运输外，摩梭人少有参与集市商业活动者，现在这个社区的摩梭人，利用临近乡镇市场的有利条件，不少人家开始参与了农产品、日用百货等的商业活动。据我们于1998年6月的统计，目前七家村摩梭户从事经济活动的计有：

摆摊	4 户
种菜卖	8 户
屠宰	1 户
搞运输	2 户
修理	1 户
合计	16 户

显然，55% 的摩梭家庭已改变了原来单一从事农业的传统，开始参与了市场经济活动。但迄今为止，仍属“小打小闹”，搞点小生意，尚无1户从事较大的商业活动。

平静村的摩梭家庭，父系比重较大，同时分化情况较著，所以双系家庭比重不断增大，改革开放以来，这种趋势正在发展。

我们于1996年11月对16户摩梭家庭做了随机抽样调查，结果母系4户，占调查总户数的25%；双系6户，占37.5%；父系6户，占37.5%。这虽不能代表全貌，但从一些家庭户的分析中，较明显地反映出上述发展趋势。这种分化有两种情况：一种是父系家庭的分化：

例一：拉它咪·茨尔家：

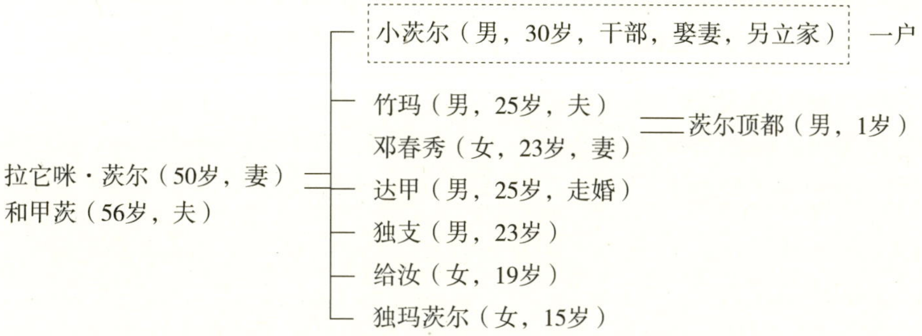

这原是父系家庭：拉它咪·茨尔的父亲鲁汝娶妻，但她招婿，实际上已形成了娶嫁婚与走婚并存的双系状况，下一代实际已分为二家。

例二：拉它咪·高汝家

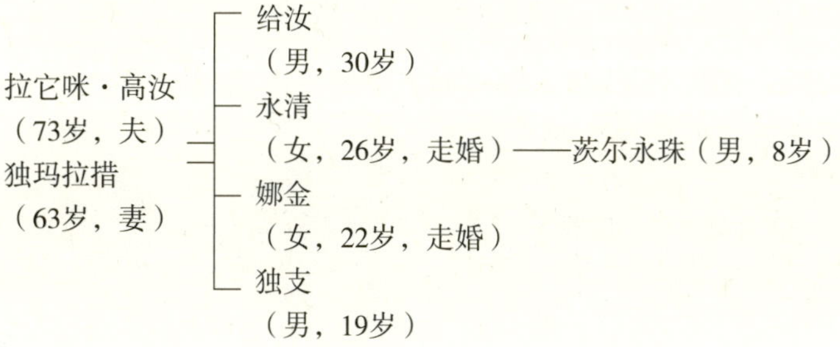

这一家庭，父亲娶妻，子女走婚，已改变了父系的性质。

另一种是母系家庭的分化。例如嘎子·拉措家：

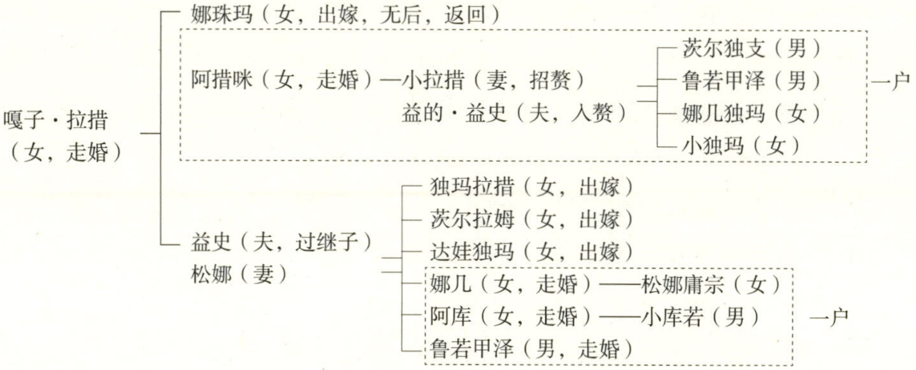

嘎子·拉措走婚生两女，因无子过继养子益史，益史娶妻；次女阿措咪走婚生一女小拉措，小拉措招赘，后夫妻、子女另立家，长女娜珠玛出嫁，后返回。益史夫妇及子女、母亲嘎子·拉措、姐姐娜珠玛共组成一个大家庭，后姑嫂不和，益史夫妇的部分子女分出另住，这样，嘎子·拉措家一分为三，家庭形式也由嘎子·拉措的母系变为阿措咪一代的双系，再变为小拉措一代的双系。

又如埃雄家：

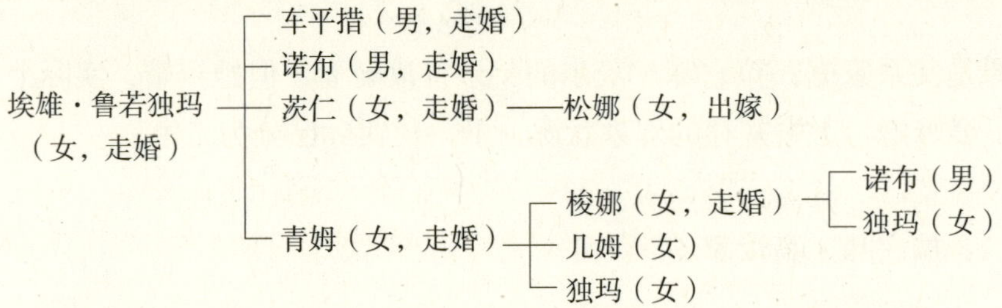

第一、二两代走婚，第三代出现了出嫁者，实际上已分出一家——松娜，松娜的家名仍用埃雄，其家庭组成是：

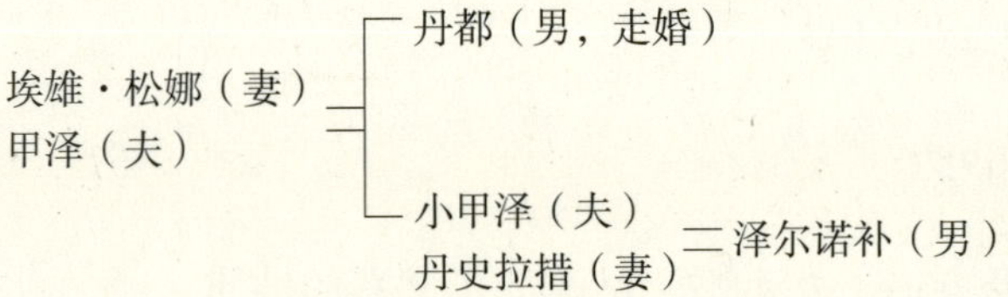

据了解，平静村摩梭社区计有10个斯日，除2个未分衍外，其余8个都已分成若干个家庭，其大体情况是：

埃古：分成 2 家（改革开放前）

拉它咪：分成 4 家（改革开放后）

嘎子：分成 2 家（建国初）

库若：分成 2 家（建国初）

阿拉：分成 2 家（建国初）

喇嘛萨：分成 2 家（建国初）

争波：分成2家（改革开放以后）

扎嘎：分成2家（不详）

阿雄：没分

巴堤：没分

平静村摩梭家庭分化较著的原因，主要是处于民族杂居区，且这一状况的形成是外来移民逐渐取代了摩梭的主导地位，本土文化为强大的外来文化所冲击，加上居于宗教中心地区，原来的土著居民多系土司家兼管宗教者堪布的奴隶，兼受土司婚姻及宗教文化的影响，母系制处于这多元文化的包围中，于是显示出了较大的灵活性。改革开放以来，这里又处于外地商人来往频繁的地区，与外界接触更多，一些现代的传播媒体及娱乐方式，也首先为这一带年轻人所接触，在生活方式、思想观念上都不可能不给他们以影响。历史的积淀——几十年来共居一个地域的各族人民互通有无、相互通婚，在生活习俗、生产技能等方面相互影响和土司婚姻家庭的影响等；现代的观念——个人本位、竞争意识等。于是，历史的和现实的因素在这一摩梭社区相互融合、交织，必然对传统的母系文化施以较大影响。

现在让我们具体分析埃古家的分化，可以较详细地看出从清末至今日一个摩梭家庭的变迁史。

据55岁的埃古·丹史介绍，埃古家来这里安家的老祖先，男的叫咪加若，女的叫阿阿咪，他们都是堪布家的奴隶，后来结成一家，现已有五代。其谱系如下表：

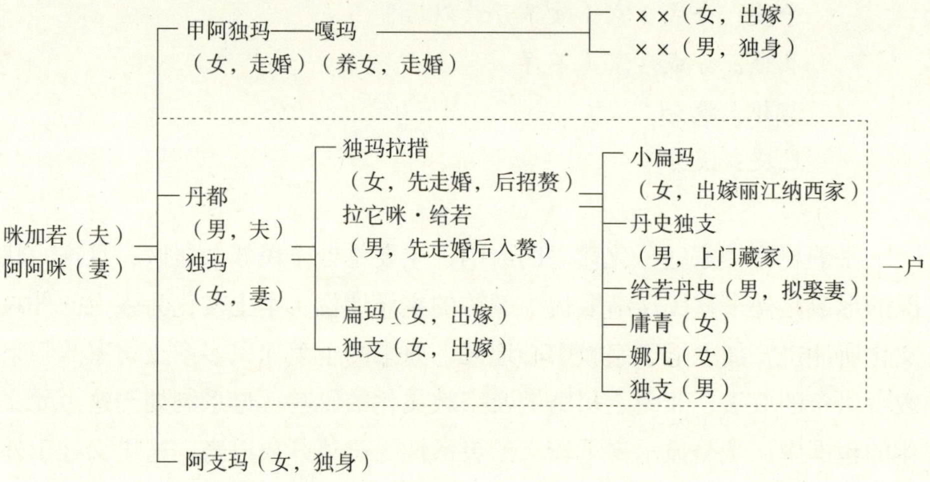

从上表可以看出，第一代（即咪加若那代）为夫妻家庭；第二代（咪加若的二女一男）有走婚（长女甲阿独玛）、娶妻（子丹都娶妻）、独身（次女阿支玛）；第三代有走婚（甲阿独玛的养女嘎玛）、先走婚后同居（丹都的长女独玛拉措，与同村的拉它咪·给若走婚，生了3个孩子以后同住女方家）、出嫁（丹都的二女扁玛、三女独支皆出嫁）；第四代已过婚姻生活的男女皆行娶嫁婚（嘎玛的独女、独玛拉措的长女皆出嫁，独玛拉措的长子已上门、次子准备娶妻）。这第四代中有扁玛嫁本村丽江纳西人家，独支丹史上门拖支（外村）藏族家。

父亲早逝于1963年以前，老母亲阿阿咪与其子女住在一起，儿子丹都成婚后，于1963年分出另立门户。阿阿咪去世后，她的两个女儿甲阿独玛及阿支玛两姐妹及养女嘎玛组成一家。两姐妹去世后，嘎玛的女儿出嫁，便与其独身的儿子做一家。另，丹都的次女扁玛出嫁后仍住本村，且家名仍为埃古。这样，埃古家历五代人，分成了三户：埃古·丹都、埃古·扁玛、埃古·嘎玛。

值得注意的是，埃古·扁玛嫁给了相邻的嘎拉村的电影放映员丹史，据丹史讲，他是干部，响应号召带头结婚的。但这个夫妻家庭仍住女方村，仍用女方家名。现在他们这个家庭已经是3代11口人：扁玛夫妇生有二女二男，长女茨尔玛招赘在家，生有一子一女；长子独支与次子甲茨皆已娶妻，独支有二女，甲茨有一子；小女给若已出嫁本村拉它咪家。由于人口太多，父亲丹史提出让长子分家，独支夫妇及其两个女儿一家四口遂于1996年分出另住。长女茨尔玛顾及弟弟已娶妻，也提出希望另住，现父母已同意他们分出。有意味的是，茨尔玛这对从妻居的夫妇，他们的孩子却随父姓，以父亲的家名达都冠于名前，而不用母亲的家名埃古。这11口之家，也将分成3户。这种世系不断变化、家庭不断分衍的事例，在平静村摩梭社区中较为普遍，尤其近年来发展更快。人们普遍认为以前摩梭不分家的原因是走婚，兄弟姐妹不矛盾、和睦相处。现在娶了妻子进来，弟兄就会不和气，趁关系好的时候就分家，今后就团结了。

对于分家问题，老年人与年轻一代也各有自己的看法。我们曾对另一位独玛拉措及其正在经营百货生意的两个女儿进行了访谈。母亲讲："喜欢女儿住在我身边，她们好使得很，但在不在由她们决定吧。"两个女儿巧妙地回答："在家与出去，两样都可以，到时候适合哪样就做哪样。"大女儿进一步明确讲："现在一般来讲，自己成立一个家庭才好，跟起时代走。"据了解，要分家，得老人同意，不然即使年轻人有此愿望，也难于启齿，他人也会笑话。而老一代人虽不情愿，为了顾全家庭的和睦，也往往不得已而随儿女的心愿。这里，既反映了变革时期观念、行为方式的冲突，又体现了传统文化的力量。

家庭小型化，夫妻小家庭在增多——这就是处于政治、经济中心区域及多民族杂居环境的摩梭社区——平静村当前的特点。

传统的力量
——对纳哈瓦及达市两社区的对比调查

前面介绍的三种类型，可以基本了解到不同的行政村一级社区，处于不同经济、文化、地域环境中所出现的变化，那么，处于同一行政村、但不同地理环境的村社，其变化情况如何？有些什么差异？这是进一步深入把握摩梭当代文化变迁所必需的。为此，我们又于1997年10月及1998年6月对永宁行政村的纳哈瓦及达市两个小社区进行了对比调查。这两社区与平静村同属一个行政村，但平静村系昔日商贸中心，且多民族杂居，对外交流相对较多，而纳哈瓦及达市则在过去较为封闭，今日纳哈瓦已处于全乡政治、经济中心区域，而达市则仍处于边缘地位。

纳哈瓦紧挨永宁街，夹于开基与平静中间，村子由小山脚伸延至街面上，一条小河穿村而过。据59岁的老村长何妥底介绍，全村有58户，375人，其中摩梭46户，其余为汉族10户、丽江纳西人2户，均系较后迁入。

纳哈瓦最早的居民是纳哈"斯日"，村子因而得名"纳哈瓦"，意为"纳哈家族的村寨"。据63岁的纳哈刮八·翁丁讲，纳哈斯日现已分成7户，最早的是纳哈·阿吾，其余都从他家分出，其中有3户已迁往他村（嘎拉村2户、阿梅瓦1户）。中华人民共和国建立前每逢过年时，纳哈·阿吾即纳哈家的老屋家要把7户人家都召拢来招待大家吃一顿饭，因为他家多分了4架牛左右的地。由于分开的时间长了，据说已有20多代，所以纳哈斯日内部3代以上的可以开亲。

纳哈瓦现有4个斯日，除了纳哈外，还有瓦古、何依、补沙等斯日，4个斯日的户数如下表：

表3—6　纳哈瓦"斯日"一览表

斯日名称	所属户名	户数	现住村寨
纳哈（7户）	阿吾	1	纳哈瓦
	顶子	1	嘎拉村
	如拉	1	嘎拉村
	阿瓜	1	纳哈瓦
	刮八	1	纳哈瓦
	松娜	1	纳哈瓦
	甲阿若	1	阿梅瓦
何依（11户）	抛诗	3	纳哈瓦
	瓦古木依	2	纳哈瓦
	若补	2	纳哈瓦
	必娜	2	纳哈瓦
	郭它	1	纳哈瓦
	司补	1	纳哈瓦

斯日名称	所属户名	户数	现住村寨
瓦古（11户）	给若	4	纳哈瓦
	搓翁	3	纳哈瓦
	益史	1	纳哈瓦
	小益史	1	纳哈瓦
	娜儿咪	1	纳哈瓦
	阿底	1	纳哈瓦
补沙（19户）	松娜咪	3	纳哈瓦
	茨尔	2	纳哈瓦
	拉搓	2	纳哈瓦
	阿开米	2	纳哈瓦
	丹史	3	下开基
	日是戈	1	下开基
	阿匹益史	1	下开基
	阿美慈	1	下开基
	格补	1	下开基
	给若茨尔	1	下开基
	而四玛	1	纳哈瓦
	××（无后）	1	纳哈瓦

从上表可以看出，纳哈瓦的摩梭户全由这4个斯日组成。我们对全村40%的摩梭户做了问卷调查，令人吃惊地发现，所有被调查者都能说出自己家庭所属斯日及全村共有几个同一斯日的户数，这在其他社区是少有的。究其原因，一是斯日仍聚村或相邻而居，仍保持了血缘——地缘合一的生存格局；其二，斯日成员之间往来频繁，大家仍组成一群体。

关于家庭形态，纳哈瓦双系家庭居多，我们的18份问卷调查中，双系11户，占61.1%；母系3户，占16.1%；父系4户，占22.2%。说明了整个母系家庭变化的趋势。以原人口最多的松娜咪家为例，从“文化大革命”至今，其变化的大体情况是：“文化大革命”以前为拥有30多人的母系大家庭，“文化大革命”中强迫实行一夫一妻制时拉措的丈夫茨尔前来上门，由此分成了两户：拉措一户、阿纳一户。这两户的家庭结构是：

松娜咪·阿纳家，现有人口16人，由3代人组成：

第一代：阿纳（63岁）及其兄（益史，66岁）、姐（阿独，

69岁）3人，行走婚；

第二代：阿纳的子女及侄子计7人组成，除当喇嘛的1人外，全行走婚；

第三代：阿纳的女儿及侄女之子女计6人，皆未成年。

显然，这个家庭至今仍保持了母系制家庭。

松娜咪·拉措家，现有人口11人，由4代人组成：

第一代：拉措的母亲娜珠（83岁），走婚；

第二代：拉措（48岁）及其丈夫郭茨尔（52岁）；

第三代：拉措的子女及女婿计7人，已成年的2人行走婚，1人招赘；

第四代：拉措的二女儿之子1人。

这一户乃形成双系家庭，婚姻形态走婚、嫁娶婚并存。拉措及其丈夫先是走婚，“文化大革命”中强迫实行一夫一妻制时其丈夫郭茨尔（普米族）前来上门，遂形成夫妻家庭。他们的次子现行走婚而次女则与四川汉族一生意人成婚，但夫妇仍居拉措家，目前尚属上门形式。

这两个家庭阿纳住老家，称松娜咪·阿吾，意为松娜咪家老房子；拉措是新分出的家，称松娜咪·日是，意为松娜咪家新房子，对外统称松娜咪家。分家已20余年，但在生活上、经济上仍有很密切的联系，两家土地已分开，但干活仍在一起，粮食不够吃就相互提供，哪边有困难，另一边无偿地帮助，拉措子女多，她的三个大的小孩都由老屋养大，化肥之类，过去由老屋给。现在她家开了饭店、旅社，生活又比老屋好了，老屋缺什么，她家又无偿地给他们，她家盖新房，老屋也从人力支持，判若一个家庭。

我们对18户家庭的婚姻演变情况作了统计，其具体情况如表：

表3—7　纳哈瓦村民婚姻情况表

当家人姓名	家庭形态	婚姻状况		当家人成婚时间	备注
		本人	子女		
何益史	双系	娶嫁婚	长女出嫁 次女走婚	“文化大革命”中丈夫上门	长女先行走婚，后出嫁，其长女生在家中没带走
司布・达都	双系	娶嫁婚	长女出嫁	“文化大革命”中丈夫上门	
帕施拖顶・丹史	双系	走婚	女儿结婚		
何妥底	双系	娶嫁婚	长子次子结婚（干部），长女、三子走婚	“文化大革命”中上门	
阿开咪・丹史	双系	娶嫁婚	两个女儿走婚	不明	
阿依・丹史拉姆	双系	娶嫁婚	成年子女皆走婚	不明	
郭它・给若	双系	走婚		不明	与其同住1家的姐姐娶嫁婚
瓦古・给若	双系	娶嫁婚	1子1女走婚	不明	
阿尔依・阿纳	双系	娶嫁婚	长女走婚	“文化大革命”中丈夫上门	
松娜咪・拉措	双系	娶嫁婚	母亲及1女走婚	不明	
腊锑几罗・翁顶	父系	娶嫁婚	2子皆娶嫁婚	“文化大革命”中上门	
补煞咪・嘎若	父系	娶嫁婚	成年子女皆娶嫁婚（当干部）	不明	
何给若	父系	娶嫁婚		不明	本人系教师
车顶・丹史拉姆	父系	娶嫁婚		“文化大革命”中	
帕施・松娜	母系	走婚	儿子走婚		
收佛・友珍	母系	走婚	1子1女走婚		
松娜咪・阿纳	母系	走婚	成年子女皆走婚		
瓦古・茨尔	母系	娶嫁婚		“文化大革命”中丈夫上门	

上表反映了以下几个方面:（1）当家人系行娶嫁婚者的比例大，18人中计有15人，占总人数的83.3%；（2）这些行娶嫁婚者的成婚时间大都集中于“文化大革命”时期，由于有的在提问时没问明时间，故出现了“不明”的情况，但据这些人的年龄推算，除个别系独儿娶妻及当了干部娶妻者外，基本上都应系“文化大革命”时期强迫推行一夫一妻制时登记结婚的;（3）这些人的后代成年者又出现了走婚的情况，且较为普遍，反映了传统的回溯。同时也有为数不少的人仍继续了母辈成婚的形式，其中有的是当干部在外组成夫妻小家庭的。

由此，我们可以大体了解到纳哈瓦摩梭家庭的现状：走婚、娶嫁婚并存于同一家庭的双系家庭比例大于纯母系或纯父系的家庭，且呈发展趋势。

在经济发展方面，据了解，旧时纳哈瓦聚斯日而居，过着自给自足的低水平的农耕兼畜牧的生活，尽管地多人少，但生产方式落后，土司规定只准种稗子、包谷、洋芋，所以不产米，粮食产量低。据老人们介绍，这一带小河鱼很多，山林野兽也很多，而今已经绝迹，山林也光了。建国前商贸中心在皮匠街（现平静村），人们对外几乎无多少交往，除了赶马帮及当喇嘛者出外见过世面外，多数人都固守家园，过着自给自足的生活。20世纪50年代中期以后，皮匠街的手工业者及小商贩多数变成农民，政治、经济中心逐渐往纳哈瓦移动，由机关单位组成了街面，逐渐形成了今日永宁街的雏型。改革开放以来，外地商贾聚集于此，本地人也建起一些铺面，近年发展更快，现已成为一个新兴的乡镇。然而纳哈瓦人大都仍沿袭着传统的生产生活方式，经济发展水平仍较低。不过也有一些人家开始进入经济领域，据老村长何妥底介绍，全村有16户人家从事商业活动，占全村总户数的28%，其大体情况是：

开饭馆、旅社及小卖店	8户
开歌舞厅	1户
出租房子	4户
搞修理	2户
开瓦厂	1户

尽管规模不大，人数也不算多，但对纳哈瓦这个传统上只搞农业的社区来讲，已是显著的变化了。

关于通婚范围及婚姻观念，也在逐步起着变化，有的姑娘已出嫁外省、外地，当我们问其母亲的看法时，回答是："女儿自己选定的，那里地方好，人好，女人不干活，姑娘过得好，我也就喜欢了。如果小的要去，也可以。"究竟今天的年轻人是怎样看待走婚和嫁娶婚的呢？32岁的给若（男）是这样回答我们的："走婚有好处，不需要管[①]；结婚（指嫁娶婚）的好处是夫妻、娃儿过一样的生活，走婚就过两样的生活。"问到今后的发展趋势，他的看法是："以后的发展，走婚的会少，但仍会有，因为有些穷的不会因无钱而找不着媳妇。"他在街上开歌舞厅，娶了妻。问他娶妻用了多少钱，父子俩计算了一下，约花了2万多元。这在这些地方已是一笔可观的数字。结婚花这么多钱，这是传统所没有的。

摩梭人更注重丧事，一般都很隆重，花销大，这些开支包括粮食、肉、酒、柴禾等，有的费用也由亲属及斯日成员承担，这几年来费用开支越来越大，我们对何益史家的丧事开支作了个粗略统计，七年来他家送了六位老人的丧事费用如下：

大姐（住在他家），七年前去世，办丧事花费1800元左右：

二姐（与益史的大哥做一家），六年前去世，花了半条牛、一餐饭，计约800多元；

大哥，五年前去世，花费同二姐一样，约800元；

二哥，四年前去世，出请喇嘛的份子1 000元；

舅爷（益史妻兄），三年前去世，送了1000多元；

姨妈，今年去世，送了600元请喇嘛念经的份子。

何益史家除了农业外，还摆小摊，一家七口人，年收入在3500元左右，人均收入500元，在村里还算过得去，然而这笔负担却是沉重的，许多人家都盖了新房，他家却无力盖。如果在经济困难的人家，那负担之重更可

① 指孩子及走婚对象。

想而知了。但社会观念上认为这是血缘集团内部的事，再困难也得出力。据了解，传统上斯日的成员在办丧事中都有共同担负的义务，譬如死者有三个女儿，如已出嫁或另立门户，那么待客的早、中、晚饭就要由这三家分别承担，若只有一个，则只承担其中一份，请喇嘛念经的花销，由斯日成员分头承担。所以虽然丧事花销大，但对主人家来讲，负担不很大，因为斯日及亲戚分担了。这种传统，至今仍盛行。

总括起来，纳哈瓦处于当今摩梭政治、经济中心区域，家庭形态、婚姻形式、经济发展、思想观念等较改革开放前有了变化，但较之落水、瓦拉片，其经济发展水平变化不算很大。在这里，传统仍起着突出作用。只是青年人在接受现代生活方式方面较边缘区域更为显著，主要表现在夜生活较活跃，进歌舞厅、唱卡拉OK、看录像等活动较普遍，青年男女交往的场合更多样化了。

达市村是永宁行政村最边远的一个摩梭村寨，处于永宁与落水两个行政村的交界地。村子靠山面公路，达市河绕田野而过，是县城通往永宁的必经之地。然而由于达市河连年泛滥、泥石流灾害不断，吞没了村内四五百亩良田，成了村子的一大灾害。良田被冲，牧场被淹，人们叫苦不迭。此外，这里至今还未通电。

据村长戈茨·小而车介绍，全村70户，374人，摩梭占了64户、349人。这里人均占有土地2亩，但被泥石流冲刷，实际已不到此数，人均有粮250公斤，人均收入300～400元，经济收入主要靠畜牧业及搞副业。农业主要出产包谷、水稻，但由于洪水的冲刷，土地贫瘠，产量不高。

我们抽查了居住在不同坡度的9户农户，母系、双系、父系各3户。

三户父系家庭的婚姻情况是：

桑巴·丹史，男，48岁，因系生产队长，“文化大革命”中带头结成夫妻家庭；

瓦窝·而车，男，63岁，系林业局职工，娶妻；

戈茨·而车，男，46岁，系医院医生，娶妻。

他们都是从母系家庭中分出来另组成夫妻小家庭的，子女全都尚未过婚姻生活，故不好断定他们将来采取何种婚姻形式。

三户双系家庭的婚姻情况是：

戈茨·嘎吐玛，女，78岁，本人行走婚，因子女都已出去，38岁的儿子遂娶妻奉母；

阿尔窝·斯给独玛，女，70岁，本人行走婚，大女儿招赘。

迪雅·娜珠，女，72岁，丈夫已逝，因其丈夫系独儿子，遂娶妻，两个女儿皆行走婚。

三户母系家庭的婚姻状况，其特点是：

几代人皆走婚，这些人中年龄最大的有68岁，最小25岁。譬如扎实·丹史家，计11口人，65岁的丹史（女）及其55岁的弟弟茨池、51岁的妹妹松娜、37岁的长子鲁汝、30岁的长女拉金、27岁的次子给若、25岁的次女奔玛全都行走婚。据了解，这种状况在达市村还是不鲜见的。

从上述三种婚姻状况中，可以大体看出传统的母系制在这里还占着主流地位，除了清一色的母系家庭外，家庭中一般因无男劳力或无女劳力而娶嫁、形成双系家庭者，尚属遵循传统的规矩，只有外出工作的职工或因“文化大革命”中被迫成婚而形成父系家庭者，系接受外来文化影响或形势所迫。这种情况在整个社区中的比重不大（限于当时正值抗洪，无法作详细统计）。

在择偶观念上，今日的中青年人更注重实际一些，我们调查的9个对象中，有5个是28～48岁年龄段的，她（他）们都把老实厚道，勤快能干作为第一、第二选择标准。至于通婚范围，全都在5公里以内。双方认识的途径主要是：1. 同一个村子长大；2. 在劳动中认识；3. 别人介绍认识（相距2～4公里者）。可以看出他们的社交活动范围仍很小。

对于走婚或嫁娶婚的看法，各有所见，且两代人之间更有明显的差异。48岁的桑巴·丹史（男）是“文化大革命”中登记结婚的，他说：“我是党员，要带头。我也不赞成现在有的人那种走婚。走婚不要乱走，过去是正二八经地走婚，若乱来，名声不好，斯日要教育。”37岁的扎实·鲁若（男），系走婚，他认为“若政策不会改变，母系家庭就会发展。”他喜欢走婚，“因为走婚可以招呼两边家庭，团结。”28岁的巴塔·给若拉姆（女）系走婚，她担心地告诉我们：“走婚，若是找着街痞，生个娃儿就跑了，要吵架的。”但她又认为：“从生产生活上看，走婚好。”当我们问现为夫妻家庭的尔车夫妇希望子女们走婚或行嫁娶婚时，60岁的丈夫尔车告诉我们：“要看政策，看儿女的选择。”看来在这大变革的年代，人们的思想观念也在处于变革中，面对某些不好的风气，人们在适应新观念、新生活方式的同时，又多了几分担忧。

与纳哈瓦人相比，达市人的斯日组织相对联系不太紧密，问及村里共有几个斯日及与他们同一斯日的有几家时，9个被采访对象中，只有2个完整地回答出来，且名字有差异，有4人却全然不知，其余可以大体说出自己所属斯日的名字，但说不出同斯日有几户。而在问及“你家有要紧事或遇到困难时先找哪些商量或帮忙解决”时，50% 的人都回答“同一斯日成员”或“斯日长者”。据了解，斯日内还有近亲及远亲之分，血缘关系越近，关系越密，反之，关系就疏一些，尤其是异地而居者，其关系就退居于地缘关系之后了。

在对外交往方面，9个被调查对象全都到过县城及县城以外的地方，其中3人（皆为女性、年龄78岁以上），到过邻县宾川县，是去佛教圣地鸡足山朝佛的；2人（皆为男性，1人37岁、1人46岁）到过1000公里以外的省外城市，1人是去做生意，1人是干部去参观学习，其余4人（3女1男，年龄48岁以下）到过县城。可以看出，男性的行为半径大于女性；年龄大的妇女出远门主要是宗教信仰；今天的中青年人的社会交往范围在逐渐扩大。与其他社区一样，达市村的摩梭家庭行“男外女内”的性别分工，男人的主要工作是外出搞副业，放大牲畜、犁田耙田、平土挖土、撒种等；女人的主要工作则是做饭、喂猪鸡、喂牲口、带小孩、找柴、找猪食等。至于田间管理、收割、打场等，男女都做。随着改革开放，个别姑娘已走出村外，开始到外面打工，在昆明的云南民族村，就有两位达市村的姑娘。我们问过她们到外面的感受，回答是见识广了，但仍很想家。

在经济收入方面，9户人家的年均人收入大体是：

300 元以下	3 户
310 ～ 500 元	2 户
1 000 元以上	4 户

收入少的人家都是从事单一的农业，而收入多的人家主要靠打工或家人中有工资收入者。

综合以上情况，达市村与纳哈瓦村相比，家庭小型化的进程稍慢，年青人的文化生活较单一，经济发展较慢一些，总之，显得比纳哈瓦村更保持传统，这与其所处地理位置有关。

理论探析——理论假设及验证

对摩梭母系制的调查研究，目的在于通过大量实地调查及第二手资料的分析研究，从中总结出某些规律性的东西，为此，我是沿着预调查研究——提出理论假设——再调查研究——验证和检验理论假设这样的程序进行理论研究的。实地调查和观察、思考，第二手资料的参阅、分析与对比，典型与普遍结合的调查与研究等，是我遵循的原则。

在初步调查研究的基础上，我做出了这样的理论假设：外来文化的冲击必将引起摩梭母系文化内部结构的变化，从而将导致母系制的变化，这种变化是正向或是逆向，即母系制的发展或是削弱，在于摩梭母系文化自身的聚合力之强弱。

外来文化的冲击、母系文化结构的变化、母系文化聚合力、母系制的稳定性四个变量之间的关系如下：

外来文化的冲击与摩梭母系文化结构的变化呈正相关关系。摩梭母系文化是一个动态系统，它由诸多不断变化着的因子所组成，这些因子包括婚姻、家庭、生活方式、风俗习惯、伦理规范、思想观念、宗教信仰等等。这些因子及其整个系统变化的促动因素，在于其生存条件的变化，从而使其内部结构发生了变化。由于外来文化的冲击，打破了摩梭母系文化的生存格局，摩梭母系制的组成因子起了不同程度的变化，导致文化结构的变化，从而也就引起了母系制的实际意义上的变化。从摩梭当前的情况看，母系制在这一变化过程中又增添了新的内涵，但未有质的改变，所以它是文化调适的结果。

母系文化的聚合力与母系制的稳定性，同样呈正相关关系。母系文化以其自身的优越性——为群体成员所公认、所体察以及对群体成员的吸引力，形成群体内的聚合力，足以对外部因素的干扰和冲击相抗衡、乃至压倒时，母系制的稳定性将越来越强。对摩梭母系文化而言，维持其聚合力的因素是合作、沟通、稳定、安宁，群体成员间的相互信任和依赖，从而促成了母系制的巩固、长盛不衰。一旦整个社会大环境形成了可以与之抗衡的物质力量、并对其施以强大影响，对其聚合力予以威胁时，它将面临前所未有的挑战，是顶住？或是削弱？它将直接关系到母系制的前途和命运。

外来文化的冲击与母系制的稳定性呈负相关关系。母系制存在于永宁摩梭人特定的社会环境，并为由此形成的特定观念、特有思维方式、特有的价值观念所支撑，一旦条件（环境）改变——即外来文化不断冲击，引起原有生活方式及思想观念的或隐或显、或多或少的变化，必然会对母系制产生冲击力，从而削弱母系制的稳定性。同样，母系制的稳定性越强，对外来文化的抵制性越强，外来文化的冲击力就会越弱。

文化结构的变化与母系文化聚合力既呈正相关关系，又呈负相关关系。文化结构的变化可能增强母系文化的聚合力，也可能削弱母系文化的聚合力。前者是在文化结构的变化在一定条件下有利于母系文化发展的情况下存在的，后者则是在不利于母系文化发展的情况下存在的。当外来文化冲击，引起文化结构的变化以后，这种变化与当时、当地的生产、经济发展相适应，就会增强原有母系文化的聚合力，从而增强母系制的稳定性；反之，则会削弱其稳定性。同样，母系文化聚合力愈强，文化结构在受到外来冲击时的抵御性愈强，文化结构的变化也就愈小。

外来文化的冲击与母系文化的聚合力呈负相关关系。外来文化的冲击力越大，母系文化的聚合力受到削弱的可能性越大；外来文化的冲击力越小，母系文化的聚合力将会显得越强。同样，母系文化的聚合力越强，对外来文化的排斥性也就越强，外来文化的冲击力亦随之减弱。

文化结构的变化与母系制的稳定性呈正负相关关系。正相关关系是在文化结构的变化及母系制在新情况下的相适应而产生的；负相关关系是在二者互不适应、甚至相互排斥的情况下产生的。

经过反复的调查及最后的补充调查，我认为自己的理论假设可以基本成立。就是说，外来文化冲击所引起的母系制的发展或是削弱，在于母系文化自身的聚合力之强弱，然而这种聚合力更反映在母系制对外来文化的调适力上，这是我的补充认识。所以可以这样说，摩梭母系制在外来文化冲击面前其稳定性如何，取决于它对外来文化的调适状况。这种状况，对母系制本身而言，既可能是正效应，也可能是负效应。

首先来谈谈外来文化冲击与摩梭母系文化结构的变化对摩梭母系制的影响。

纵观摩梭历史，外来文化对其冲击最大的有三次，这几次冲击，曾引起了摩梭社会文化的巨大变迁。

第一次是受藏文化的影响。这支摩梭先民，系唐时“逐出吐蕃”而居住于此。吐蕃是这里最早的土著。故当地的主流藏文化必然对其施予影响。

藏文化对摩梭的影响，最突出的是宗教的影响。这种影响首先反映在对摩梭原始宗教打巴教的改造上。藏族本教约在公元七世纪的初唐传入摩梭地区[①]，摩梭原始的打巴教行万物有灵的自然崇拜，神职人员打巴的主要职责是为人祈福禳灾、占卜凶吉、为死者引路等。本教传入以后，其神系、仪式、法器、经咒诸方面都受到了显著影响，把打巴教这一初级的原始宗教改造成了高一级的原始宗教，乃至出现了“丁巴莎拉”[②]这一打巴教的祖师。据杨学政的研究，打巴教的巫师名称、职能以及口诵经的神系名目都充分反映了受本教的深刻影响。譬如打巴教的巫师职能与本教的巫师职

① 参见杨学政:《藏族、纳西族、普米族的藏传佛教》1版．昆明：云南人民出版社．1994：14、198页．

② 本教祖师丹巴喜饶的转音。

能大同小异；打巴教的口诵经中有许多古藏语的本教神名和仪式名称；打巴教与本教一样崇拜天神、地神和龙神；打巴教的宇宙万物起源说与本教的十分相似，等等①。从古代至今天，宗教生活是摩梭社会中不可或缺的部分，是其精神支柱。强大的吐蕃宗教文化对于摩梭宗教文化的冲击，导致了摩梭文化结构的变化：本教以其摩梭化的形式，即打巴教本教化，对摩梭社会产生了重要影响。接着，公元11世纪以后，至15世纪的300多年间，藏传佛教又相继传入云南丽江、宁蒗、四川木里及盐源等地区。当时西藏佛教已欣欣向荣，为了扩大影响，各教派纷纷向邻近地区传播，川、滇、藏交界地区，当为其首选目标，故上述地区被纳入其传播范围。宁蒗摩梭地区，当时已进入封建领主制社会，佛教的传入，正与封建领主阶级的需要相合拍——用宗教来维系其统一的统治。因此，在封建领主——阿氏土司阶级的倡导和扶持下，藏传佛教得以迅速发展，很快取代了打巴教的中心地位，形成了全民信奉藏传佛教、几近形成政教合一的局面，对摩梭社会政治、经济文化施以强大影响。在宗教领域内，一改摩梭传统的自然、平等、和谐的宗教思想，成为强化等级、强化男权——主从关系的神系、女神地位下降、男神居于统治地位等的宗教思想。无疑，宗教这种强大的外来文化的冲击，促成了摩梭母系文化结构的重要变化；在意识形态方面，宗教领域的女神崇拜被削弱，现实生活中出现了贬损女性的言论和禁忌；在两性平等的性别关系中渗透进了某些性别不平等成分等。在生活习俗方面，饮食、衣饰、宗教节日、命名等都吸纳了藏文化的诸多方面。在管理系统中，设立了专管宗教事务的堪布一职。在建筑艺术中寺院建筑及壁画、麻尼堆的石刻等皆依藏传佛教风格，民居中的经堂布置，亦充溢着藏族风味，等等。总之，藏传佛教文化形成了摩梭文化的重要方面，并渗透于摩梭社会生活的方方面面，衣食住行、生老病死、婚丧嫁娶都闪烁着藏传佛教的色彩。这种深透及其对摩梭母系文化结构施予影响的结果，使铁板一块的母系文化聚合力出现了一定的缝隙：男尊女卑、歧视妇女的观念滋生，出现了宗教和政治领域的男权统治。

① 参见杨学政：《藏族、纳西族、普米族的藏传佛教》1版．昆明：云南人民出版社．1994：36～47页．

尽管如此，由于摩梭母系文化聚合力很强固，所以它又反过来对外来文化施以强大影响，并反作用于外来文化，藏传佛教的世俗化，就是最明显的结果。僧侣（喇嘛）生活于个体家庭中、不脱离生产劳动、过婚姻生活等，俨然相悖于藏传佛教的戒律，但却与摩梭母系家庭和走婚相协调，形成了这一带藏传佛教的特色。惟其如此，使它更富于活力，更能植根于摩梭这块土地中。

另一次是受汉文化的冲击。据古籍记载及史家考证，永宁唐时属大理国，元宪宗三年（公元1253年）忽必烈率军平大理，路经永宁，泥月乌三十一世孙和字内附。至元十一年（公元1274年）置答蓝管民官，至元十六年（公元1279年），更置永宁州。这一设置，使永宁摩梭社会结束了原始部落阶段，进入了封建领主制时代，对其政治、经济、文化的发展，有着巨大的作用。明洪武十四年（公元1381年），土官卜都各吉率所部归附明王朝，仍授为土知州。土司职务一直沿袭至建国初期，历600多年。按照中原体制，土司由男性传承，因而沿袭原有父系制并得以巩固，娶妻婚育，以确认其父系血统及继承关系。由于永宁地处偏僻，中央势力一直未能直接临政，明末清初的“改土归流”永宁土知府也仍保留了下来。民国年间，以建立分县归永北（今永胜）管辖或设立宁蒗设治局等方式间接管理。总之，建国前历代统治者对永宁采取遥领节制的方法进行统治，因此统治权实为历代土司所掌握①。为了保持其政治统治、宗教信仰、生产生活方式，阿土司采取了一系列防止汉族及他族侵入或影响的政策，如不准种稻、不准随意迁入、建立自卫武装等。另方面，维护中央政权的统治地位，如入京朝贡，参加上面指令的助剿、运粮、城防等活动。一言以蔽之，摩梭土司对中央统治采取顺应、对主流汉文化采取防范的自我保护政策，以求得自己民族的生存和发展空间。其结果，形成了某种程度的封闭性及文化的保守性、排他性。正因如此，从总体来讲，汉文化对摩梭文化的冲击较之藏文化小。但由于作为统治阶级的土司在婚姻家庭制度方面沿袭了汉制，并影响到本阶级内部的其他阶层及部分奴隶

① 《女儿国诞生的活佛——罗桑益世活佛回忆录》1版．昆明：云南民族出版社，1995：1～2页．

和百姓，因而对母系制形成冲击，造成了母系文化结构的变化：从母系婚姻家庭结构中分离出了父系婚姻家庭结构[①]从而带来了价值观念、资源分配形式、居住格局等一系列相应的变化。尽管如此，由于摩梭母系文化强大的聚合力，仍改变不了母系制占绝对优势的全局，相反，母系制却对父系制给予反作用，使其带有较浓的母系色彩，甚至某些方面如土司家庭的婚姻显得苍白无力。

再一次是建国以后政治形势的影响、特别是“文化大革命”中极左思潮的冲击。1950年宁蒗和平解放，宁蒗县临时政务委员会在永宁成立，标志着永宁摩梭社会进入了一个新的历史时期。1956年实行民主改革，结束了土司的统治，人民当家作主人。永宁摩梭社会建制自1950年起按国家统一的行政编制，各级党政组织人选，按统一的规定进行，体现出摩梭人自己管理自己、人民行使权力的原则，许多昔日的奴隶及百姓成了政权管理者，昔日的土司阶级成员，也以临时政务委员会主席（阿少云）、副主席（阿少符）、副县长（阿少云）、政协委员（阿民柱、阿占胜、阿民奇）等身份参加到新政权的管理、协商工作中。中国共产党、人民政权直接领导着永宁摩梭社会，推动着摩梭社会政治、经济、文化的发展，结束了历代统治者对其“遥领节制”及土司阶级专政的历史。民主改革以后，摩梭社会的发展进程与整个中国社会的进程同步，“大跃进”、人民公社、“文化大革命”等一系列政治运动，在永宁摩梭社会开展，主流文化对其施予了前所未有的影响；不少摩梭人走出永宁，参军参干、当工人、当教师，直接生活于主流文化环境中，接受主流文化的熏陶，又以其所接受的思想观念、生活方式、价值判断等影响自己的本土；再加上外来移民的影响等，打破了永宁历史上的自我封闭状态，对其固有文化形成了新的冲击。于是在“落后”“原始”等舆论及“干部带头”等形式下，人为地鼓励父系制的发展、抑制母系制的繁衍，直至“文化大革命”中掀起的“婚姻改革运动”，以行政的力量强迫其“进步”到父系制。然而，母系文化的聚合力仍“顽固”地起作用，所以一旦粉碎“四人帮”以后，随着政治形势的宽松，母系制又顽强地发展起来。

① 这里主要指分离出的那一部分。

较之前三次，当今改革开放、市场经济发展的环境，对摩梭母系文化更是一次强大而深刻的冲击。如果说建国后的运动及极左思潮的影响主要是少数受主流文化影响的人及行政力量出现的话，那么，今天则是面临自发的、全方位的外来文化的包围的形势，开放型的社会、各种各样的传媒、多元的文化，正有形无形地向摩梭母系文化提出了挑战，于是在价值观念、生活方式、宗教信仰等方面引起了碰撞，母系文化及其核心母系制正在面临更严峻的考验。从传统看，摩梭人有一种保持自我的应变能力：以既保持传统，又顺应潮流的心态和行为方式来保持和发展自我。实质上，这是一种文化的调适和整合过程，也就是文化发展的过程。吸纳藏文化而又有自身特点的宗教世俗化及母系文化，接受中原父系文化却又只限于统治阶级而民间仍保留自己母系文化等特点，就是这种文化调适和整合的结果。那么，今天的状况又是如何呢？我们调查的结果表明，面对新的挑战，摩梭母系文化又在进行着新的调适和整合，譬如母系家庭在逐渐小型化；走婚已普遍实行固定单偶走婚；配偶双方及其家庭的联系在加强；择偶观念更务实；居住格局向适应现代生活发展；血缘地缘关系网络开始被冲破；习惯法的约束力在削弱，法制观念在加强，如此等等，在商品经济大潮面前，摩梭母系文化结构在进行着新的组合，但其核心——母系制仍改变不大，说明了母系文化聚合力之强大。

通过前述所及，我们可以清楚地看出外来文化冲击与摩梭文化结构的变化之正相关关系，以及摩梭母系文化聚合力对于摩梭母系制的稳定性的正相关关系。概括起来说，外来文化的冲击，促动摩梭母系文化系统诸因子如婚姻、家庭、风俗习惯、宗教信仰、价值观念、伦理规范、生活方式等的变化，从而导致母系文化内部结构的变化，如父系制婚姻家庭模式、外来宗教及思想观念、外来的生活方式等的出现，但未能从根本上改变母系制的核心及母系制的绝对优势。其结果，母系制以更多彩的文化现象如母系、父系并存的家庭格局，走婚、结婚并行的婚姻形式、两性平等发展的家庭机制、传统与现代相结合的价值判断等，在新的生存环境中不断丰富和发展着自我。当然，因条件而异，各个社区的发展程度和趋势有所差异。其间的决定因素是母系文化自身的聚合力。聚合力愈大，排他性愈强，对外来文化冲击力的抗御、调适及整合力愈强，母系制的稳定性也愈强，反之，则稳定性弱。在漫长的历史发展过程中，摩梭人出于生存和文化的需要，选择了母系制这一生存方式，并在长期的生存实践中不断丰富和发展，形成了一整套与之相适应的社会文化机制，如母系制家庭婚姻形式、独特的伦理道德观念、母系群体的生产生活方式、女神崇拜信仰、母系群体意识，等等。这一机制又以母系血缘这根纽带贯穿其间，以十分默契的合作、沟通以及稳定、和谐、安宁的社会——文化心理，铸就了母系文化的聚合力，使其历经漫长的岁月而不衰，形成母系制的稳定性。迄今尚未形成一种与之抗衡的物质力量，故它仍在顽强地起着作用。至于在社会生产力高度发展以后，当社会大环境积聚起可与之抗衡的能量时，它将如何变化，这得看发展了。就此问题我曾与一些摩梭干部及群众交谈，大体有两种观点：一是母系制将来会为父系制所取代；一是母系制还会存在下去。持第一种观点的理由是“母系家庭有点像国营大中型企业，有苦的，也有混日子的”“不利于经济的发展”。持第二种观点的理由是“传统不会改变”，何况“什么时候都有富的，也有穷的，穷人娶不起媳妇，就走婚。”

我们调查到的情况也证明，摩梭母系文化的聚合力，还取决于其对外来文化的适应程度，也就是我在理论假设中提出的外来文化的冲击与母系文化聚合力呈负相关关系的论点所涉及的问题。从理论上讲，外来文化冲击力愈大，母系文化聚合力受到削弱的可能性愈大，反之则愈小。也就是说母系文化聚合力可能因外来文化的冲击力大小而影响其大小。看来，这一假设应予以修正。因为母系文化聚合力就外来文化而言应属于内因，外来文化则属于外因。外因虽为变化的条件，但内因却是变化的根据，外因要靠内因起作用才能引起变化。这里的“作用”，情况就很复杂，还不能简单地推论，这是我从实际调查中得到的认识。以下落水和平静两个摩梭社区为例，同样都是处于相对开放的环境，对外信息交流频繁、接触外来文化较多。照前述推理，这些外来文化对母系文化聚合力形成威胁，从而导致其削弱，母系制也将随之削弱。然而事实是平静村目前的情况符合这一论点，而下落水则是母系制又得到了新的发展。究其原因，除了历史积淀外，与经济文化的发展状况有关。平静村地处受中国主流文化影响较大的政治、经济中心区域，且几个民族相杂而居，历史上又为土司家奴居多，加上藏传佛教最大的寺庙扎美寺座落其间，又成为宗教中心所在地，文化交汇现象较显著，受外来文化影响及土司文化影响较大。改革开放以来，这种情况更有所发展，因此母系家庭小型化、夫妻小家庭在增多。而下落水历史上母系制比重较大，且偏处一隅，受外来文化影响较小，从居住格局看，全为摩梭聚族而居。由于地处泸沽湖畔，改革开放以来成为旅游景点，以其充溢着浓郁的母系制色彩的自然和人文景观吸引了大量中外游客，而它的旅游经济又以家庭旅社及社区组织的活动为特点，这些活动都体现了母系文化的独特魅力，而这正是外来文化所缺乏的。于是传统观念、传统生活方式与经济利益自然融合为一体，促成了母系制的再度辉煌。由此可见，对摩梭母系制而言，外来文化不一定都起负面作用，一旦在文化的调适和整合过程中以“顺应潮流”的观念和方式来进行自我调整和充实，那么，这个“自我”还是存在并将得到发展的。我在前面所提到的对外来文化的适应力即指此。这一命题，也涉及到我在理论假设中“文化结构的变化与母系制的稳定性呈正负相关关系”这一论点。外来文化的冲击，引起母系文化结构的变化，如果这种变化能促进母系制适应新的情况，那么，它就呈正相关关系。如下落水，面对强大的外来文化，原有母系文化结构又在变化：在血缘、地缘关系的基础上再加进一层业缘关系，在传统的居住格局基础上又增添了现代生活布局及设施，传统生活方式变成旅游文化，等等。这些变化既适应了旅游业的发展，又丰富了母系文化的内涵，从而促进了母系制在新形势下的巩固和发展。如果母系文化结构的变化不能对母系制起到促进作用，相反，却在削弱它，那么，它们之间就呈负相关关系。如平静村，双系家庭比重不断增大，娶嫁者日益增多，母系家庭小型化趋势明显，年轻一代的个体意识对母系群体意识的离心趋势，等等，这些都促成了母系文化结构内部的变化，这种变化对母系制起着负面作用，因而母系制受到削弱，从而也就影响了其稳定性。同样的道理，母系文化结构的变化与母系文化聚合力也存在正负相关关系，当母系文化结构的变化有利于母系制的稳定和发展时，其聚合力自然就会增强，同时它又会反过来促成母系制的稳定和发展，反之，则会削弱。

统观摩梭母系制的发展历程，它总是以既保持传统、又顺应时代的规律在历史长河中保存了自我，“以不变（母系制的核心）应万变”，得以生存和发展。面对当今改革开放、发展商品经济的大趋势，在前所未有的强大的物质力量冲击面前，它又面临着新的选择，这种选择已呈现出多彩的文化现象，就我们目前的调查，出现了三种类型的变化：

第一类：母系制得以再度辉煌。这是在下落水村出现的情况，它是在母系制与当前经济发展相适应的前提下出现的，母系文化的熏陶、特有的观念及生存方式与当前经济发展、经济利益的驱动自然融合为一体，这样，促成了母系制的再度辉煌。

第二类：对母系制的若即若离——一种特殊的组合。这是在瓦拉片村出现的情况。走婚配偶走出双方母系家庭搞合作经济，但双方仍归宿自己的家庭，不单独组成夫妻小家庭。这是在母系文化氛围较浓厚、商业活动较活跃的社区出现的，形成了一种既依托、依恋于母系制，又投身商海、加强配偶之间的多方面联系的一种特殊的组合形式，反映出社会转型期中观念和行为方式上的一种文化调适过程。

第三类：母系制的分离。即从母系家庭中分离出夫妻小家庭、改走婚为嫁娶婚。在平静、掩支等社区出现的分家中，此类占了一定比重，实质上，这是对母系文化特有的思想观念、价值判断、生产生活方式的背离，也是一种对父系文化的选择。当然，其间的具体情况各有不同，包含着价值观念、经济利益、资源占有、家庭关系等不同因素。

上述三种类型之出现，主要由其所处社区的历史、成员结构、经济结构、经济发展、社区地理等原因形成。历史上母系制比重大、因经济开发门类较多而需投入较多的人力、物力的社区、或者至今相对封闭、传统上盛行母系制的社区，母系制仍保持较强的稳定性，像下落水自不必说，还有瓦拉片以及争波等村。瓦拉片，经济开发门类较多些，全村51户摩梭，母系家庭35户，占了全村总户数的68.63%，129个18～55岁成年人中，除未过婚姻生活的38人外，过婚姻生活的有91人，其中走婚者61人，占了过婚姻生活的成年人总数的67%。争波村至今基本上仍保持着传统生产生活方式，我们对29户摩梭家庭做了抽样调查，母系家庭有22户，对128位上述年龄段成年人婚姻状况调查的结果，在过婚姻生活的87人中，有59人走婚，占了过婚姻生活的成年人总数的67.82%。这都是1966年底的调查数字。这些社区，如果没有较大的促使其改变的因素产生的话，母系制仍将盛行，且可能保持相对长的时间。在某些民族杂居、且相杂而居的他民族文化对摩梭母系文化有较强的排斥性，乃至足以去影响母系文化的社区，历史上父系制比重较大的社区，处于经济发展较快但仅需少数人去经营或吸纳外来文化快的社区，父系小家庭将得到发展，双系家庭比重将会增加，比如拖支村及处于乡镇周围的平静、纳哈瓦等村寨。

从永宁乡这个摩梭大社区来看，在相当长一段时期内，将会母系、父系并存于同一个社区、同一个家庭，而不会是单纯的母系制或父系制。然而母系文化仍将以其特有的力量去影响摩梭的社会生活，乃至出现它的顺应、整合的新形式。由于各个小社区的情况不同，其发展状况不尽同步，同时摩梭那崇尚自然、宽松和谐、不拘一格、一切从实际需要或自身意愿出发，不一定遵从某种理念化的更贴近自然的社会——文化心理，决定其选择生存方式、行事准则的自然性，于是可能此时、此地或此代、此人行母系，而彼时、彼地或彼代、彼人行父系，也可能同时二者兼行，单一的情况估计难于一时存在于一地乃至一个家庭。至于最终将如何发展，那就留待后人实践和研究了，不过至少在现阶段，母系制仍将继续发挥它的优长之处而成为永宁摩梭社会的主流。我坚信，善于保持传统而又适应发展、顺应变化的摩梭人，一定会在未来的生存实践中以自己的文化观念、感性体验和思维方式，借助传统文化的精粹力量，构建出更高层次的、两性平等和谐的婚姻家庭模式。因为性别平等的意识在摩梭传统文化观念中一直在发扬着，不管今后出现什么样的婚姻家庭形式，这种观念将会贯穿其中，当然程度将会有差异。

附 件

摩梭家庭调查问卷统计

（样本份数 200 份）

（调查时间 1996.11）

样本统计表

村名	样本数（个）			
	合计	母系家庭	父系家庭	双系家庭
海衣角	14	10	1	3
忠实	10	7		3
八旗	13	7	3	3
八株	30	6	6	18
瓦拉片	25	15	2	8
争波	28	21	2	5
拖支	28	9	12	7
布水	20	17	2	1
纳哈瓦	5	3	2	
开基	11	4	4	3
平静	16	10	1	5
总计	200	109	35	56

一、基本情况

1 家庭人数

每户人数（人）	1～4	5～7	8～10	11～15	15以上	无回答
%	12.25	50.98	25.00	11.27	0.50	0.00

2 家庭代数组成

代数	1	2	3	4	5	无回答
%	0.00	29.51	61.03	8.96	0.50	0.00

3 家庭当家人情况

当家人数	1人		2人			无回答
性别 比例	男	女	男	女	男、女	
%	48.40	51.60	28.89	46.67	24.44	0.00

4-1 女、男当家人分管事务情况

管理事务内容	安排家庭活计				管理家庭经济开支			
性别 比例	男	女	男、女	无回答	男	女	男、女	无回答
%	33.33	46.78	1.17	18.72	40.45	35.29	0.00	24.26

4-2

管理事务内容	处理对外事务				主持一日三餐祭祀			
性别 比例	男	女	男、女	无回答	男	女	男、女	无回答
%	52.67	21.33	4.00	22.00	15.03	62.75	0.65	21.57

4-3

管理事务内容	主持大的祭祀				其他			
性别 比例	男	女	男、女	无回答	男	女	男、女	无回答
%	55.07	20.29	0.73	23.91	19.13	13.91	0.87	66.09

5　当家人与户主是否同一人

答案	是	不是	无回答
%	90.31	7.65	2.04

6　配偶间相识情况

相识情况	在亲戚家相识	娱乐中相识	劳动中相识	同一村长大	经人介绍相识	无回答
%	2.04	15.82	15.82	43.88	10.20	12.24

7　选择配偶主要条件

择偶条件	老实厚道	勤快能干	长得漂亮	有知识文化	有钱财	其他	无回答
%	33.66	38.95	4.62	2.64	5.61	5.28	9.24

8　配偶家庭相互距离情况

距离	本村	5公里以内	6～10公里	10～30公里	40～50公里	50～100公里	100公里以外	无回答
%	57.81	19.79	5.21	4.17	1.04	0.52	1.04	10.42

二、家庭经济情况

9　家庭现有人均耕地（包括田和土）状况

数量（亩／人）	0.5亩以下	0.6～1亩	1～2亩	2亩以上	无回答
%	1.58	1.05	41.05	53.16	3.16

10　去年家庭人均粮食收成情况

年、人均收成（斤/人）	300斤以下	300～500	600～800	800～1000	1000斤以上	无回答
%	1.04	12.95	27.98	24.35	30.05	3.63

11　家中粮食不够吃、用何办法解决

答案	国家返销粮	市场上买	亲友借给	其他	无回答
%	22.80	18.65	19.17	0.52	38.86

12 去年人均现金收入大约数

收入数（元／人年）	300以下	310～500	510～700	710～1000	1000以上	无回答
%	14.29	27.19	14.29	14.75	20.28	9.20

13 去年现金收入主要来源

来源	农业	林业或药材	养殖、畜牧	工业、手工业	商业	其他	无答案
%	37.25	7.38	17.79	10.40	9.06	17.79	0.33

14 去年现金支出主要方面

支出	化肥、农具、籽种	生活用品	子女学费	食品	存入银行	其他	无答案
%	22.59	23.86	20.40	22.04	5.65	4.55	0.91

15 去年家庭现金收入主要靠干什么获得

答案	农业	林业或药材	养殖	工业、手工业	商业	打工	其他	无答案
%	22.71	4.80	9.17	4.80	5.24	4.80	3.49	44.99

16 你能花家里钱买自己想买的东西吗？

答案	能	有些能，有些不能	不能	无回答
%	58.79	4.52	1.51	35.18

17 家庭已有大件情况

名称	衣柜、沙发	收录机	缝纫机	电视机	洗衣机	电冰箱	单车	摩托车	汽车	其他	无回答
%	13.61	26.49	9.90	9.16	6.68	0.74	19.95	2.22	1.73	1.24	8.28

18 改革开放后盖建新房情况

答案	盖了	没盖	无回答
%	89.95	3.52	6.53

19 家庭拥有大型农机具情况

名称	拖拉机	碾米机、脱粒机	发电机	收割机	榨油机	抽水机	饲料粉碎机	其他	无回答
%	4.17	7.29	5.03	0.00	0.00	0.52	1.04	2.78	79.17

20 妇女出外挣钱情况

外出者称谓	妈妈（或妻子）	妹妹（或儿媳）	女儿	无回答
%	0.00	6.67	11.67	81.66

三、家庭性别分工

21-1　家务劳动性别分工

劳动内容	做饭				喂猪鸡				放猪			
	女	男	男、女	无回答	女	男	男、女	无回答	女	男	男、女	无回答
%	78.47	6.79	13.88	0.86	82.56	7.70	9.74	0.00	54.15	4.97	31.49	9.39

21-2

劳动内容	喂牲口				放牲口				带小孩			
	女	男	男、女	无回答	女	男	男、女	无回答	女	男	男、女	无回答
%	51.8	7.65	35.45	5.1	19.58	26.46	49.20	4.76	43.65	4.57	32.49	19.29

21-3

劳动内容	砍　柴				找猪食（打猪草）			
	女	男	男、女	无回答	女	男	男、女	无回答
%	20.51	27.17	51.30	1.02	83.59	1.54	6.67	8.20

22-1　农业劳动性别分工

农活内容	犁田耙田				平土挖土			
	女	男	男、女	无	女	男	男、女	无
%	2.03	90.36	6.60	0.33	6.84	23.68	66.32	3.16

22-2

农活内容	撒种				田间管理（放水、施肥、薅锄）			
	女	男	男、女	无	女	男	男、女	无
%	20.00	35.90	43.60	0.50	12.06	15.58	71.36	1.00

22-3

农活内容	收割				撒种			
	女	男	男、女	无	女	男	男、女	无
%	4.71	1.57	91.10	2.62	4.23	1.59	92.59	1.59

23-1　家庭、社会、经济活动性别分工

农活内容	运输（赶马、开车、开拖拉机）				外出打工			
	女	男	男、女	无	女	男	男、女	无
%	7.45	58.47	6.01	27.87	10.58	35.45	11.11	42.86

23-2

农活内容	主持节日祭祀				主持红白事			
	女	男	男、女	无	女	男	男、女	无
%	46.11	42.23	9.44	2.22	19.21	63.28	11.30	6.21

23-3

农活内容	参加村里开会				到集市出售农副产品				到集市采购物品			
	女	男	男、女	无回答	女	男	男、女	无回答	女	男	男、女	无回答
%	11.23	33.69	52.94	2.14	45.29	5.29	34.71	14.71	26.70	10.80	55.68	6.82

24-1 家庭成员参加种植、养殖科技培训情况

培训等级	自然村级		行政村级		乡（镇）级	
	女	男	女	男	女	男
%	0	0	0	0	0	0

24-2

培训等级	县级		地区级		地区以上	
	女	男	女	男	女	男
%	0	0	0	0	0	0

四、家族组织

25 同村同“斯日”（家族）情况

户数	3家以下	4～6家	7～10家	11～15家	15家以上	无回答
%	19.79	18.18	19.79	3.21	14.43	24.60

26 “斯日”与“尔”关系知晓情况

答案	知道	不知道	无回答
%	7.08	46.46	46.46

27-1 “斯日”活动内容

活动内容	红白事	祭祖	节日祭祀	生产互助	生活互助
%	30.30	22.56	20.27	11.59	15.28

27-2

活动内容	相互继承财产	相互过继后代	无回答
%	1.53	2.29	4.78

注：91.4% 系无此情况。

五、社会交往

28　有要紧事或有困难时找何人商量或解决

答案	村长	同一斯日成员	长者	邻居	好朋友	谁也不找	无回答
%	23.83	47.29	17.33	4.69	4.69	1.81	0.36

29　家庭与别人发生小纠纷找谁解决？

答案	村长	村内长者	斯日长者	邻居	其他	无回答
%	46.64	26.47	18.49	4.62	2.94	0.84

30　家庭与别人发生大的纠纷（如山林、土地、财产等）时，找谁解决？

答案	找法院	找村政府	找斯日长者或有威望者	找村内长者或有威望者	其他	无回答
%	18.88	74.68	1.29	1.72	1.29	2.14

31　如有心事，第一个想找谁？

答案	配偶	母亲	舅舅	父亲	姐妹	兄弟	好朋友	谁也不找	无回答
%	28.90	31.93	8.50	3.21	5.96	6.34	5.96	6.70	2.50

32　到过最远地方的情况

答案	乡镇	县城	邻县	专区所在地	省城	省外县城	省外城市	北京	无回答
%	12.31	32.82	18.46	11.28	9.74	3.08	8.21	1.54	2.56

33　对外出找工作或做生意的态度

答案	愿意	不愿意	无回答
%	25.26	59.28	15.46

34 11个村摩梭家庭类型及代数组成一览表

类型／代数／村名	三类家庭合计	母系家庭						双系家庭						父系家庭					
		一代	二代	三代	四代	五代	小计	一代	二代	三代	四代	五代	小计	一代	二代	三代	四代	五代	小计
平静	16		5	5			10		1	3			4			2			2
纳哈瓦	5		2		1		3								1	1			2
八七	13		1	5	1		7			3			3		1	2			3
海衣角	14		2	5	3		10		1	1		1	3		1				1
开基	11		2	2			4			3			3		1	2	1		4
忠实	10		3	4			7		2	1			3						
八株	30		1	4	1		6		3	14		1	18		5	1			6
泥鳅沟	29		5	14	3		22		3	2			5		2				2
拖支	27		5	3	1		9		2	5			7		7	4			11
落水	20		4	9	3		16			1			1		1		2		3
瓦拉片	25		6	8	1		15			8			8			2			2
总计	200		36	59	14		109		12	41		2	55		19	14	3		36

三代摩梭女的婚恋故事

拉木·嘎吐萨

在中国西南的云南滇西北高原上，有一块神奇诱人的土地——永宁；被誉为诗和音乐之湖的泸沽湖就在永宁辖区；那里生活着如谜如神话的摩梭人；那里，女人支撑着生活的主旋律；女人、母亲、女神是那片土地的主人；在那里，无论山川还是河流，无论历史还是现实，无不浸染上女性的色彩，所以，被人称为“女儿国”。至今，那里的人们仍以母亲为中心，组成奇异的母系大家庭，所有家庭成员都是一个祖母或母亲的后代，血缘以母系计，财产由女性继承，家庭成员只有母系的亲属，没有父系成员。在那里，男人似乎永远充当着客人或过客的角色。在男女婚姻领域，采取走婚的形式，“走婚”，摩梭人称“生生”，意即“走走”。男女青年不组成家庭，各自生活在母亲之家，男不娶妻，女不嫁人。男子夜间到情侣家过夜，黎明时回自己的母亲家庭，女子则在自己的花楼等待着情人来访，这种婚俗称为“走婚”，又有人称为“阿夏”婚，即“情人婚”。男女情侣之间没有过多的经济交往，只有一些礼节性的赠送，他们并不组成新家庭，各自的财产在母亲家庭。所以，他们只有情感的联系，如果感情好，双方维持时间就长，如果感情浅，各自另寻意中人，并不受其他种种惯例和规矩的约束。若有了儿女，由女方的家庭抚养和教育，而父亲只在年节时送点衣物之类。由于特定的社会和家庭结构，孩子们的成长和教育没有后顾之忧，因为母亲和外婆及舅舅会当仁不让地对孩子负起责任，那个父亲也会去抚养姐妹的孩子。由于是同一母亲的后代，所以儿女们团结和睦相亲相爱，生活得满足和幸福。在那一片母亲的家园中，人们日出而作，日落而息，与世无争，自给自足，一代又一代繁衍生息。虽然在漫长的岁月中，不同的时代流程对这片女人统领的世界也曾有过种种冲击，但他们仍用自己的汗水、眼泪和智慧创造属于自己的天地、自己独特的文化。直到今天，母亲仍是那里永不倒塌的旗帜，在她的麾下，女儿们坚韧地构筑自己的梦想。

随着泸沽湖的对外开放，很多人来了，像一群群候鸟，来了又走了。对那里的报道也多起来。但由于文化背景不同，文化观念及价值尺度有差异，许多报道并不真实。误解者有之，编造者有之，猎奇者亦有。在众多传媒的误导中，那里似乎成为一种天方夜谭。为了使人更真实地理解那里的生活，尤其是婚恋中的风俗，使人能深入地了解摩梭人的内部生活方式，今年四月，我又一次回到家乡采访摩梭妇女。我想让她们自己说说自己的生活而不是我说，这样，也许会更加真实。为了避免先入为主，或者带上我这个多年来在外地学习和工作的人的观念，我基本没有提问，让她们自己叙述人生历程和婚姻经过，我只用录音机录下，回到内地，再用笔记录下来。

我采访的第一个女主人叫阿泽独玛，今年70岁，我到她家时，她的儿女们都下地种苞谷去了，她在家中带孩子，背着一个在背上，还抱着一个在怀里，一面唱着摇篮曲。她见我进家，放下手中的孩子，倒了一杯茶递给我，又进屋端出一盘瓜子。在她那皱纹密布的脸上，明显地透露出某种歉疚，是那种摩梭妇女都有的没有更多东西招待客人的歉意。我说明了来意。之前，也曾请她女儿转达过我要采访她的愿望。她连说："晓得，晓得（知道）。"我们在她家屋后的菜园子里，一棵高大的核桃树下，开始回忆她人生的片断，她是这样告诉我的：

从哪里说起呢，我今年才有70岁，但好像都过了两辈子。见过的事多了，经过的苦多了，就觉得过得很慢。只有这几年农村政策好，才得喘口气，要不，想起那多年前的日子，阿波波（叹词）说都说不完的有。我很年轻的时候，不算太苦，我家除妈妈以外，有两个舅舅，我上面是三个哥哥。生下我时，全家人高兴得不得了，因为，没有我这个根根，我家就会断根了。哥哥们都去走婚，我家就没有孩子，大人们都老了以后，谁来做活路？听妈妈说，我生下后大摆宴席，还请喇嘛和达巴念经祭祖，氏族内的所有亲人都来祝贺过。在13岁以前，我的全家人都疼我爱我，有好吃的都先让着我，从不让我干体力活，都是舅舅、哥哥们去做。我过得很安逸。那个时候还是在解放前，我家是普通的百姓，有土地、牛马牲口，每年除了交给土司老爷一定的土地税和人头税以外，还是能吃饱肚子，日子不算难过。每到十月祭祀时，我家还能宰几头猪。在我13岁那年，我家有两台大事碰在一起，过得就比较难了，先是我的二舅被土司府获准进藏学喇嘛经。先前，他跟一个西藏学回来的哈尔巴学经，后来又到扎美戈寺学了两年。经过全家努力进贡，过年时去土司府磕头祭拜，土司老爷开恩，批准我二哥去拉萨。他们一批出发的有40人，全部人马结伴同行，准备好在路途中半年的伙食，在八月份他们出发了。他们走了不到五个月的时候，我满13岁，要举行成年礼，又要宴请宾客。这样弄下来，我们家的家底已挖空了，基本只能维持一般的生活。

举行过成年礼以后，我母亲为我腾出一间楼房，铺了一张床，让我单独去睡。开始我很怕，但母亲说：你不必害怕，大舅睡在你的隔壁经堂里。就这样，我单独有了自己的房间。举行过穿裙礼以后，照规矩不能称孩子了，我就开始上山背柴，下地干活。在劳动中，常常有姐妹们讲一些男女之间的事，我还有些懵懵懂懂的。我有一个很要好的女友叫那珠，她比我大三岁，她告诉我她有一个男友，对她很好，还常常送礼物给她，晚上就来跟她一起睡。当时，我心里有些怪怪的，何必要一个男人来睡在一起呢？直到我15岁那年，我才开始梦醒一样明白了。我心里突然像开了一个窗口，那样的感觉也怪，特别想同一个异性谈谈话。在田边地角，有男孩子看自己时，心里特别高兴；上山砍柴，希望有男娃娃跟自己来。有一天，我跟村里的小伙子达都在路上相遇，他是个好开玩笑的人，一见我就开玩笑："毛桃熟了，总得有人摘才是呀。"我想，我又不是路边的树，任谁都摘呀，我说："我不是路边歪杨柳，风来雨去都低头。"他说："哪棵树上不歇鸟，没有鸟栖的是漆树，漆脂痒人不敢歇。"最后他说："我今晚来你那里，给我留着门。可以吗？"我想，没那么便宜，就说："你有本事就来，若你有本事进得来，我就给你留着空。"他只说了声："好厉害的姑娘，等着瞧！"我以为他只是玩笑话，殊不知，他果然在那夜爬上木楞房来，鬼知道他是从哪里钻出来的。事后，他才说，在天还没有黑时，趁我们家都在主堂屋吃饭，他溜进我的屋躲起来了。那天晚上我又惊又喜，又爱又怕，平生第一次接触一个男人，我不知如何是好，好在达都大我4岁，他什么都懂，是一个很理解别人的人。之后，我觉得自己真正长成了人，有一种重新成为另一个人的感觉。我们偷偷摸摸的关系维持两个月后，我的母亲发觉了。有一天早上，舅舅和哥哥们还没有从情人家里回来，我母女单独在火塘边喝茶，母亲说："一个女人有人爱不是不光彩的事，你和达都都是青年人，可以公开来往嘛。怕什么呢，我们会欢迎他的。"我把妈妈的话转告了达都，他真的公开了，天还没有黑，他就拿着一砣茶、一瓶酒来我家，放在火塘上方。我母亲见他来，很高兴，问寒问暖；我舅舅和哥哥们对他也很客气，大家都明白他是什么人，来我家干什么，但是，大家都默认，从不点破那层纸。达都和我就这样相好着，前后两年，始终没有孩子。有一天，那珠告诉我，达都最近又好上了上村的一个女子。那个女子我见过，人长得不怎么样，但她嘴甜，能说会道。知道这个消息，我有点气，但是，我转而又想，既然你的心不在我身上了，那也就算了。你如果找着一个比我好的，我还可气；找一个不如我的，我有什么可气的，我倒要找一个比你还强的。我正当年轻，何愁没人追。达都另有喜欢的事，被男人们知道了，巴奇村的而车就来追我了。而车是一个很聪明的人，人长得标致，又有本事。他常常到丽江、四川甘孜等地方去赶马经商，见过世面。从前他出门经商回来，都把钱如数交给母亲，但自从与我相爱后，他总匀出一点零花钱，买来衣服、裙子、首饰送给我。我常常穿上他买的衣服，引得姐妹们羡慕。达都和我经常见面，可是从不互相指责，我们心里都明白，要流走的东西挡也挡不住；我们也从不当面互相道歉，因为事情都过去了，说什么也白搭，所以干脆不说。我们互相还是尊重的，他不在别人面前说我什么坏话，我也从不说他什么坏处，毕竟我们相好过。

而车对我很好，他常常到我家，很勤快地干活。无论什么活他都会，上山砍柴，下地盘田，喂牛喂马，饲养牲口更是他的拿手好戏。我家里的人都很喜欢他来。我们结交关系半年后，我怀孕了，我妈高兴得不知如何是好，马上准备了茶、酥油等贡品，到扎美戈喇嘛寺去磕头烧香。九个月时，我生下了一个儿子，孩子出生三天后举行仪式，请喇嘛取名。在那个礼仪上，而车的母亲和姐姐抱着鸡，背着鸡蛋、红糖、酥油，到我家来看望孩子和我，这是来认子的。当时，而车到中甸去做生意，没有在家。两个月后，而车回来，他为孩子买了衣物、玩具。使我感动的是他还为孩子买了一样避邪物：在中甸市场买了一对獐子的獠牙。我在牙内装一丁点麝香，两个牙对合在一起，用线缝好，缀在孩子的帽子上，所有毒虫和蛇、蜈蚣之类不敢近身。

而车回来后，因他家劳力多，他的任务只是喂养七匹驮马。每天，他把马放在山上，到我家来看孩子和我。我们在一起十分快乐，他跟我讲外面的社会，讲做生意的窍门，特别是讲做骡马生意，他更是有一套。比方如何看牙，如何看脚，如何砍价……把自己的马吹成天下无双，把别人的贬得一钱不值，无缝的蛋也生蛆。他还知道各个不同地方的人对马的喜好，包括个头、颜色。我和他相爱了七年，直到生下第二个孩子——我的女儿，矛盾也就出来了。因为，而车只有一个姐姐，他姐不会生育，他们全家商量后，向我家提出要求抱养我的女儿。作为母亲，我不忍心女儿离开我，虽然离得不远，但始终不在自己身边了；我家里人也坚决反对，好不容易有一个女儿，也是我家的根根。这样，双方扯来扯去，孩子都两岁了。在这个过程中，而车对我家比较冷淡，来得不勤了，而且她的姐姐在外边说："有什么稀罕，我家那么几弟兄，就不信抱不回一个女儿。"这话传到我几个哥哥耳朵里，他们很气愤，在一次集会上，我大哥和而车吵了架。从此，而车再也不跨进我家的门，只在过年时托别人给孩子带点礼物。这个事我心里总歉歉的，虽然我曾去他家，看望他母亲，表明而车和我还是相好的，但他姐姐从不给我好脸色，而车也不理睬我，我不再去他家，不然好像我是求他们似的。我气不过，就跟甲初相好了。甲初比我小两岁，人长得帅，又能干，但有一个毛病，总是毛毛糙糙、心急火燎，不到半年，他又跟别人好上了。我们之间没有什么深深的感情，只是过往朋友，双方都不放在心上，也谈不上有什么痛苦。我30岁时，与品丛相好，后来生了一个儿子，直到他去世。我和品丛性格相合，生活各方面都体贴，以后人上了40岁，只想过平安的日子，不再东想西想了，更多的心思放在了儿女身上。特别是我母亲过世后，我任家庭的达布（主妇），所有里里外外的事都压在我身上，没有更多的精力去想别的，平坦地过下来。品丛在68岁时过世，只有我还活着。现在，日子好过了，儿女不让我干什么活计，在家带带女儿的这两个孩子，也没过高的要求，只求儿女们和和气气，无病无灾。

独玛老人和我，毕竟是跨着一代的人，照摩梭人的规矩，隔代的人是不宜讲婚恋隐私的。所以，她的许多话讲得含蓄，在她前后话语的隐密处，我做点适当的连接，以便于读者明白，希望读者能理解。

我采访的第二个女主人叫阿窝拉丛，今年50岁，她又有一番别样的人生历程，她的婚恋经历也透视出时代的缩影。她是这样叙述自己的往事的：

宁蒗解放那年（即1956年）我满11岁，已经开始懂一些事了。我家那时有11口人，我母亲排行老三，我是第二个女儿。我家原是土司后裔，但属于穷土司，是没落的那一种。听妈妈说，作为土司后人，我们只是在春节大年三十晚上，回土司村聚餐免去税收。其他没有什么特权，生产生活方面，还是自给自足。大约是1962年吧，生产队派我家出一个劳力去挖公路，我家商量后由我去顶替，于是我去挖公路了。解放后那几年，时风变得快，不是这阵风就是那阵风，男女青年们忙于参加突击队、"大跃进"什么的，根本没有时间和精力去想个人私事。男女青年在一起干活，开开玩笑是常有的事，但白天做活太累，生活也很差，没有精力走婚了。而且那时要求是很严格的，上面有指挥部，下面还分大队和小组，每一级都有负责人。所以，青年们除了开玩笑，不敢有越轨的行动。在我的那个组里，有一个忠肯村的独荆，经常与我眉来眼去，干活时总帮我，在生活上也很关心我。那时，物质条件很差，公家只给点粮食，蔬菜要靠自己解决。独荆是个能干人，常常在收工以后摸到山上的彝族村庄，用衣物或其他物品换来一些洋芋。回来后，又偷偷地把洋芋匀给我。我渐渐地对他产生了好感，但我们从未表白过心意。大约半年的光景，我们已产生浓厚的感情，似乎双方都离不开对方了。一次我回家去取点吃的东西，当我要离家回队时，母亲严肃地告诉我，独荆和我有血缘关系，不能结交情侣关系。我知道，母亲是在万不得已的情况下才说这番话，按规矩，家中长辈是不干涉子女情事的。我怀着一腔矛盾的心情回到挖公路的地方，左思右想，想出了一个办法。有一天下午，小憩片刻时，太阳很热，大家纷纷找荫凉处，我和独荆来到一棵冬瓜树下。我说："独荆哥哥，听老辈人说，我们是亲戚，我原先还不太相信，通过这段时间在公路上劳动，我才知道你比我亲哥哥还好，希望我们今后以兄妹相待。"说这段话时，我很痛苦。他皱着眉头，一句话不说，独自抽着烟，望着远处山顶的流云。过了好一会儿，他才说："我会像哥哥一样对待你的。"我们的感情到此终止了。但是，他是说了一定要做的人，直到今天，他仍然像一个兄长一样对待我，我有什么难事，常常找他商量。我也常常备点酒、茶去看望他，他也在过年时来我家，带点礼物看望我们。

公路挖通后我回到家时，“文化大革命”开始了。由于我家是土司的族类，理所当然地受到冲击。每天晚上，老人们被叫到生产队的院坝内，先是听领导训话，然后开始批斗。当永宁的结婚运动掀起时，前后来了几批工作队，宣传新婚姻制度，说要实行一夫一妻的结婚方式，不能再走婚；说母系的家庭和走婚是落后的封建遗留，新时代要办新事。所有没有成家的年轻人必须成家，已走婚的人要领取结婚证，包括老人们，闹得笑话很多。还有许多年过半百的人在子女们的陪同下，到永宁公社去举办结婚典礼。不瞒你说，那时候我是出了点风头的，因为我家庭成分的原因，在人前总抬不起头，所以，结婚运动时，在我们村里，我是第一个要求结婚的人，我的丈夫是同村的茸巴达史，我们双方都互相了解，但不是有很深的感情。我知道他是一个老实巴交的人，除了埋头劳动，话不多，也不会拨弄是非，我想平平安安地过一生，也就很勉强地与他结了婚。结婚后，我们作为典型，被干部们宣传，生产队还帮我们造一处简陋的新居。搬出家庭的那天，我全家人哭做一团，像是生离死别一样难过。家人打发给我们许多工具、食物，我母亲还抓着我的手，哭着说：“再苦再难，兄弟姐妹在一起克服。你要一个人去过，妈这辈子总是想不通。如果过不下去了，你还回这个家，我们永远认你。”从此，我和达史开始了小家庭的生活，过上小家庭才知道难了。过去在家里，财产经济由母亲管，劳动大家分头去做，只要做完母亲交给的活就不用操心了，无忧无虑。小家庭日子就不同了，样样都要自己去操心：出外做工要赶得上别人；回家要喂牛喂马，养猪养鸡，还得洗衣做饭；特别是生了一个孩子后，负担更大，真不知日子该怎么过了。娃娃也不敢再生了。好在菩萨有眼，好时光来到了，三中全会后，摩梭地区又可以保留大家庭了，我带着孩子回到母亲家。母亲虽然已经不在世，但我的兄弟姐妹还是认我，依然待我很好。达史也回到他的母亲家去，我们都觉得这样很好。回到大家庭后，我与木日奴交了阿夏关系，我们感情很融洽。当然，达史也常常来家里，聊聊家常。大家都老了，只是作为喝茶聊天的伴了。

第三个采访对象叫松那拉姆，今年31岁，属龙，是艾咪瓦村人，她长得十分出众，苗条的身材，瓜子脸型，常常面带微笑，她开初不好意思讲自己的私事，经过多日相处，我也讲自己的经历，才开导出她的故事。

在我家里，大舅是喇嘛，有一个舅舅在丽江工作；我亲生母亲有三个姐妹，她只生了两个女儿，我姐姐在宁蒗县城工作。母亲辈的三姐妹很要好，我和几个母亲（摩梭人对姨妈也称母亲）生活在一起，大家同吃同住。我上过五年学，小学毕业后不愿再上学，就回家务农了。在家里，母亲们很照顾我，我觉得自在得很。我18岁时，与一个男友相好，他是我小学的同学，我不想说出他的名字，请你原谅。他是一个聪明人，但不知什么原因，学习成绩总是最差。他也是读完小学就不再读了。他经常出门。有一次从县城回来，他悄悄地送给我一对手镯，我收下了，我回赠了他一顶毡帽。我们经常相约去乡电影院看电影。其实，看电影只是借口，电影里讲什么根本看不进去，在下面说些悄悄话。这样的秘密行动有一段后，他到我家来了。他能说会道，常讲一些外面的趣事，引得大家大笑。有一次他坐到很晚，根本没有要走的意思，我暗示他离开，他总是装着没有看见，直到很晚了，我只好先去睡觉。后来，不知怎么，他就摸到我的睡处来了，他成了我的第一个阿夏。从此，他很大方地来来去去，村里村外的人都知道我们的关系已经公开化了。

我们维持了两年，21岁那年，县里来招工，他去考试，居然被选中了，他离家远去。一年后，他回来，说一年才能见一次面，他受不了，要求分手。我觉得也有道理，他生活的地方与家乡毕竟不同，不可能去走婚。一年只可能有一次短期的假，这也是实情，家中顾不了，单位里的工作也受影响。想到这些，我便同意了。他后来找了一个外地姑娘，正式结婚成家了。

与他分开后，一个小学老师来找我，开始他不大好意思，只暗中帮我做事。出于经济方面的考虑，我家里商量拿出一部分钱办一个经销店，由我具体操办，但我心中没有底。这时那个老师出现了，他比我大三岁，在丽江读过书，见到的东西多，又有知识，总是帮我出谋划策，整理货架，摆设物品……渐渐地我们产生了感情。我心底只有一个顾虑：他是一个老师，如果要娶我怎么办？因为我家里不会让我一个人出去受罪的。我把顾虑告诉他，他十分理解，并觉得走婚也是挺好的，只要双方有感情，婚姻只是一种方式。我觉得他很理解别人。于是，我们就结成了“阿夏”关系。我们有一个六岁的男孩，还准备再要一个孩子。如果不出现什么意外的事，我想我们会一直相好下去。因为他是一个老师，我怕影响他，所以名字不能告诉你，也不能说他在哪个学校工作，不知你在不在意。

我告诉她，每个人的隐私权都受到法律保护的，你不愿意别人知道的，你尽管保留，我也不会写出去，你可以放心，她很愉快地去忙她的经销去了，脸上始终挂着那甜甜的笑意。

每一代摩梭女都有自己的情爱历程，每一个人都是一部行动着的书，要写是写不完的。这篇文章不可能写尽她们的人生，只能是撷取片断；而且，她们心灵中的许多情感波动，也不是局外人所能理解的。

以上这三个女性，只能代表她们自己，不可能囊括所有摩梭妇女。我能做的，也只是把那些从她们口中流露的往昔人生记录下来，开一道门扉，去感觉一种文化的秘密。

在那一片女山母海之间，男人们总是夜投晨归；女人们总在自己的家里，以主人的身份接待情侣，他们在外人眼中，像一段凝固的神话，像一片远古的风景。但是，在泸沽湖，这些是人人能理解的现实人生，泸沽湖的人们反而会奇怪外地人为何那么大惊小怪的。这也许就是处在不同文化圈中的人们之间的距离吧。

（原载《山茶》1995（3））

我所了解的永宁

扎巴松竹 口述

时间：1996年11月12日夜

地点：永宁拖支村西蕃坪扎巴松竹家里

被采访人：扎巴松竹，汉名阿民凉，62岁，第24任土司阿应瑞第三子阿占胜之子，退休教师。

在场者：和鸿昌、阿国芳（拉窝咪·给若）

采访及记录：和钟华

据老人讲，忽必烈南征大理国时，大理国把金沙江渡口全部封锁了，忽必烈的兵过不到西岸，就驻扎在永宁日月坪，住了一年左右。忽必烈派兵转回蒙古调运牛羊皮船，才渡过江，消灭了大理国，统一了中国。

有一种说法：我们阿氏家族的祖先是忽必烈兵的一个小头头，驻日月坪。蒙古兵胜利回师，把阿氏封在这里统治摩梭。

另一种说法：我们阿氏家族本来就在这里。阿氏家族和永胜高土司对蒙古征战南诏大理国有功，阿氏被封为永宁土司，高氏被封为永胜土司。

摩梭人定居的地方，西至金沙江，东到雅砻江，南到永胜、盐边，北到木里。这块地方属于云南的有永宁土知府、蒗蕖土司，四川有前所、左所、中所、右所、后所五个所。四川的设治是五所、四司、三码头。

至于所说古时属越嶲郡、牦牛夷，我们听不懂。我们阿氏土司永北直隶厅说到阿民翰有24代，有的没办过袭职手续，我祖父（指第24任土司阿应瑞——记录者注）到伯伯（指第25任土司阿占科——记录者注）这一代没办过，可能是本人还年轻而孩子已长大，就直接过渡的原因。

我们永宁土司所管辖的地方有永宁八个地区，外有翠依、红桥、库角、拖角、尼底、拉伯、托甸、加泽等24管，每个管辖区内委派一头人，由斯沛等级担任。从历史上看，永宁土司是世袭的，总管与把事不是世袭的，是由土司任命、帮助土司管理的官职。历史上有两任不是阿氏家族的，一是达市总管，一是日氏总管，都在现在的忠实。只要有能力、有才干，土司可以赋予总管职权。到了近代，因为阿少云的父亲阿云山，他与我祖母是兄妹，阿云山大我祖母两岁，阿云山属羊，我祖母属鸡。我祖父是个十分憨厚的人，我祖母人聪明，又主观；阿云山较狡猾，又有才干。祖父到托甸、加泽等地闲逛，祖母管了土司家大权，阿云山两兄妹把全部权力抓在手，总管权力大，就从这里开始。到后来，阿云山就把土司全部职权管下来了。我老祖父还在年轻时，阿占科就长大了，好像没办过袭职手续，阿占科属狗，三十四五岁就死掉了。接着掌权的是阿民翰，阿少云当了总管可能在阿民翰上任之前。阿民翰又是老实人，不会理财，阿少云帮他理，支持他。他是阿少云的妹夫，当时很多事情都是阿少云经办的。从才能、手腕上讲，阿民翰都不如阿少云。

当时的历史情况是这样的：我们摩梭不惹事，过自给自足的生活，相对说来永宁是平静的。而蒗蕖土司、左所土司都相当乱，相当不安宁，主要是这些地方常与彝族奴隶主发生械斗。蒗蕖土司阿鸿钧无能，除抵御彝族奴隶主外，基本上自身难保。左所土司喇鸿翥（喇宝臣）很有点本事，军事上也有才能，他组织管辖区内的摩梭、普米长期跟彝族奴隶主打仗，长期处于战乱、不稳定的状况。后来喇氏又与木里的打仗，为的是前所地方的事情：前所土司的婆娘是喇宝臣的妹妹，喇维护前所土司老大这家的利益，而木里则维护前所二老爷家的利益。木里有个塔把扎桑这一官职，本为喇嘛官，他把前所二老爷家两个妹妹娶为小老婆，他一心想把权交给二老爷家；喇的老婆则是前所土司老大家的妹妹，土司老大一死，喇想把权交给老大家。这样喇家与木里两家长年打仗，打了相当长一段时间。这是解放前永宁周围的情况。当时永宁主要由总管阿少云管，土司阿民翰已于1947年死了。永宁地区的主要威胁来自木里，藏族伙头多尼比桑经常来侵犯，抢财物、赶牲口、烧房子，等等。解放前夕，阿少云通过适当的办法与他达成互不侵犯协议，永宁又安宁了。比邻近土司地方，永宁相对来说较为安定，人民较能安居乐业，没有群众死伤于战乱，生活较安定。

从永宁土司与左所土司的关系来讲，左所土司的群众因常年战乱而要服役，没有吃的，他们经常来这里买了吃。永宁土司与左所土司开亲，阿国芳的祖母（即第25任土司阿占科之妻——记录者注）就是左所人。

佛教的教义：与人为善，自己做好事才对自己有好处；对人有同情心，才对自己有好处，这些教义对百姓、对土司都有影响。百姓认为他本来就是土司，我应服他管。土司认为对草民百姓要同情点、爱怜点，不要过分。这对融洽统治阶级与被统治阶级的关系是有作用的。从我有记忆以来，解放前只有一例是杀过人，事情大体是这样的：大约在1942年或1943年温泉的一普米人伙同三个摩梭人抢了一家汉族的有钱人家，并把这家人杀光，报到宁蒗设治局，就把这四个人都枪毙了。其余没有听说过打死、受刑等。当然打骂是有的。

从土司统治的经济状况来看，（土司）有相当数量的土地和苛税。一般从历代土司家中分居出去的，都要分一部分土地、奴俾。但单靠奴隶来富裕是不可能的。如八株有好几家是历代从土司家分出去的，到解放时多数已一无所有，变成贫下中农了。相对说来一些平民百姓到解放前已相当富裕，超过一般土司家族的也有了（阿国芳插话：最大的可能有两三家）。总管的经济实力强大不说，责卡等级如永宁的拉车家（在开基）、忠实的那珠丹史家、拉伯的那它甲阿家及那它博塔家等，经济实力已超过一般的斯沛等级，除了阿少云、阿占胜土司家以外，其余的斯沛老爷已比不上他们。这些人发财主要是靠做生意，他们赶马帮走西藏、印度、康定、雅安等地。骡马上百匹都有。由此可见永宁的情况是在逐步转化的，土司对他们是较宽容的，若在其他土司区，这些人就发不起来，土司不是没收，就是募捐，要把他们削弱下来（阿国芳插话：这确实有的，左所土司见人家有匹好马，他都要没收起来）。从这点上看来，仅靠收租吃饭是发不起来的。我家与阿少云家是比较有钱的（土司有权不算），从农业收租吃饭是主要经济来源，但阿少云是干大生意的，到西藏、印度、康定、丽江、下关做生意。丽江仁和昌、永昌祥等他都有股份。他去西藏，骡子都有百多匹。从我家来讲，我父亲一方面做生意：赶马帮到永胜、大理、下关等地做生意，到啦井（在兰坪——记录者注）驮盐来卖，到西昌等地买牲畜来卖。另方面大养牲畜，养有马、骡、山羊、绵羊、牦牛、黄牛等，光羊子就有一千多只。当时羊子很管钱，大凉山的彝族常来买，七八只羊就可换一个白锭（银锭），一年卖百把头，就有多少白锭（阿国芳插话：和彝族交往很密切）。自我们家从土司家分出住拖支到解放还没20年，虽从土司家分出一部分土地、奴俾，但我父亲很有经济头脑，经他十多年经营，在永宁我家仅次于土司家及阿少云家。再从那几家责卡看，也有竞争意识，说明只要你有本事、肯苦，就可发家，你没本事，祖上传下来的家业也会破败下去的。

从阿少云本人来看，永宁解放前后的重大事件都与他有关。宁蒗的和平解放，没有打一枪、没死伤一个人，都是阿少云的功劳，西昌的贺国光（国民党西昌行辕主任兼警备司令）委任他当“边防司令”，要他反共，他拒绝了，这是很有眼光的。阿少云本人有才能，思想较开朗，他有几大功劳：第一，他对彝族、藏族等强大民族以交朋友的方式来沟通关系，所以历史上我们没有和彝族、藏族打过仗。只是在解放初期藏族上层煽动来侵扰时打过一次。第二，他跟人家讲和、讲友善，也不忘充实自己的实力。所以他在讲和时仍叫老百姓买枪支（阿国芳插话：强制性的买），一家买不起，三五家合起买一支也行，目的在于武装保卫自己。与四大黑彝讲和，也有实力做后盾。当时永宁有四大中队，领队有陈益史（我舅舅），李坤尧、阿匹初、阿子和四个中队长。中队兵丽江纳西、藏族、普米族、摩梭、彝族各民族都在内，凡在这里居住的、属永宁土司管辖区内的百姓都有。第三，对外来民族都较开放、开明。在我们永宁居住的丽江纳西、汉族、藏族等都是在他这一代大量进来的。国民党的兵等也允许进来。老总管则不准汉人进来，不准种稻。第四，他对宁蒗和平解放起了举足轻重的作用。当时的宁蒗县包括一区（永宁、拉伯）、二区（翠依、红桥）、三区（宁利、金棉）、四区（红旗、新营盘）。后来宁蒗彝族自治县成立，把永胜的凉山办事处也并过来。解放前夕，（中共）滇西北工委派来的易少白与阿少云是相当要好的朋友，易少白以私人关系来沟通，带来滇西工委指示，阿少云拒绝了贺国光的委任，宣布宁蒗和平解放。当时宁蒗四大黑彝没有一个不听他的话，当然当时不包括凉山办事处。宁蒗解放后还办了军政训练班，后来被错打为特务训练班。设治局的人原住大兴镇，当地不安宁，也跑到阿少云这里，所以他们也宣布和平解放。丽江工委就派丽江纳西干部来任职：县长和冠伍、书记杨凤鸣，秘书和万轩，还有赵之侯、和发光、和积典、木世桢等一共十多人。宁蒗县人民政府就设在阿少符的房子里。宣布宁蒗县人民政府成立，阿少云被委任为宁蒗县第一任副县长。县政府以后就迁到大兴镇去了。对阿少云其人，每个民族都应有个头头，他有功有过，但对民族是有益的。虽然对他有褒有贬，但他的历史功绩是不可否认的。

阿家到拖支的来龙去脉：我父亲汉名叫阿占胜，摩梭名品初农甲，生于1908年，是土司阿应瑞的第三个儿子。他1933年由土司家分出来居住在拖支，当时从土司家分出来的土地多部分在托甸，拖支有一部分土地，分居奴分出十来户，家奴跟他出来的七八人。后来又有犯法来赎身的，从黑彝手中买过来的，自己来投靠的共计三十来人，分出牛马牲畜十来头。1934年，我母亲嫁到拖支，1935年房子全修好了。我是1936年出生的，我们有六个兄妹，四男二女。我家庭的经济来源有：一、收租；二、做生意、养牲畜，这也是主要的。到解放前夕已有千多只羊子、骡马二三十匹、牛四五十头、马十来匹。卖羊子是最大的一项经济来源，一般七八只可换一个银锭。另一方面是马帮经常出外做生意，主要是从下关、丽江等驮来日用商品、茶叶等到这里来卖，从下关、保山、芒市等地贩枪支来，可在这里以三五倍的价钱转卖。有时也从彝族家贩大烟来转卖，但为数不多。这样，到解放前夕，在永宁除了阿少云家外就是我家最富了。我父亲不懂汉文汉话，但当家理财有方。我父亲之所以能这样做，主要是他手下有三员大将：波裸·鲁若、甲巴·茨支、段茨顶。这三人中，对外交际主要是鲁若，家里的接待及管理等由茨支支撑，出远门做生意主要是茨顶。由于得力于这三个人，我家就发起来了。我父亲跟汉族、（丽江）纳西很不会交往，跟彝族特别相好，拖支山上的这些彝族几乎都是从他手上召引进来的，主要是要发展畜牧业，把羊子分给他们养，以后就除本分利，利大概以五成分。与藏族来往主要是做生意，以猪肉、大米、茶叶等土特产品换取香烟、毛料、布匹、手表、银首饰等印度产品。

关于土司婚姻：在阿占科以前要同等级婚姻，但从阿占科一代起，除正妻外还走婚，不分等级，后来的都是与俾子先走婚，后接回家做妾。分户奴自己找（配偶），家奴有走婚，也有由主子强行组合成家庭的。比如阿甲·益史、古玛·丹史。古玛·丹史的父亲犯错误当了奴隶，我父亲就给他配了一个拖底女人组合成家庭。分户奴只有妇女的人家如果没有能力招女婿，我父亲从别处找个人来上门。如拖支阿沙家只有一个跛脚妇女，人家看不上，我父亲就从外婆家奴俾中找了个较憨厚的男子到阿沙家上门。又如斋念家，只有一个喇嘛、一个妇女，找不到对象，我父亲就从温泉找来一个为他们组成家庭。主要目的还是为了要多有几个奴隶。解放后，这些奴隶与我们阿家有通婚的情况。如阿茨尔的妻子是我家家奴数都·阿塔的女儿，但正式娶到家里的少。我父亲在时，这里只有22家摩梭，5家普米。

累坝最早进来的只有钱、吕两家汉族。当时钱家是我爸爸让他们进来种稻，他家只有五兄弟及母亲。吕家是阿少云让他们进来。他们从宁蒗进来，租地给他们种，每年只收稻草喂牲口，谷子归他们。

关于永宁摩梭人宗教生活的调查报告

和鸿昌

1996年10至11月，我们到宁蒗县永宁乡进行摩梭家庭调查。一进入这个地区，就被一种浓郁的藏传佛教的气氛所包围。现将他们的宗教生活作个简要报告。

一、永宁摩梭人信仰藏传佛教的历史梗概

永宁摩梭人信仰的藏传佛教俗谓喇嘛教，分为黄教和白教两派，黄教派约于1276年（元至元十三年）从西藏传入，1556年（明嘉靖三十五年）正式在永宁建立扎美寺。白教派约于1356年（元至正十六年）自四川巴塘传入，在者波建有萨迦寺。明清以来，喇嘛教在永宁摩梭人中盛行，正在形成永宁地区政教合一的政治制度，并与藏区寺庙往来密切。原来扎美寺的活佛，如甲安东齐和益喜泽披是原来西藏和康定的活佛。永宁的喇嘛必须到西藏和其他藏区习经，这样才能成为有宗教学识的喇嘛。解放前夕，在扎美寺500多喇嘛中竟有350多人到过西藏习经。萨迦寺300多名白教喇嘛中有200多喇嘛到过里塘、巴塘和后藏寺院习经。喇嘛到藏区习经的时间少则一年，多则十多二十年。其中一些学有成就的喇嘛还曾留在西藏噶厦布达拉宫工作。例如原土司总管阿云山在池巴策满林摄政时在噶厦工作过。还有拉仁戛和拖支村的春其仁戛、喜拉仁戛、贡阿仁戛等都做过十三世达赖活佛的卫士，泥鳅沟的阿密宗别主管达赖的吃穿住和日常事务，最后死在印度。至解放前夕永宁扎美寺的喇嘛中到西藏考取“格西”学位的共有15人。现今西藏佛协副会长益西旺秋也是摩梭人。拉萨是永宁喇嘛向往朝佛和寻求佛祖宗喀巴智慧的圣地。扎美寺在历史上有一个制度，每年都要送一批喇嘛进藏受戒、习经。而且每年的五月初八都要在日月坪草地上搭起帐篷举行全民参与的欢送喇嘛进藏盛会。

据1956年民主改革时宁蒗县工委的调查资料称，当时永宁地区扎美、

者波两个喇嘛寺共有喇嘛640人，约占当时男性的1/3。可见喇嘛教传入摩梭地区历史已很悠久，很早以前就已成为摩梭人全民信仰的宗教，长期以来成为摩梭人意识形态的重要组成部分，支配着人们的精神世界。

新中国建立以后，在摩梭人中宣传贯彻了党的宗教信仰自由政策。党在坚持宗教信仰自由政策的同时，在民主改革中废除了该地区的政教合一的政治制度和寺庙不合理的封建剥削制度，宗教变成人们真正的信仰。喇嘛寺进行正常的念经、讲经、祈祷、说法，进行正常的宗教活动，接受信教群众的布施，喇嘛为信教群众做法事诵经等也有正常的收入。宗教界人士参加了地方政协和人大。例如，当时扎美寺的罗桑益世活佛1956年就是县第一届政协委员和第二届人大代表，享受行政17级干部的工资的待遇。党和政府还组织民族宗教界人士到北京等内地大城市参观学习。经常召开专门会议征求他们对党和政府工作的意见。通过他们团结广大的僧侣和信教群众，结成广泛的统一战线。僧俗群众的信教自由得到保障。受到摩梭广大群众的拥护。

由于“左”的思想路线的影响，在“文化大革命”之前的所谓“民主改革补课”运动，和接踵而来的“文化大革命”十年浩劫，党的宗教政策遭到严重破坏，宗教工作机构取消了，宗教工作干部遭到迫害。许多统一战线内部包括参加了政府、政协、人大的民族、宗教界人士和喇嘛，统统被戴上了“反动分子”“历史反革命”“坏分子”“牛鬼蛇神”等帽子。被随意批斗、抄家，停发工资，押送农村管制劳动等等。如任过扎美寺堪布的阿明清、偏玛拉擦等人被捕入狱。被残酷迫害的宗教界人士、僧侣和信教群众在精神上和肉体上都受到了严重摧残。造反派在扫“四旧”中疯狂地拆庙宇，捣经堂，毁文物，将寺庙里的佛像、法器统统捣毁，万卷佛经烧成灰烬。将历史悠久、建筑辉煌的扎美寺和萨迦寺拆毁，可供千余喇嘛集体诵经的大经殿也搬到达披村修建“五·七”干校。扎美寺寺址变为县办农机站、卫生院等。寺庙和僧侣的财产蒙受重大的损失。且不说包括经书、金银制的佛像、宗教画等各类工艺珍藏品等等这些无价之宝，就是最简单的“白铜净水碗”供器，仅扎美寺就扫去一千多个。“文化大革命”这场灾难，极大地挫伤了摩梭人的民族感情和宗教感情。

二、三中全会以来永宁地区宗教政策得到很好的落实，对国内外产生了很好的影响

粉碎“四人帮”、结束了十年“文化大革命”的动乱以后，宁蒗县、乡的各级干部从历史的经验教训中深深懂得了在全民信教的摩梭地区，不把民族、宗教工作搞好，就没有民族团结和社会稳定，就缺少了发展社会经济的前提条件。因而把思想统一在中共中央《关于我国社会主义时期宗教问题的基本观点和基本政策》上。从永宁的实际出发，认真落实了党的宗教政策，从而最广泛地团结了广大僧俗群众，收到了良好的效果。他们主要做了以下工作：

（一）认真落实宗教界人士、僧侣和信教群众的政策

自80年代初至1985年以前，宁蒗县为自1958年以来在历次政治运动中被错处的127名民族、宗教界人士落实了政策。为他们平反了冤假错案，恢复名誉，补发工资，补偿抄家损失等等。其中永宁摩梭人的民族、宗教界人士共25人。如宗教界的阿明清、偏玛拉擦、罗桑益世等。一般喇嘛和信教群众需要个别落实的也都在一定范围内恢复名誉、补偿损失等。从罗桑益世活佛身上可以看一看此地落实宗教界人士政策的一斑。罗桑益世是一位有资历、学位，有声望的措钦活佛。在他两岁时就被认定是西藏三大喇嘛寺之一的哲蚌寺措钦活佛甘丹赤珠第四世活佛圆寂后的转世灵童，6岁进扎美寺习经，1943年当他13岁时进西藏哲蚌寺习经。他在西藏哲蚌寺度过了12个春秋，考取了“格西”学位。1955年回家探望母亲后，因各种原因没能回拉萨，留在永宁扎美寺任堪布。在1958年“民主改革补课”及“文化大革命”十年浩劫中受到不公正待遇，在农村监督劳动共12年。落实宗教政策后，恢复名誉、补发工资、补偿损失，1979年任县政协副主席，并在县政协大楼分配了一套宽敞、舒适，包括做佛事的经堂在内的房子。县政府还从甘孜乡城调回在“文化大革命”中处理回乡的原哲蚌寺“班苏”尼扎喇嘛照顾罗桑益世活佛生活起居，并将其正式转为国家职工，享受科级干部待遇，现为县政协委员。1982年罗桑益世活佛参加全国宗教界人士参观团到北京、上海、普陀山等大城市和佛教胜地参观学习，1985年又参加了全国少数民族国庆观礼团参加首都庆祝活动。1986年被选为县人大副主任，1983年以后被选为省第六、七、八届人大代表。1995年任丽江地区

政协工委副主任。是一、二、三届省佛协代表，第三届佛协副会长。是全国佛协第四、第五、第六届代表，第五、第六届任理事。1989年元月罗桑益世活佛受全国人大副委员长班禅大师的邀请到西藏日喀则扎什伦布寺参加班禅“东陵”扎什南捷重建开光典礼。县委统战部专门派随行人员，照顾其生活。1992年12月他参加中国佛教代表团访问了泰国、尼泊尔。这些都充分说明了宁蒗县认真落实宗教政策，对宗教人士在政治上充分信任，生活上关心爱护，组织上安排使用，加强了党与爱国宗教界的统一战线。

（二）保障了僧侣和信教群众的宗教活动场所

为落实宗教政策，政府把乡卫生院搬迁重建，把房地产归还扎美寺，由省政府拨款35万元，再加地方筹资重建了扎美寺大经堂和寺院大门，现全寺共有180个左右的喇嘛。泸沽湖里俄别岛上新建了经堂和阿云山墓。者波白教喇嘛寺也已经重建，现约有100名喇嘛。重新建好的大经堂内佛像、佛经、法器、供器俱备，挂满了彩色唐卡、帷幕，地面上整齐地排放着黄色坐垫，供喇嘛们集体诵经，供喇嘛和信教群众祭祀，祈祷，进行各种法事活动，充满着浓郁的宗教气氛。现在又在扎美寺原禅房遗址上建盖一院禅房。基本满足了广大僧人和信教群众进寺庙进行宗教活动的场所需要，这是使宗教活动正常化的重要物质条件，是落实宗教政策的重要方面。现在寺院成立了民主管理委员会，对寺院和宗教活动进行管理。寺庙中的喇嘛有老中青三代人，十多二十岁的年轻喇嘛不少。

在台湾的著名学者李霖灿先生在《神游玉龙山》一书中写摩梭人的家庭经堂时说：“老百姓的新房楼上几乎都有小巧精致的佛堂一座，龛室深奥，曲廊萦回，布置得极具匠心，村民家里这一精致的佛堂是中年以上虔诚教徒们精神生活的重要部分。”然而在“文化大革命”中也都被“横扫”了。随着宗教政策的落实，摩梭人家都重建了经堂。随着农村经济的发展，经堂的装饰和摆设比过去任何时期都更为讲究。也成为今日摩梭风情的一道风景线。信仰佛教的游客，进了经堂就跪拜，祈祷平安；不信教的游客则参观了民俗文化。真正体现了宗教信仰自由，信教的和不信教的群众互相尊重，增强了民族团结。

由于宗教政策的落实，如今摩梭僧俗群众正过着信仰自由的宗教生活。喇嘛们按照教规、寺规的规定按期集中到寺庙进行各种佛事活动，平时就在各家各户的经堂里念经，做法事。信教群众除了每天在自己家中的小经堂换净水，烧香，祈祷外，每个月的初一、初八、十五、二十五日还到喇嘛寺烧香，布施、献食等等。村中老妇老翁手不释数珠，每日数次围绕村头村尾的“嘛尼堆”转经。没有任何人干涉他们了。

（三）摩梭地区宗教信仰自由，经济发展，社会稳定，对国内外产生了良好的影响

十一届三中全会以后，永宁地区推行了家庭联产承包责任制，又落实了民族宗教政策，保障了摩梭人民的信仰自由，从而增强了民族内部和各民族之间的团结。摩梭人没有打架斗殴的，更没有吸毒者，社会稳定，农村经济得到很大的发展。以永宁行政村为例，1995年粮食总产量为166.21万公斤，人均有粮277公斤，人均纯收入483元。又如落水行政村的落水下村，这个村子座落在泸沽湖南岸，共38户，其中摩梭33户，汉族3户，回族2户。改革开放以前是有名的穷村，每年到了七八月份有60% 的户缺粮。20世纪80年代末泸沽湖旅游区开发，他们利用天时地利发展旅游业。除了全村集体经营游船、骑马、民族歌舞晚会等项目外，家家户户开起家庭民俗旅店，集吃、住、游、乐于一体。床位最多的户达75张。一般的也有15张左右，收入可观。短短几年，全村有35户盖了二至三层的新楼房，1996年全村实现户均万斤粮、万元钱的水平。有的户有资金百万元以上。目前全村共有农用汽车两辆、东风牌货车一辆、大中巴一辆、摩托车10辆、农用拖拉机9辆、电话6部、洗衣机8台、电冰箱2台，平均每户5头牛、2匹马、猪20～30头。是丽江地区的十大富裕村之一。老人们说，我们这个穷落水能变得这样富，我们连做梦也梦不到，全靠今天党的政策好。

永宁地处云南、四川两省的交界处，东接盐源，北接木里。在历史上就是到藏区和印度等地的茶马古道。这里和国内的藏区以及尼泊尔、印度等国的经贸、文化、宗教往来的历史源远流长，至今在尼泊尔和印度的一些寺庙里还有着不少摩梭喇嘛。因此，永宁地区，尤其是这里的宗教生活，始终被藏区和一些海外人士所关注。

三中全会以后永宁摩梭人在经济生活、宗教生活等方面的巨大变化对国内外产生了很好的影响。

罗桑益世活佛在被落实政策以后，为了让他在海外的朋友们了解他的

由喇嘛占卜而决定。人死后喇嘛要昼夜不停地念超度经。火葬时要由专门的“扎意喇嘛”来主持，要由主持喇嘛点火。（5）盖房子上梁必须举行上梁仪式（科克），要请喇嘛念经。房屋一旦竣工就要请喇嘛选择吉日举行进火（依做）仪式，也要请喇嘛念经。（6）家庭遇到不幸，例如，房子被火烧，大牲畜死亡等都要请喇嘛念经驱邪。（7）节日要请喇嘛念经。摩梭人的节日很多。每个节日又都表现出浓厚的宗教色彩。摩梭人连春节前打扫院子、清除垃圾都要事先请喇嘛念经送鬼，堆放垃圾的方位也要由喇嘛指示。新年正月初五的祭太阳神，农历七月初一至十五日的祭祖节，八月十五日的祭月神节，冬月十二日的祭牧神节都离不开喇嘛念经祈祷。农历7月25日的转山节，是祭格姆女神山的日子（这当属于人类早期的自然崇拜。喇嘛教传入后，又附上了喇嘛教的色彩，喇嘛教为女神塑像盖庙，祭祀仪式由扎美寺堪布主持）。不仅是整个地区的大小喇嘛要到齐，就是四周远近的老少群众也要云集而来，进行朝拜、献食、布施，观看32个喇嘛的跳神表演。青年们也要来参加热闹，特别是参加晚上盛大的甲搓体舞会。（8）“瓦哥拖拉依”是全自然村的村民为避免冰雹、瘟疫等自然灾害，祈求人畜平安、五谷丰登而举行的集体祭祀活动，每年举行2~3次。这显然是自然崇拜的遗风。1996年11月9日笔者在落水村参观了整个祭礼的全过程，整个祭礼活动由村长组织和主持。但也少不了请18个喇嘛念了一整天经。（9）摩梭人的母系家庭中，年长妇女不仅是家庭中的家长，操持和管理全家的生产生活，而且要主持家中的宗教祭祀活动。早晚到经堂换净水碗、烧香等，是信仰也是习惯。（10）插经幡，在摩梭人的木楞房子屋顶上，周围树木上，山脚、山腰、山顶上，墓地（即焚尸处）上，都有很多大小不等、五颜六色的旗幡，各种旗子上都有经文。内容大多是祈求神灵保佑，消灾免祸、吉祥如意、风调雨顺、五谷丰登、六畜兴旺之类。插在火葬场的彩旗上的经文，那是为死者超度亡灵的。笔者曾问村民为何要这么多旗子？有的说这是借风念经，有的说这是我们的风俗，没有这些旗子就不是摩梭地方了。

综上所述，说明了由于历史的原因，喇嘛教在永宁摩梭人当中仍有着不可忽视的传统影响，它已经渗透到摩梭社会生活的方方面面。许多宗教活动，实际已经民俗化，已经成为摩梭社会、文化、艺术生活的一部分，成为民族心理素质中的一个十分重要的因素。这正说明了宗教的长期性复杂性。历史的教训告诉我们，对于宗教，特别是对少数民族地区的宗教决不能以世界观的分野、感情上的好恶、以及理论上的剖析来代替宗教存在的现实，代替对宗教的理论认识。我们需要的是实事求是地、客观地、全面地、辩证地对宗教进行分析、研究和估价，从而对宗教这一复杂的社会现象有一个正确的认识。这是正确地制定与执行宗教政策的基础。我们还必须处理好落实宗教政策与执行宗教政策的关系。落实政策是一个时期的任务，永宁地区是落实得好的，收到良好的效果。而执行政策是一项长期的，直至宗教自然消亡的重要任务。只要摩梭群众信教，就要执行党的宗教政策。因此，还必须进一步提高各级干部的政策水平和处理复杂的宗教问题的能力，适应变化了的情况，不断研究和解决新的问题，保持党的宗教政策的连续性和稳定性。

（二）进一步把僧俗群众吸引到社会主义两个文明建设上来

加快民族地区物质文明和精神文明建设，促进民族地区经济文化发展、社会进步，尽快改变贫困落后的面貌是各族人民的根本利益。也是广大僧侣和信教群众的根本利益，各级政府和宗教组织都应积极引导。

例如，永宁是省级泸沽湖旅游开发区，除了已有的泸沽湖风景点和摩梭民俗风情游以外，扎美寺本身也是一个很好的旅游资源，如果调动起广大僧侣的积极性，收集整理好现有的有关宗教文物、经卷，以及扎美寺史等历史文化遗产。同时搞好寺庙内外以及周围环境的绿化、美化工作，然后开发出摩梭人宗教信仰文化的一个独特景观，向游人开放，给游人一种文化享受。这样不仅可以赢得宗教寺庙"自养"和发展寺庙资金，也增加了地区的收入。又如，笔者在调查中发现每家每户的经堂装饰和摆设，一般耗资都在几千元，有的特别讲究的耗资上万元至几万元。但他们的生产生活却比较简单，投资少，比如在拖支村和温泉村农户购买化肥一般只花二三百元人民币。还有一些虔诚的信教群众把自己不多的收入，几乎全部布施给寺庙或某项宗教活动，社会生产却只能简单重复进行，资金很难积累投入发展生产，如此就难以脱贫致富。因而必须积极引导他们把有限的资金投入发展生产、改善生活。再如，永宁行政村嘎拉自然村有一位60多岁的老喇嘛叫腊苴阿厄。他收了四五个小喇嘛，早晚给他们传经，白天让小喇嘛在他家的果园里劳动，学习果树栽培，嫁接之类。我认为这是一件很好的事情。第一，培养小喇嘛掌握经书，不断提高宗教学识。第二，从小培养小喇嘛的劳动技能，学习生产技术。这种做法应该鼓励。应该大力提倡青少年努力学习文化科学技术，提高文化素质。在拖支、温泉等完全小学调查中发现，招生时有三四十个适龄儿童入学，但坚持到最后能毕业的仅八九人。白天可碰到好些适龄儿童在校园周围玩耍或放牲畜，没有读书。这里的教育仍然落后。宗教界人士和宗教组织可以协助政府动员信教群众，把适龄儿童送进学校去受教育，并要坚持读完9年义务教育。宗教团体也可以协助组织一些信教群众进行适用技术培训和推广，为当地社会、经济发展服务。

此外，在摩梭人当中宗教学识造诣深、有威信的爱国宗教界人士，年事已高。基层年轻的教职人员，不论是宗教学识、修养、群众威信、工作能力都还很不适应工作的需要。政府在宗教工作中要积极协助宗教组织，认真培养年轻的宗教教职人员，帮助他们提高宗教学识和宗教道德修养。提高爱国主义思想，文化科学知识，以及法律知识等等。让他们真正起到党和信教群众的桥梁作用。

1998年4月4日

母系·文化与森林[①]*

——对盛行母系制的两个纳西族摩梭人社区的调查（一）

居住在中国西南部滇、川交界处的纳西族摩梭人，以盛行母系制而闻名于世。为了了解母系制、母系文化与森林资源的利用和管理的特点，以及分权政策对村民的影响，我及和凤菊于1999年7月13日至8月6日用24天的时间，对云南省宁蒗彝族自治县境内的永宁乡落水、争波两个相当于自然村一级的母系制农村社区进行了实地调查，并以民族学、社会学、性别分析、PRA等多种方法结合并用，除深入27个农户进行个案调查外，并对县、乡、村三级有关部门：宁蒗县政协、县妇联、县林业局、县能源站；永宁乡人民政府、乡林业工作站、乡工商管理所；泸沽湖自然保护区管理所及渔政所；落水村及争波村村长、村妇女干事、村护林员、福特基金会社会林业项目驻点员等调查了解有关情况。我们组织了女青年组、男青年组、村社干部分别绘制该两社区的“社区资源平面图”“社区资源剖面图”“大鱼坝泥石流区域拦洪示意图”，组织老、中、青混合组对社区问题进行排序，并绘制社区资源流向图等。现将调查所得，分两个专题写出报告：(一）母系文化与森林资源的利用和管理的特点，以及分权政策对村民的影响；(二）该两个社区对木质能源的利用及面临的问题。本文为第一个专题报告。

一、宁蒗县林业发展概况

（一）森林资源及面临的问题

宁蒗彝族自治县位于云南西北部，与四川省相毗连。

宁蒗地处横断山脉中段东侧，长江上游金沙江流域，海拔在1350～4510米，海拔高差3160米，立体气候显著（-10.3℃～31.4℃)。全

① *本文系和钟华关于摩梭人社区自然资源管理和利用的调查报告，原载和钟华主编．《社会性别与自然资源 民族文化》．昆明：云南教育出版社，2005.

县年均降雨量420毫米，平均日照2297.7小时，平均无霜期190天。立体地形和立体气候为森林及其他植物的生长提供了有利的生长环境，故宁蒗县以林业资源丰富而著称。截至1989年，全县有林业用地695万亩，其中有林地398万亩，活立木积蓄量3170万立方米，森林覆盖率53.4%，人均占有林地面积19.75亩，人均占有活立木积蓄量152立方米，均高于全国全省人均占有水平。

林业是宁蒗县的主要产业，1949-1993年的45年间，全县共采伐森林100万亩，生产木材（含商品材、民用材、薪柴）367.9万立方米，木材业所提供的利税占全县财政收入的70% 以上。在带动宁蒗经济发展的同时，由于过量采伐及乱砍滥伐，造成了更多的负面影响，如有林地面积缩小，水土流失严重，自然灾害频繁。近十年来开始重视封山育林，然而砍伐仍屡禁不止，木材业仍为全县的财政支柱及山区农民经济收入的主要来源。长江流域森林禁伐后，尚未寻找到最好的替代产业。

（二）山林权属的变化

1949年前，宁蒗山林权为封建领主土司所有。1956年宁蒗实行民主改革，才将山林转变为国有。从1959-1993年的34年间，曾多次进行山林权属划分或调整，主要是从国有林中划出集体林，具体情况是：

1961年，全县森林被划分为全民所有的国有林和社会主义集体所有的管理区所有或生产队所有的集体山林。经此次划分，国有林占森林总面积的21.4%，集体林占78.6%，国有林比例过小。

1962-1963年，重新划分林权。划分原则是：大面积天然林原则上划为国有；居住在林区中的生产队一般不划集体林，但可以委托代管一片或数片国有林；凡水库或水源附近森林划为水源林；社员在房前屋后和自留地边种植的零星果木划归社员所有。经此划分，国有林地占了林地的69.8%，集体林占30.2%。

1965-1979年，经历十年“文化大革命”，又将部分集体林收归国有。

1980年，落实山林权属，其原则是以1962年划定的山林权属为基础，一般不再变动，成片天然林仍划为国有；1963-1965年林权调整中收归国有的集体林仍归还生产队；居住在林区只有代管林而无集体林的生产队可就近划给适当的集体林；有条件的要划一部分荒山荒地给社员作自留山，每人1～2亩。此次落实后，国有林占森林总面积的44. 8%，集体林占55.2%。

1982年，实行林业“三定”（稳定山权林权、划定自留山、确定林业生产责任制），同时开展固定耕地、退耕还林还牧等工作。

1985年，宁蒗进行了划定“两山”（责任山、自留山）工作，具体政策是自留山林所有权属集体，矿藏所有权属国家，山林经营权属农民，农民在自留山上种树种草，谁种谁有，长期不变，允许继承。责任山山林权、采伐权、出售权均属集体。此次划“两山”，划到户的自留山占了集体林的30.40%，责任山占集体林的69.60%。

1992年，核发国有山林权证书，并规定国有林限额采伐。防护林、水源林、风景林、自然保护区林以及古树名木等，原则上不准采伐，实行采育结合，有计划地封山育林等。

至此，山林权属划定，管理走上规范，护林育林受到重视，然而乱砍滥伐现象仍禁而不止，直至天然林禁伐前出现了一边泥石流、水灾不断，一边国家、集体、个人的木材公司仍在采伐的状况。

据永宁乡乡长郭怀忠、党委书记杨圣明等介绍，在永宁，摩梭人大都居住在坝子，除建房用材及生活用柴外，林业在经济上与村民关系不大。1982年实行林业“三定”，根据各村社林源，大部分象征性地划了点责任山，坝区基本没有自留山。

二、永宁摩梭人的基本情况

（一）社会历史、政治及经济概况

永宁乡位于宁蒗县东北部，离县城93公里，平均海拔2644米，北连四川木里藏族自治县，东接四川盐源县，总面积641.90平方公里，人口17081人（1998年年底统计数字），辖6个行政村、64个自然村。境内高山环绕，永宁坝子是最大的坝子，海拔2600米以上，终年无夏。与其一山之隔的泸沽湖，是中国现在少有的不受环境污染的高原深水湖之一，1989年被列为国家二级自然保护区。盛行母系制的那部分摩梭人，即集中居住于永宁坝子及泸沽湖周围一带。据1995年年底的统计，永宁乡摩梭人口计6160人。

社会政治制度方面，在1956年以前，永宁属于封建领主制社会，最高统治者为阿氏土司，整个社会分为三个等级：斯四、责卡、俄。斯匹为贵族集团，责卡是百姓等级，俄是奴隶等级。土司实行长子继承制。民国时期曾推行过保甲制度，但实际起不了多少作用。土司实行习惯法统治，所有辖区内的土地、山林等自然资源全为土司及斯匹所有。1956年民主改革以后，废除了土司制，按中国现行的行政管理制度设乡、行政村、社等组织。

永宁摩梭地区的经济以农业为主，农作物有水稻、稗子、玉米、小麦、青稞、洋芋、荞子、燕麦及各种豆类。畜牧业和赶马运输业是摩梭人的第二经济门类，牲畜主要是饲养牛、马、羊、猪，为的是自给，至今商品率仍然很低。摩梭人的家庭手工业，有纺织麻布和毛织品、酿酒、榨油等，手工业尚未从农业中分离出来，仍处于自给自足的状况。今天，人们都穿市场上买来的衣服，只有少数老年人掌握着传统手艺。

（二）婚姻、家庭及文化特点

长期以来，永宁乡的摩梭人盛行着一种与中国传统父系制家庭迥然不同的家庭和婚姻制度——母系家庭和走婚。这种家庭血统以母系计，财产由母系继承，一个母亲所生子女全都生活在母亲身边，成年男女过着男不娶、女不嫁，被称为“走婚”的婚姻生活。他们白天生活和劳动在自己所属的母系大家庭里，夜晚男到女家访宿，次晨离开，偶居期间所生子女属女方家庭成员，由女方抚养，男子则以“舅舅”的身份，担负起抚养教育自己所属母系家庭的姐妹们的子女的责任，自己的子女，只是在经济条件许可的范围内送点穿的用的，无条件也就不管。子女们对生父也仅在节日或生病时前往探视，平时少有其他联系，故子女们对舅舅（自己母亲的弟兄们）的感情超过了对生父的感情。

母系家庭以其两性平等、尊老爱幼、团结和睦的良好风俗而为摩梭人所津津乐道和自觉选择，而走婚则更以其两性的平等、人性的自由（排除了性爱及感情之外的其他种种，如金钱、门第等人为的桎梏），成为摩梭男女的婚姻选择。唯其如此，在永宁摩梭社会中，这种以母系家庭及走婚为核心的母系制，得以排除种种政治的、经济的、文化的外来干扰，长盛不衰地存活下来。近代以来，由于历史情况、所处地理位置、受外来文化冲击程度等等的不同，母系制在不同的小社区中的比重也有所差异。一般来讲，处于政治、经济中心受外来文化影响大的区域，以及受土司文化影响大的区域，母系制的比重较边缘区域小一些，而一些处于相对封闭的边缘区域，母系制的比重则很大。除母系制外，永宁摩梭社会还存在着父系制家庭及同一家庭中母系、父系并存的家庭，这种家庭被民族学家称之为“双系家庭”。父系家庭存在于土司及贵族中，少部分缺男劳力及土司为之婚配的奴婢中也行父系制，在“文化大革命”婚姻改革运动中以行政手段强迫结成夫妻家庭者占了相当大的比例。“双系家庭”则系母系家庭中出现某男某女娶妻或招夫而形成的，也有父系家庭成员出现走婚现象而形成的。

母系制的文化特点，突出反映在性别较平等、崇尚自然和宽松和谐、崇母观念和群体观念强、崇拜自然神灵与喇嘛教宗教神灵崇拜的融合等方面。

三、调查点的选择及理论假设

围绕母系制、母系文化与森林管理、分权政策对村民的影响这一研究目的，我们把调查点选择在落水及争波两个相当或稍大于自然村的农村社区。

两个社区共同的特点是：

（1）母系家庭（含母系家庭中含有“双系”的家庭，下同）比重都在该社区总户数的90%以上。

（2）社区格局为摩梭聚居间杂以其他民族。

（3）社区以摩梭文化为主流，对杂居民族施以影响。

（4）两性关系较和谐平等，但女性社会地位低于男性。

（5）女性在森林资源保护和利用中起着比男性更积极的作用。

（6）都有因昔日过量采伐引起生态失衡而遭灾的切肤之痛，生态意识大为加强。

两社区不同之处有：

（1）落水依托发展旅游业变贫困为富裕，争波则区位优势不如落水，因袭传统产业，未能改变昔日面貌。

（2）落水处于自然保护区内，森林得到有效保护；争波则因生态环境未得到根本改变，对森林仍索取过多。

（3）落水搜集薪柴的压力已减轻，争波仍很严重。

（4）落水在旅游业发展以后，对社区经济发展、两性分工差异的缩小起了促进作用的同时，在人际关系、两性发展方面也带来了负面影响，争波则仍保持了较淳朴的民风及相对均衡的两性关系。

根据上述情况，我们对经济发展与林业发展、分权政策与林业发展、母系制与林业之间的关系的理论假设是：经济发展、收入增加以后，人们对森林的索取减少，从而促进森林的生态服务功能更好地得以发挥。反之，经济发展滞后，对森林索取过多，必然影响森林的保护，从而削弱其生态服务功能的发挥。分权政策的落实与稳定性与村民保护森林生态及村民生活关系密切。母系制家庭功能与宗教功能对森林保护有积极作用，从而使摩梭地区的森林资源得到了相对有效的保护。

四、社区调查

（一）落水村

1. 社区概述

落水村位于永宁坝子东南方的泸沽湖畔，离乡政府所在地20公里，隶属落水行政村，全村分为上下两个部分，习惯上称为上村和下村。上村依山，村民主要为普米族；下村傍湖，主要为摩梭人所聚居。

据1998年年底的统计，落水村共有76户、485人，其中摩梭33户，普米21户，其余为汉族及白族。我在1996年11月底曾对下村家庭形式做过调查，当时33户摩梭中母系家庭有31户，占了总户数的93.94%。上村的普米族受摩梭人影响很深，上下村男女相互走婚很普遍，且由来已久。到我们此次去调查时，上村普米族已增至25户，其中母系家庭就有16户，占了总户数的64%。据了解，除了语言和逢腊月为大月份时提前一天过年与摩梭不同外，其他习俗与摩梭无异。

2. 产业结构的调整

落水村传统的生产门类第一是农业。由于土质不好，气温偏低及水利条件差，只产玉米、洋芋、荞子、豆类。据老人们讲，过去自产的粮食年年不够吃，得用干鱼去永宁坝子换粮食。直至20世纪90年代初，村民们年年要吃返销粮，人均年收入才200多元，春节一过去，多数人家已缺粮，是远近闻名的贫困村。近几年来，由于庄稼盘得好，又无干旱，所以人均产粮达千斤，粮食问题已基本解决。

除了粮食生产，渔业占传统生产门类的第二位。泸沽湖盛产鱼类，据老人们讲，过去湖里、河里细鳞鱼很多，用撮箕可以随便撮起满满一筐鱼。土司时代，除了上少量鱼税（每户30～40对）外，就可用来换粮食。近30年来，由于引进鱼种中杂有害鱼、出水口修了电站及大量掠夺性的捕捞，致使鱼类资源日益减少。近年，村民们有了旅游收入来源，所以渔业生产已微乎其微。

畜牧业在落水村民生产中也占有较大比重。主要饲养的牲畜是牛、马、羊、猪、鸡，牛为耕地之畜力，羊和猪主要自食，马为昔日之交通运输工具，今日则为旅游服务项目之一——出租乘骑。

自1991年以来，村民们利用居于泸沽湖畔的区位优势，先后开办了家庭旅社及划船、出租马匹、歌舞晚会等旅游服务。旅游作为一个新兴的产业取代了农业的地位，落水村因此而闻名遐迩，并成为丽江地区十大富裕村之一。1996年，人均收入已达2000元，光是划船、出租马匹等项的集体收入，年创收在10万元以上。我们曾于1996年对20户家庭做了问卷调查，在回答“你家收入的主要来源”这一设问时，100%的人都回答是“旅游”。

随着旅游业的发展，交通、通讯、住房条件、生活方式、思想观念等也起了重大变化。目前，到县城的公路已铺成柏油路；环湖的土公路在旱季可以直达四川盐源县城；通过直达乡政府所在地的土公路可以到达四川木里藏族自治州。目前，33户摩梭人家已经有32户盖起了新式木楞房，电话机、电饭煲、电冰箱（冷柜）、洗衣机、电视机等已经普及或基本普及。家家都修起了厕所，有的还修建了太阳能浴室。人们的思想观念显著变化，商品观念加强了，人与人之间更多了一分竞争，然而，传统的母系家庭、走婚、丧葬习俗、祭祀活动等仍保持并得以强化，成为一种文化旅游景观的内容。

3. 两性问题

在两性分工方面，村民们仍遵循“男主外、女主内”的传统模式，但内涵已经延伸，男人们的对外交往，经济活动已成为重要内容。比如对外联系客源、信贷等。而女人的“主内”，除理家外，接待游客已是一项重要的内容。然而，不容忽视的是，随着业务的发展，家庭重大决策中男性处于主体地位的情况在逐渐增大。我们曾对几个较大的家庭旅社做过调查，在一些重大的决策上仍保持了全家商量的传统，但提出和实施的关键人物是男性。比如“摩梭园”的经营者是一对兄妹，哥哥丹史泽和妹妹泽拉措。在重大事情的定夺上，主导者是丹史泽。比如贷款、扩大旅社规模等，主要由他提出。他俩的弟弟车里在县城开办旅行社，把旅行社与家庭旅社紧密联系起来，扩大了业务。泽拉措则忙于在家主持接待和安排旅客的食宿。还有一户“摩梭风情园”家庭旅社，主持者也是一对兄妹，哥哥茨汝而车是村长，除了村内事务外，旅社的开办等重大事情的决策都是他拿主意，经全家人商定后决定的。至于业务联系，则由他一人决定，因为这是他分内的工作。妹妹丹史直玛只管具体的安排旅客食宿及家务等。“湖畔人家”也是男性处于主导地位，最大的不同之处是这位男性是外地外民族来上门者。凭着他的经济头脑在进入了摩梭家庭之后，由于善于经营，获得了家人的信赖，而重大决策权也就不知不觉地落入了他的手里，这带有一定的规律性。我们在永宁的纳哈瓦村也碰见过类似的事例。上述情况的出现，就摩梭人内部而言，这是在家庭与社会扩大了联系、家庭生产与社会生产紧密相连的情况下，促成了长期活跃于社会大舞台的男人们的优势的发挥，从而扩大了他们的权力。而女人们，传统的性别分工练就她们的是“主内”的能力，难于走上社会大舞台。在社会化程度加大的今天，她们仍只能在“主内”范围内增强自己的适应力。至于那些外来民族的男人，他们从小生活于父权文化的氛围中，加之经营能力及经济头脑较强，必然会不自觉地以自己的文化对摩梭传统文化进行改造和潜移默化。这也是摩梭文化当前面临的一种危机。

另一方面，由于旅游发展以后，随着服务内容的扩大，两性从事的工作门类也相应增多，而家庭人口资源却相对稳定，故男女两性从事旅游服务工作的机会均等。这样，促成了两性劳动性别分工及劳力负载的差异在缩小。昔日男女劳动力性别分工依自然体力而分为男干重活、女干相对轻一些但需付出时间长的活计。而在今日的旅游服务工作中，有些项目如划船、牵马、歌舞等，已无性别界限的限制，男女都在从事。但家务劳动仍是妇女的工作，所以闲暇时间妇女仍比男人少。至于传统的上山拉松毛等，至今男人也在干了。不过，不管找柴或拉松毛，男人都是用马驮或用拖拉机拉，妇女则仍用人力背。我们曾对一些家庭的男女两性一天的活动做过记录，结果男女工作时间差异相对较小。比如瓦汝家三个主要成员一天的工作日程表（见表1）。在宗教领域内，性别不平等现象更为突出，摩梭人自己的宗教达巴教，充溢着男性色彩。作为通神的宗教祭师为父子相传或舅甥相传，甚至巫师一类，也全为男性。至于喇嘛教，对妇女施予了诸多禁忌。如重大祭祀及丧礼中喇嘛念经的经堂妇女不能入内，妇女不能给死者洗尸，烧尸时妇女只能站在下方等。社区性的祭祀活动，主持者都是男性，为诵经的喇嘛们当副手、当招待、抬祭祀品者，全为男性。女人们除了磕头祭祀外，她们的工作是在家制作供品及上山砍一背青松枝送到祭祀场，帮男人们做饭等，在整个祭祀活动中处于边缘地位，与在家庭中的主导地位形成了鲜明对比。

社会权力方面，男性是权力的掌握者。土司时代，由土司家的男性掌权，行父子相承的世袭统治。民主改革以后，人民掌了权，但当权者主要为男性。至今，永宁乡妇女主席已空缺三年，尚未确定出人选。落水村原来的村民委员会中男女性别比为6∶0，妇女主任未被列入村委会。今年4月份换届以后才进入了村民委员会，但村委会中的男女性别比例仍为8∶1。妇女总被决策者认为工作能力差或文化水平低而未给予参政机会。实际上有的妇女能力并不弱，有的男人文化水平也不高，却因能力强而当上了村长或村干部，但妇女却没有获得这个机会。这是我们在调查中感受很深的一点。

表1 瓦汝家三个主要成员工作日程

	6：00～7：00	7：00～8：00	8：00～13：00	13：00	14：00～18：00	18：00～19：00	20：00～23：00
司给（母，62岁）	起床、煨水、烧香	7：00吃早饭	喂牲口、煮猪食、喂猪、洗厕所、做午饭	吃午饭	砍猪草、喂猪、烧香、赶回牲口、做晚饭	吃晚饭	静坐、到经堂点灯、磕头 22：00睡觉
鲁若（子，39岁）	6：00～8：00起床、遛马	8：00吃早饭	划船或出租马匹	吃午饭	划船或出租马匹	吃晚饭	参加歌舞晚会或休息 22：00睡觉
娜珠（女，32岁）	起床、挑水、烧水	7:00吃早饭	下地干活或砍柴	吃午饭	下地干活或砍柴、割草	吃晚饭	参加歌舞晚会或带小孩 23：00睡觉

4. 森林权属及对森林资源的管理和利用

落水村山林权属曾经历了两个时代的变化：土司时代（1956年以前），山林、土地归土司所有，土司按习惯法进行管理，这些习惯法归纳起来主要有：

（1）每年5-8月份，任何人都不准到山上砍活树、打房板和砍竹子（认为砍活树、竹子会下冰雹，打毁庄稼）。

（2）山上彝族等有羊群的农户，每年要交纳草场税，一般为每群羊子抽1～2只。

（3）凡属神山、水源林、风景林和坟山或罐罐山（放骨灰的山）的森林严禁砍伐和破坏。

（4）永宁坝子到山上砍柴的，运达目的地后要抽出一码以上柴交给土司。

（5）用宗教劝告人们行善、种树和保护山林，砍干不砍湿。

（6）对毁林开荒和烧山行为进行严厉惩处。

（7）对违反规定者，重者罚杀一头牛，轻者罚杀一头猪，态度恶劣者加重处罚，有的甚至打屁股。

民主改革（1956年）至今，曾经历了几次大的变化。国有——国有＋集体所有——国有＋集体所有＋农户自留山——国有。民主改革以后，山林全收归国有；1962年曾划过集体山林；1982年林业“三定”时划过自留山；1983年成立泸沽湖自然保护区时，将集体山林和自留山全部收归国有；1988年开始，泸沽湖自然保护区实行全面封山育林。为了解决村民的烧柴需求，特在离村4公里的红岩子划了一片柴山。由于母系大家庭一般不分家，建房需求量不大。然而，自旅游业兴起以后的1994-1996年，下村形成了建房高峰，村民用材的需求量猛增。为此，1994年，县乡在离村70多公里的拉伯行政村划了一片用材林作为责任山给落水村。但由于路途太远，无人管理，据说现已无成材木料可砍伐。村民们的建房用材都是从四川及本县内不属保护区范围的地方买来的。昔日村民们对森林的利用情况可从图1中有所反映。

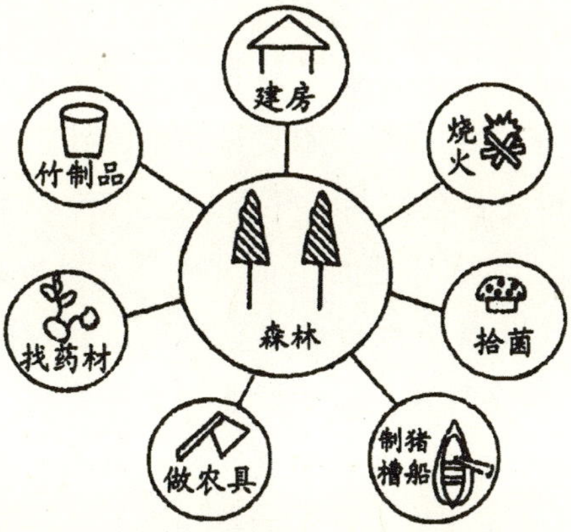

图1　昔日村民对森林的利用

尽管森林利用方面很多，但因多属自给，用量不大，故森林生态良好。据曹撒打、戈尔·给若等老人讲：过去泸沽湖畔森林密布、遮天蔽日，林子里还有许多豹子、獐子、麂子甚至老虎。土司管得很严，不准乱砍树木和捕捉野兽。直到1972年公路通车以前，这里森林仍然很密。1972年公路通车以后，县木材公司于1973年、1974年大砍木料，森林破坏很大。

加之20世纪50年代末这里办渔场，把路两边的杂木砍完了。经过10多年的封山育林，这里的森林植被已得到全面恢复，同时经过退耕还林，森林面积已经增加。而今走进泸沽湖，呈现在眼前的是一派郁郁葱葱的森林景观。灾害减少，水源有了改善，更重要的是为生态旅游提供了优越条件，为村民们增加了可观的经济收入。从切身体验中，村民们提高了对森林生态效益的认识，减少了对森林的索取，从而对森林生态保护起了积极作用。

据了解，昔日这些地方森林生态良好的原因，除了土司习惯法的约束外，与村民们的一些宗教禁忌也有很大的关系。这些宗教禁忌归纳起来主要有：

（1）神树：罐罐山上的树、千年古树（一座山上最大的几棵树）、水源树一律不能砍。神山上的树不能砍。认为砍了会伤害到自己。"文化大革命"时"破除迷信"，集体安排人去砍。去砍的人就对树说："我不是故意来砍你的，是领导叫我来砍的"，砍了以后还用松毛把树桩盖住，不准见天，怕天神见了会来惩罚自己。

（2）幼树不能砍。认为砍了幼树如同砍自己的孩子，会断子绝孙，所以在砍倒大树时若压着小树，都要设法把它扶正。

（3）白的（树皮白色的树）不能砍，认为砍了会引起冰雹。甚至砍了猪槽都要用红泥巴染了才能拉下山。砍了大树当柴不能剖开（恐出现白色）。若谁家违反了此禁忌后巧遇冰雹出现，村人就会找上门来问罪。当事人家得杀猪宰羊请全村人，以示赎罪和受惩罚。

此外，一些宗教活动，如每年夏秋两次的全村性祭祀活动"拖拉依"、每月逢五（初五、十五、二十五）的绕山和祭山、每日的转经，人们都要口诵天下圣山的山神，祈其保佑人畜平安、庄稼丰收。

这些宗教行为，客观上对森林生态保护起了积极作用。

林权收归国有以后，主要靠两个方面来管理和保护森林：一是泸沽湖自然保护区管理委员会直接管理，以护林防火、封山育林为内容进行严格管理，并请了村内的4个巡山员，月薪150元/人，具体负责巡山；一是与保护区内的村民签订封山育林及护林防火合同。同时，为了使保护区内的村民从森林保护中得到补偿，规定"砍干不砍湿"的原则，可以在规定的林中找枯树干枝用做薪柴，可以拉干松毛垫畜圈。但管理区至大渔坝一段则常年封山育林，干湿一律不准砍，连草也不能铲。这一段就在落水村境内。村民们订立了村规民约：砍一棵大树罚款200元，砍一棵小树罚款50～100元，用薪柴则到红岩子坡上去找，但只能砍死树干枝。上村一农户违规偷伐了5棵大树，被罚款1000元，并带上一瓶酒、一只鸡来赔礼道歉。所得罚款由村委会收取，记入账目，若数目不大，就交保护区管理所处理。

在1992年旅游业兴起以前，落水村曾作为福特基金会社会林业项目点。但从1994年以来旅游业兴起，村民们从旅游业中获利快且丰厚以后，对项目的积极性大为下降，后续工作也几乎停顿。目前，该项目已转至浪放等穷困的社区，又一个新项目——日本神内公司投资兴建的农业生态旅游村被选定在该村，将于年内启动。

5. 当前的主要问题

第一，建房用材和薪柴消耗量大增。过去，母系大家庭几乎不分家，建新房的情况很少，即使建房用材量也相当有限。1992年以后，村民陆续修旅社，且数量逐年增多，修的全是传统式的木楞房，用料越来越多。我们曾请在该村修建了多年房屋的剑川木匠对各类传统与当今木楞房的用料做了测算。（见表2）

表2　摩梭木楞房用材量统计表

类别	楼层数（层）	墙体用料（立方米）	整座用料（立方米）
传统楼房	1	30	56～60
	2	40	60～80
正房	1	50～60	80～90
现代楼房	1	30	60～70
	2	40～60	80～90
	3	60～70	120～200
	4	100	300
备注：正房、传统与现代都一样利用木料修建；现代楼房已不用木板作瓦，但梁、椽仍要用木料。统计表中的“整座用料”只做了概算，若用瓦，实际用量要少一些。			

虽然新式木楞房用料一剖为二，不像传统用整根圆木，但用料仍比传统多出10立方米/层左右，且直径都比传统用料大。据我们的观察，传统

木楞房用料一般直径在10～15厘米左右，而现代木楞房用料直径大都在20厘米左右，且几乎家家都修1～2栋，楼层越来越高，体积越来越大，用料也就越来越多。不过，近年修房已到饱和状态，估计需求量会下降。另，村民至今仍习惯于用薪柴作为主要能源。据我们的实地调查统计，一个9口之家的农户，一般日消耗薪柴100公斤，一年将近消耗2万公斤，而薪柴的再生却远远适应不了这个需求。目前，村民用薪柴，一部分到储木场购买边皮料，一部分到山上找干柴。天然林禁伐以后，储木场的来源将断绝，今后只有到山上找，势必造成森林的更大压力。由于经济条件有所改善，多数村民已有使用煤、电、液化气的能力。但传统习惯难以迅速改变，特别是火塘这一民族文化的象征更不宜改变。烧煤污染大，村民也难以接受。如何采取替代能源，也是今后亟待解决的问题。

第二，两性分工趋于均衡的同时，男性权力在加强。与此相应的是女性的林业活动及能力未得到重视和承认，在社区发展项目中接受科技培训的机会少。据村妇女委员曹学珍介绍，实施社会林业项目栽苹果、挖山肥，大都为妇女，但出去接受培训的却是男性。她说："男的学回来不起作用。在1999年4月行政领导班子改选时，说'女儿国'应选女的当家，才选了一位年轻姑娘当村长。不过，她也在丽江当导游，尚未上任"。无论怎么说，选她的目的是为了要与名声在外的"女儿国"相适应，而不是女人被认为可以胜任。

第三，在旅游业发展的同时，色情行业正对摩梭社区侵袭。从1997年开始，一些外来人租用村民的铺面，开始借"美容美发厅"之类的名义干起了色情的勾当，对这块纯洁的土地进行污染。1998年以后，这些"美容美发厅"被逐出了该社区，但那些被逐出者仍在附近1公里左右的管理区所在地继续营业。这种情况不能不令人担忧。

第四，环境污染不容乐观。随着旅社的兴办、游客的增多，湖面被污染、被侵占的现象日益突出。新的管理条例出台后，已有了一定改进，但执行起来难度仍很大。

6. 对策

第一，提高村民的环境保护意识和文化保护意识，并形成一种自觉行为，以法律法规和村规民约规范村民行为和抵制外来黄色侵蚀。

第二，社区发展项目中引入性别观念，提高妇女的社会参与比例和参与能力。

第三，推广薪柴、电、液化气、沼气等能源使用方式，多能并用，减少薪柴用量。

（二）争波村

1. 社区概况

争波村位于永宁坝子边缘，背靠狮子山，面向永宁坝，处于开基河与达市河下游。传统上是一个村，后分为上、中、下三个自然村。三个村依狮子山脚并排相连，中间以两口水井为界。原为摩梭村寨，后陆续迁入汉、壮等民族，分小区与摩梭相杂而居，现上村住有摩梭人、壮族，其余两个村全为摩梭人，汉族则已划出另设一个村（新村）。摩梭文化对两个外来民族有影响，但在婚姻、家庭方面各保持了自己的传统。争波上、中、下三个村的人口及资源情况从表3可看出。

2. 产业结构及资源流向

争波村（含上、中、下村，下同）传统的产业结构是以农为主，兼事畜牧，至今仍未改变。

表3　争波村1998年年底人口及资源情况统计表

村名	人口情况					资源情况													
	总计（人）	户数（户）	劳动力（人）			耕地（亩）			粮食总产量（公斤）		牲畜头数（头）					林产品（百公斤）			
			合计	男	女	总计	水田	旱地	水稻	玉米	牛	马	骡	猪	羊	果园（亩）	青刺果	菌类	松茸
上村	313	45	157	75	82	807	170	637	90000	34000	81	80	16	486	96	94	45	310	105
中村	245	30	130	56	74	890	189	701	118000	50500	56（10）	57（6）	37（3）	396（170）	0	92.5	45	280	93
下村	226	29	159	72	87	839	210	629	1190000	44000	63（11）	66（7）	32（4）	341（161）	0	85	60	250	80

资料来源：永宁乡政府综合统计年报表，括号内为牲畜出栏数

由于地处永宁坝，加上两条主要河流都流经社区所属地域，所以土地较肥沃，是永宁坝产粮区的组成部分之一。这里盛产大米和玉米，还有其他杂粮（荞子、青稞、豆类）。过去，一年一季，现因夏天洪灾越来越严重，故冬季种麦者日渐增多。由于从事单一的农牧业，经济收入来源

较少，除了卖点粮食、牲畜、菌类、药材外，无其他收入。少数家庭有外出打工者，有些经济补贴。平常所需物品，如竹编、竹扫帚、酥油等，多以谷子调换。畜牧业虽居第二产业门类，但商品率并不高，养十多头猪、四五匹马的人家较为普遍，多为自食自用，较少变为商品，最多卖几只鸡、几个小猪仔，急用时卖匹马或卖条牛而已。争波村的社区资源流向见图2。

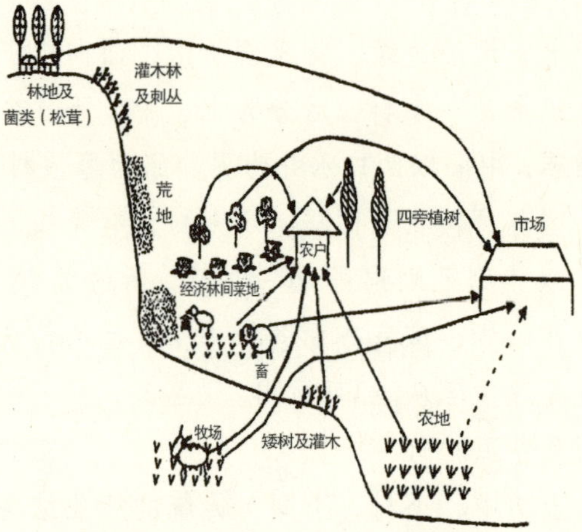

图2　社区资源流向图（永宁乡争波上、中、下村）

从图中可以看出，争波村的资源优势尚未变成商品优势，在很大程度上还保持了自给自足的自然经济状况。

3. 两性情况

在争波村，男女两性的关系保留传统更多，性别分工仍为男外女内，妇女的工作仍较繁杂，但有些家务活男人也承担了起来。比如年轻男子参加割牛草劳动，并用背篮背回家，男人也背小孩、做饭等。这在其他摩梭社区是少见的。就劳动总量而言，两性差异不太大，但女性的劳动时间农闲时要多于男性。据我们对25户农户所做的问卷调查，74%的男人认为妇女的总劳动时间多于男子30%～40%。我们在雨天看见妇女们仍在忙于割叶子、找猪草等工作时，不少男青年却在闲聊或打麻将。然而，一旦天晴，男人们也忙了起来，干着打柴、打梿枷、修沟坎、翻改木料等活计；女人们则洗晒粮食、打柴、割草、洗衣等，全村男女都忙于干活。不过，干活完毕，女人还得做饭、喂猪等，男人则可闲下来。有句俗话说："找柴挑水是女人的活，找钱重活是男人的活。”由此可以看出其性别分工的大体原则。至于对家庭资源的掌握和支配，如土地使用、经济开支，男女成员都有平等的权利，添置大型农具或用品、借贷等，由全家共同商量决定，然后男性出面去办理者较多。这种情况在摩梭地区带有普遍性。

这里的壮族，集中住在上村，计13户，民间称为仲家族，据吴兴权（女，69岁）、杨正友（男，51岁）、吴有元（男，51岁）等介绍，他们的先祖来自贵州，到此已有6代人。说是打仗打败了逃来的（有传说是太平天国石达开所部）。逃难中慌慌张张，把裙子也撕成了两半边，所以壮族妇女穿半边裙。他们原住在狮子山另一侧的拉必落，1958年办公共食堂时才搬来这里，当时才七八户。壮族行父系制家庭，但家庭中男女较平等，无儿可以招赘，上门女婿不改姓，云“卖人不卖姓”。子女随父姓，女婿有平等的继承权。同姓不通婚，也不与外民族通婚，改革开放以后已开始与外族通婚。家中不论男女，谁能干谁当家，都有共同的资源所有权和土地支配权。但对女人也有些禁忌，如老人去世时妇女不能挨近，要由男的洗尸，当宗教人员“先生”要男的等。以前，男女婚姻由父母包办，现已改为自由婚姻，有的甚至已开始与摩梭人走婚。

4. 林业与林权

争波村1956年以前的山林权为土司所有，1956年以后改归国有，1961年划过集体林，1982年林业“三定”时划过自留山，但很多农户已记不清，只有个别紧靠山脚的农户还记得，并种了一些树。现在，只有国有及集体所有两种形式。狮子山面向永宁坝子的部分为集体林地，山顶及背面为国有山林。上、中、下三个村的集体林地以山脊划分，四至界限明确。狮子山面积计1397.6公顷，其中有林地745.8公顷，荒山651.8公顷。有林地多系国有林，由县林业局下属永宁乡林工站管理。集体林地由各村设一看山员管理，报酬由各村集体提留中支付。另，行政村设一护林员，负责管理和监督各村山林及看山员的工作。

据阮苦·达都（女，83岁）、阿窝·丹史（男，56岁）、戈瓦·泽玛（女，69岁）几位老人的介绍，过去狮子山上树子很多，森林密得阴森森的。因为是神山，土司不准砍，人们也不敢砍。山上还有獐子、麂子、老熊、豹子等野兽，山脚有青冈林，许多树子比一人合抱还粗得多。1947年曾烧过一次山，上节烧光了，但下节还有，上节被烧以后又渐长了起来。1968-1970年时挖开基河（改曲为直），10个公社的几千人调来这里砍树烧饭。“五七”干校也办在这里，又砍树修房子和烧饭，再加上县林业局也来砍烧柴。几家一齐砍，几下就把树砍光了。村民无柴可烧，又把青冈树根挖来当柴烧。这一来，连棵小树也难长了。对此，44岁的阿苦若告诉我们：“山上无树了，还挖根。从我十四五岁时起，一直到26岁都在挖。”狮子山这座森林茂密的神山，变成了一座光秃秃的荒山。从1990年开始，县林业局对狮子山全面封山育林，每年七八月份无偿提供树苗，农户每户出一个劳力，投工投劳，在山上植树造林。从1990-1998年，共造林成活1862.4亩，折合124.16公顷。同时加强了管理，除管山员、护林员专职管理外，各村都订立了乡规民约，如上村规定砍柴砍干不砍湿，砍弯不砍小，不能在封山育林区内乱挖乱放牧。若违反规定，放一头牲口罚款5～10元，乱砍一棵树，罚款50元。村民们有亲身遭受缺柴、“冬天无水、夏天泛滥”之苦，所以一般都能遵守规定。阿苦若说：“任何人都知道树砍了以后，山洪会来冲，就不砍了。”阿窝·丹史说：“砍木料对老百姓只有坏处，没得什么好处。山上树子砍光了，水冲下来，房子、田地遭水淹，人却无水吃。”

村民们植树造林的积极性较高，我们所到之处，村民宅院四周都种满了密密麻麻的杨树及果树，还有不少苹果园。由于这里养牲畜较多，对植树造林造成了很大危害，村民们也总结了一些好的经验。如在刺丛中栽树、路旁栽了树后就用刺枝层层围住、用青刺果及刺科植物作绿篱，等等。这一方面防止了牲畜的践踏和啃噬，另一方面也绿化、美化了田园和山峦。

在植树造林中，妇女是支积极力量。据我们了解，义务上山植树，多由妇女参加。房前屋后种果树，也多由妇女自觉种。乃至上山扑火，妇女上阵者也较多。乡林工站的工作人员不无感慨地告诉我们：“植树造林，80%是妇女；上山扑火，40%是妇女；四旁植树，80%也是妇女。在火场上，妇女比男的好指挥得多。”显然，在林业活动中，妇女起着重要作用。就连砍柴，妇女一般只剔小枝丫，对树木生长危害不大。而男人们一斧下去，就是10厘米以上直径的树木倒地，破坏性大。这是我们在争波村亲眼看见的。

5. 存在的主要问题

第一，烧柴问题特别突出。由于靠山而无林，加上能源结构的单一，造成了薪柴紧缺。此问题另作专题分析。

第二，水灾危害严重。作为产粮区的争波村，由于处于两条大河下游，而上游森林的过量砍伐，造成了下游连年不断的洪水灾害。老人们讲，过去夏天涨水，顶多是清水淹点草坝，现在河水夹泥沙冲下来，房屋田地遭水淹，人却无水吃。尤其是下村，2/3的田都遭水灾。水灾成了争波三个村子的一大祸害，百姓呼声强烈。我们在调查中对村民提出的问题用图表示，找老年组和青年组的人排列顺序，结果两组都把水灾排在第二位。（见图3）

第三，林牧争地现象较突出。畜牧业在争波仅次于农业，由于草场被水淹及超负载，牲畜饲料成了一大问题，加之猪也习惯于敞放，更加重了对饲草的需求，人们只有把牲畜往山上赶。尽管村规民约有明确规定，但在中村和下村仍屡禁不止。于是，山上栽下的树苗，往往被牲畜践踏，村道上的大杨树被啃光了皮而致死屡有所见，小树就更不必说了。村后山脚的林地被牲畜破坏，影响着山林植被。

第四，单一的农业，虽解决了粮食问题，但经济来源少，村民生活提高不大。至今三个村无一户有洗衣机、电话之类的家用电器，一个村仅有1台东风车（为拉木料而添置，现已闲着），60% 以上的人家都没有电视机。如中村30户人家，仅有10台电视机，其中8台是黑白电视机。由此可见一斑。

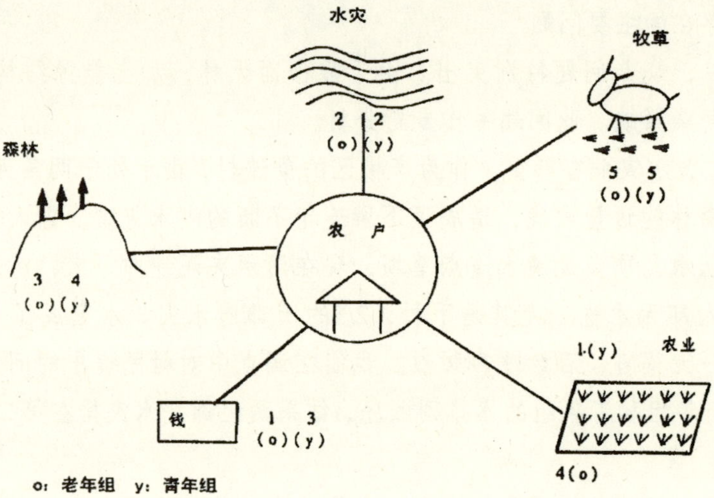

图3 问题排序圈

6. 对策和建议

第一，应划自留山，把荒山荒坡划给农户，以让其种树，提高绿化面积及人工造林成活率。

第二，除自留山以外，还有不少宜林荒坡荒地，发动农户自愿种植（由村统一安排），贯彻落实“谁种谁有”的原则，以激励农户植树造林的积极性。

第三，推广沼气，营造薪炭林，推广猪饲料生喂，以便多能互补及节约能源，减少对森林的压力。

第四，改良牧草，满足畜牧需要。

第五，重点解决部分“冬季无水、夏季泛滥”的村社面临的人畜饮水问题。

第六，根治水土流失，建议由县里牵头，贷款或争取资助，从上游抓起，解除或缓解下游的水患。

以上问题，除第六条牵涉面广以外，基本上都属于本社区的内部问题。故建议课题组向联合国粮农组织申请，在争波三个村实施一个社区综合发展试验示范项目。

五、对理论假设的验证

通过对落水、争波两个农村社区的调查，我认为原先提出的理论假设可以成立。

从落水村的实践证明，经济发展、生活水平提高、挣钱有了其他门路以后，村民们对森林的索取少了，客观上有利于森林保护，从而促进森林生态服务功能的发挥。反过来给予社区群众更多的生态资源及经济效益，形成了森林生态与村民经济收益相互促进的良性循环。而争波村的事例则证明经济发展差，对森林索取过多，必然影响森林生态服务功能的发挥。反过来又影响村民的生产生活及经济收益，形成恶性循环。故森林生态效益与社区村民的经济利益形成了相关的互动关系（见图4）。

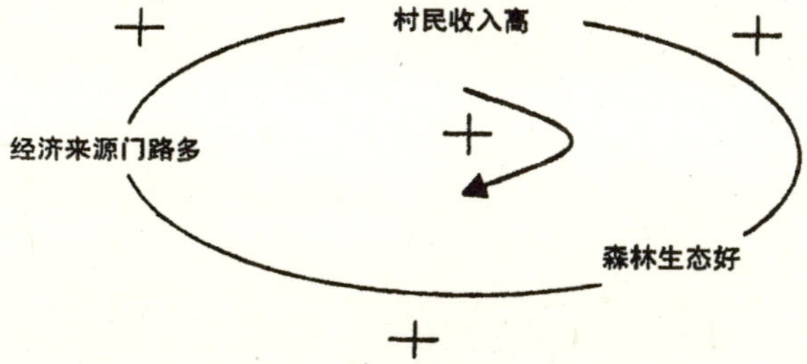

图4 村民收益与森林保护示意图

分权政策的稳定性及政策因素与村民利益关系密切，落水属于一种特殊情况，分权后又收归国有，但因处于自然保护区内，村民从森林生态效益中获得了丰厚的回报，所以分权政策与村民关系不大。但争波则林权几次变化，自留山未落实、集体山无林，责任山划得远等因素叠加在一起，直接影响村民的生产生活。而“文革”中政府行为的乱砍滥伐，使村民利益受到极大损害。一旦集体林受到严重破坏之后，必将危及国有林。狮子山上的集体林被砍光，村民们为了解决自身薪柴问题，只有大砍国有林。于是国有、集体的森林都遭受严重破坏，而农户又无自己的林地，薪柴却又少不了，造成了极大的矛盾。母系制、土司习惯法及某些宗教禁忌对森林保护有积极作用，在当今的森林管理中应借鉴其中科学的、行之有效的部分并加以完善和发扬。

主要参考书目：

1. 云南省宁蒗彝族自治县志编纂委员会编纂：《宁蒗彝族自治县志》，昆明，云南民族出版社，1993。

2. 宁蒗彝族自治县林业局等编：《宁蒗彝族自治县林业志》，昆明，云南民族出版社，1995。

木质能源的利用及面临的问题[①]

——对盛行母系制的两个摩梭社区的调查（二）

在调查了解纳西族摩梭母系制对森林资源的管理和利用的情况的同时，我与和凤菊还对纳西族摩梭社区管理和利用木质能源特点，进行了实地调查。调查点仍是落水、争波两个农村社区。

一、宁蒗县生活能源概况

宁蒗彝族自治县县境在东经100° 22′ ~101° 16′、北纬26° 35′ ~27° 56′之间，总面积6 025平方公里，居住着彝族、汉族、纳西族、普米族、傈僳族、壮族等十多个民族。据1990年全国第四次人口普查统计，全县计有201 229人，其中纳西族摩梭人占7.5%。全县辖16个乡镇，89个行政村（含5个办事处），1 009个自然村，人口密度为每平方公里约33人。

宁蒗地处横断山脉中段东侧，长江上游金沙江流域，海拔在1 350米至4 510米之间，年均降雨量420毫米，平均日照2 297.7小时，平均无霜期190天。立体地形和立体气候为森林及其他植物的生长提供了有利的生长环境，故宁蒗县以林业资源丰富而著称。

然而，由于地处高寒山区或高原坝区，气候寒冷，加之传统的生活习惯，以薪柴为代表的木质能源消耗量很大。据测算，一个火塘每天24小时要耗柴50公斤，一个传统老虎灶每天烧柴20公斤，每户每天需要耗柴70公斤。据县能源站的测算，全县4.2万个家庭，至少有7.5万个耗柴点，即4.2万个火塘、3.3万个传统灶，以平均每个火塘日烧柴40公斤计，2.4万个火塘年耗柴达613 200吨。传统灶以日耗柴20公斤计，3.3万个传统灶年耗柴达240 999吨，以上两项合计854 100吨，折合71.2万立方米。[②]这些薪柴的搜集，主要靠妇女，所以薪柴消耗越大，妇女需付出的劳动就越大，劳

① *本文原载和钟华主编．《社会性别与自然资源、民族文化》．昆明：云南教育出版社，2005.

② 何丕坤主编．《妇女与农村能源》．昆明：云南科技出版社，1997：216～217页．

动时间更长，体力消耗更多。无疑，这对于妇女是个沉重的负担。这在宁蒗县带有普遍性。

传统上，宁蒗县各族人民的生活能源100%都来源于木质能源——薪柴，做饭、照明、煮猪食、取暖、祭祀等，都离不开薪柴。据1994年林业部中南林业规划设计院的调查，全县生活用薪柴年消耗量为49.79万立方米，占森林资源总消耗量的55%①，居森林资源消耗量的第一位。尽管如此，由于昔日森林状况良好，人口也不多，故薪柴问题不算突出。但自20世纪六七十年代以来森林被大量采伐，加上人口的增多，木质能源危机日益突出。为了减轻森林的压力、解决人民生活能源问题，宁蒗县采取了节柴改灶、推广沼气等措施。据县能源站董站长介绍，该站成立11年来，根据计划，于“八五”（国家第八个五年计划）期间完成了11 535个节柴灶、沼气530口，安装微型发电机145台，总装机容量2 610千瓦，太阳能322立方米，城镇使用液化气者，目前已有2 500户，使用电炉者2 000户。全县能源推广方向是：

坝区：节柴灶、沼气池

江边：微型水电、沼气池

凉山：泸沽湖Ⅰ型火炭灶

长江上游天然林禁伐以后，尽可能提倡以煤代柴。县能源站的工作以推广沼气为主，但由于经费缺乏，工作难以展开。

据介绍，一口沼气池造价1 750～1 800元，1994年以前国家补贴300元，从1994年起，已无此项补贴。能源站的经费亦缺乏，1997年以前每年有10多万元拨款，1998年才有5 000元，无法解决补贴问题。每个沼气池一千多元的费用，对尚未走出温饱线的宁蒗这个国家级贫困县的人民来讲，无疑是难以担负的。

宁蒗县推广节柴灶开始于1989年。当时由县乡镇企业局引进永胜灶型，1992年相继改成凉山Ⅰ型、Ⅱ型，以利于因地制宜。这样，节柴灶较之老式灶，节约薪柴在50%左右。本来打算再次改进（二次进风），可以更加节约燃料，但因资金缺乏，未能完成。

① 何丕坤主编．《妇女与农村能源》．昆明：云南科技出版社．1997：213页．

在永宁摩梭社区，家家都有两个薪柴消耗量大的耗柴点：火塘及煮猪食灶，正房（祖房）的火塘是母系文化的重要组成部分之一，新迁房屋，首先要举行升火仪式，火塘的火终年昼夜不能熄灭，取暖、议事、待客、三餐制作及用餐、大小祭祀都在火塘边，融习俗、宗教于一体，形成了独特的火塘文化。

养猪是摩梭家庭必不可少的，一般都有十数头，大都为自给，每个家庭到了年底都要杀猪制作猪膘——琵琶猪。这是一种腌腊制品，制作方法是将肥猪宰杀去毛后，剃骨、去内脏，抹以酒、花椒、盐，将剖口缝合后压制成琵琶形的全猪，可放置数年乃至更长，味美可口。昔日猪膘的多少，曾是家庭财富的象征。而今，猪膘仍是摩梭家庭中不可或缺的肉食品。一个家庭一年杀四五头猪制作猪膘，在摩梭社区并不鲜见。养猪作为出售的情况，目前正在出现，因此养猪在摩梭社区正成为农户家庭经济收入来源之一。然而，人们习惯于传统的喂养方法，煮猪食要消耗大量的薪柴，尽管多数人家已用节柴灶，但薪柴消耗量仍较大，仅次于火塘。

二、案例分析

（一）落水村

据1998年年底的统计，落水村共有76户，485人。其中，摩梭33户，普米21户，其余为汉族及白族。落水村属于旅游景区，随着旅游业的发展，对能源的需求量日益增大，尽管村民们都具备了使用生物能源和现代能源的经济条件，但人们仍习惯于使用传统能源——薪柴，据我们对25个农户（摩梭人15户，普米10户）的问卷调查，能源结构及每种能源年消耗量如表1：

表1　落水村农户能源消耗统计表（人数及比例）

能源名称	农户年消耗量											在能源结构中的排序	备注
薪柴	年消耗量（kg）	3000	3500	4000	4500	5000	6000	7000	8000	9000	20000	1	
	户数（户）及所占百分比	6户 24%	2户 8%	6户 24%	1户 4%	4户 16%	1户 4%	1户 4%	2户 8%	1户 4%	1户4%		
秸秆	年消耗量（kg）	100	200	300	500	1200	2000					3	有些户未填
	户数（户）及所占百分比	3户 12%	2户 8%	2户 8%	5户 20%	1户 4%	1户 4%						
电	年消耗量（kg）	120	500	700	800	900	1000	1200	3000	10000		2	同上
	户数（户）及所占百分比	1户 4%	2户 8%	3户 12%	3户 12%	5户 20%	7户 28%	1户 4%	1户 4%	1户 4%			

表1中显示，落水村的能源结构已由传统的单一用薪柴改变为“薪柴＋电＋秸秆”的模式，用以烧饭、取暖、煮猪食。随着旅游业的发展和需求，少数人家已开始利用太阳能供浴室之需。另外，还有人家在部分使用沼气作照明（停电时）的补充。从现有情况看，落水村农户家庭的能源结构呈多能并用、多能互补的状况，即薪柴、电、秸秆、沼气、太阳能都在利用，把木质能源、生物能源、现代能源结合起来，形成互补关系。至于使用的比重之多寡，因家庭而异。比如，全村最大的家庭旅社“摩梭之家”汝亨家，年烧柴20 000公斤，用电10 000度，烧秸秆2 000公斤，用木炭5 000公斤，

是全村能源消耗大户。他家的能源结构及各种能源所占比重如下(见表2):

能源结构：薪柴+电+木炭+秸秆

表2 汝亨家各种能源所占的比重均表
(以1公斤木质能源与1度电同等计):

薪柴	20 000公斤	54.05%
电	10 000度	27.03%
木炭	5 000公斤	13.51%
秸秆	2 000公斤	5.41%

这户人家常住人口6人，尽管经济条件最好，但在能源利用上仍以薪柴为主，加上木炭，木质能源仍占了67.56%。不过，用电的比例也占了相当大的部分(占了全部能源的1/3)，从中可以看出经济发展以后，对木质能源的需求量在逐步减少。另一农户的能源结构及其利用比重也可作佐证。

打史家同样开着旅社及饭店，人口5人。其能源结构仍与汝亨家相同，这户家庭各种能源的利用情况见表3：

表3 打史家能源利用统计表

薪柴	12 000公斤	80.54%
电	1 500度	10.07%
木炭	400公斤	2.68%
秸秆	1 000公斤	6.71%

尽管排序依次仍为薪柴第一、电第二，但二者之间的数量已悬殊较大，薪柴使用量占了80%以上，而电仅占10%。这些薪柴都用于家庭煮饭、取暖、煮猪食及饭店炊事。

从总的看来，落水村民的能源消耗仍以传统能源——薪柴为主，究其原因，主要是：

(1)火塘的取暖兼炊事、宗教活动、议事、待客等多功能作用难以用其他能源替代。

(2)养猪熟喂这一传统未进行改革。

（3）薪柴可就地取材，不必耗费财力。

薪柴的获取主要靠妇女，薪柴用得越多，妇女需付出的劳力和时间越多。落水村位于泸沽湖自然保护区内，找薪柴得到划定的4公里以外红岩子一带，来回一趟约需3个小时，一天两趟就花去6个小时。譬如打巴家年烧柴7 000～8 000公斤，除3 000公斤系购买外，两个女子需搜集和运输5 000公斤薪柴，他们还得干家务及参加村内的旅游经营，其劳动负担之重可想而知。我们的25份问卷调查，对家庭成员担负找柴情况做了统计，正说明了这一问题（见表4）：

表4　落水村家庭成员承担采集薪柴情况统计表（人数及比例）

份额 家庭 角色	10	20	30	40	50	60	70	80	90	100
壮年男人	1人 4%	1人 4%	2人 8%		1人 4%					
壮年女人	2人 8%	3人 12%	3人 12%	3人 12%	2人 8%			1人 4%		
男青年	1人 4%	6人 24%	3人 12%	2人 8%	7人 28%					
女青年		1人 4%	1人 4%	2人 8%	9人 36%	2人 8%	1人 4%	3人 12%	1人 4%	2人 8%

在薪柴资源的供求关系方面，落水村属自然保护区内之村寨，森林资源丰富，森林权属为国有，由保护区主管负责，保护区与村民签订合同，对森林资源进行管理。村民用柴按砍干不砍湿的原则，由保护区划定区域去搜集，地点在离村4公里外的红岩子一带。若违反规定就会受到罚款处罚。旅游业发展以后，对薪柴的需求增大，但未造成当地薪柴资源的过量采伐。他们的主要解决途径是：

（1）向储木场及木材加工厂购买边皮料。

（2）向邻近村寨购买薪柴。

（3）部分利用替代能源（如用电饭煲烧饭、用秸秆煮猪食等）。

（4）使用节能灶，减少耗柴量。

从落水村的情况看，薪柴资源的权属无性别差异，但薪柴的使用和搜集两性分工则有明显的不同。由于性别分工妇女主内，所以薪柴的使用，主要为妇女，除火塘取暖外，煮饭做菜、煮猪食都是妇女的工作。而薪柴的搜集，同样主要为妇女，昔日要一背背把柴背回家。而男人参与砍柴，是赶着马匹运回家，几乎无一例外。今天，有的人家开始用拖拉机运输，但也得由妇女一背背从山上背运到公路边，再由男人用拖拉机拉回家。天然林禁伐后，储木场及木材加工厂将关停，代替薪柴的边皮料将减少，这将给落水村的薪柴使用带来危机。去年秋天开始启动的日本神内集团在该村建立的“生态村”项目，拟全面推广沼气。若能实现，这将给落水村的妇女们带来福音，因为这样可以减轻她们搜集和运输薪柴的部分负担。

（二）争波村

争波上、中、下三个村共有104户，784人，劳动力446人，其中男劳力203人，女劳力243人，耕地面积2 536亩，传统的产业结构是以农为主，兼事畜牧，至今仍未改变。

在争波村，能源结构单一。除照明用电外，做饭、煮猪食均用薪柴及秸秆，而这些传统能源绝大多数人家都靠自己去搜集和运输。与落水村情况不同的是，男青年负担了砍柴的主要任务，其次为女青年，壮年男子居第三位，壮年妇女为第四位。这与这里薪柴短缺，需远距离搜集和运输不无关系。现将我们的25份问卷调查的有关数据列表统计如下（见表5、表6）：

表5　争波村家庭成员承担采集薪柴情况统计表

份额 / 家庭 / 角色	10	20	40	50	60	80	90	100
壮年男人					1.4%		1.4%	1.4%
壮年女人		1人，4%	1人，4%	1人，4%				1人，4%
男青年		1人，4%		2人，8%		2人，8%	2人，8%	8人，32%

角色 \ 家庭 \ 份额	10	20	40	50	60	80	90	100
女青年	2人，8%			2人，8%				3人，12%

表6　争波村农户能源消耗统计表

能源名称	农户年消耗量								在能源结构中的排序	备注
薪柴	年消耗量（kg）	7200	14000	18000	21000	25000	28000	36000	1	3份表不合要求，未计入
	户数（户）及所占百分比	2户，8.7%	2户，8.7%	2户，8.7%	4户，17.4%	6户，26.08%	5户，21.73%	1户，4.35%		
秸秆（玉米核）	年消耗量（kg）	100	250	500	700				2	
	户数（户）及所占百分比	1户，4%	20户，80%	3户，12%	1户，4%					
电	年消耗量（度）	120	180	200	240	270	300	600	3	有几户未填
	户数（户）及所占百分比	10户，40%	1户，4%	1户，4%	2户，8%	1户，4%	2户，8%	1户，4%		

争波村的摩梭人和壮族在能源利用上无多大差异，但有的壮族家庭火塘要小一些，节柴灶更规范一些，耗柴相对少点。

与落水村相比，争波村的薪柴消耗量大，日平均耗柴70公斤以上者居多。耗电量则很小，除1户搞粮食加工用电稍多外，不少农户月均用电在20度以下。这正反映了经济发展落后于落水村的现实，说明现代能源的利用和发展与经济发展密切相关。正因如此，争波村当前存在的主要困扰，就是烧柴问题特别突出。由于靠山而无林，加上能源结构的单一，造成了薪柴紧缺。据了解，争波村民的燃料主要为薪柴，辅以少量向日葵秆及玉米核，日生活用柴消耗量大，两口老虎灶——火塘及煮猪食灶，日烧薪柴平均约在75公斤以上，一个强壮劳力加两匹马，一年要用三个月时间去驮柴，才能满足自用需求。由于狮子山无林，争波上村砍薪柴的责任山又划在10多公里外的老屋基村脚下，村民们需来回走20多公里的路程去搜集薪柴。争波中、下村村民则因责任山缺柴，到四川境内砍柴（与四川有水柴交换协定），来回路程也在20多公里左右。这些地方系国有林，两省村民都去砍，据说要砍光了。我们在争波村，看见的是男女都在忙于驮柴的一派繁忙景象：天蒙蒙亮人们就赶着马匹，带上斧头和午饭，一群群走出村口；太阳快落山了，一驮驮排列整齐的马匹和马帮又向村子走来。过去摩梭俗谚曰："最苦最累的是牛。"现在马成了最苦最累的。家家养马为了驮柴，于是形成了恶性循环。而多养一匹马，就要消耗几棵树。有人曾做过计算，3棵直径10厘米的大树才够马驮2驮，1个月驮30×2=60驮，计90棵大树，3个月就将驮掉270棵大树。这是1户农民的用柴量，全村104户，其薪柴消耗量可想而知。当然，一般来说，村民们多数都砍小枝丫，即使想砍也无那么多的树可砍了。

解决争波村能源的主要途径，应主要推广沼气，营造薪炭林，推广猪饲料生喂，以便多能互补及节约能源，减少对森林的压力，减轻人们的劳动负担。为此，建议设立一个社区综合发展项目。

附件一　落水村资源表（巫国仁）

区划	高山	二半山坡	坡地7°～10°	湖面	低山
土壤类别	红土	红沙土	红壤沙土		红土
土地利用	森林	玉米、洋芋、豆类（黄豆、蚕豆、四季豆）	村寨	打鱼、游船、捞海草喂猪	森林
树种	冷杉、云南松	榆树、栗树	白杨		云南松
设施	无	引沟灌溉	电线、公路、山泉水	无	无

区划	高山	二半山坡	坡地7°～10°	湖面	低山
问题		土地用作宅基地，人口越来越多	泥石流	水质开始污染	

附件二　争波村问题分析图表（阿库若）

（困难）问题	原因	（现行）解决方法	机会、改进
健康			
找柴难，水灾多	森林资源少，上游乱砍树	多栽树，禁伐木材	粮食增收
经济收入少	收入来源少	养猪养鸡、打工	搞好农业生产

旅游发展中的反思

——泸沽湖落水村的现状分析与思考

曹建平

泸沽湖的落水村，一直是泸沽湖景区旅游开发以来的一个焦点。落水村不仅是泸沽湖周边人口最集中、交通最方便、景点最集中的村子，还是泸沽湖旅游开发的先行者。从60年代开始，凡是研究摩梭的专家学者，第一站必定是落水村。80年代中期，随着改革开放的春风，旅游者逐渐进入泸沽湖，在其他村子还在懵懵懂懂之时，落水村开始有了个体商店、家庭旅馆等旅游服务设施。短短的几年中，落水村在悄无声息中发展起来了。落水人的超前意识曾经一度形成了在泸沽湖周边独家经营的局面，在十多年的时间里，落水村一直是当地脱贫致富的典范，他们曾经是人们羡慕和学习的样板。

1995年，落水村被评为“丽江地区十大富裕村”之一。当年，经中科院地理研究所等四家院所单位专家学者考察，落水村被推荐参加“联合国成立50周年模范社区”评比。在评选推荐材料中，专家学者对落水村的评价是：“本社区拥有神山、丽水、秀湖、密林、矿泉、溶洞多种自然奇观，而以母系家庭和阿夏走婚制的摩梭人人文文化系统，堪称世界一绝，两者高度亲合形成独特自然人文旅游资源，诱惑着世界各国的旅游者。”由于人文地理及环境交通的种种优势，落水是泸沽湖周边（含四川）旅游发展最快的村子。从1995年到现在，落水村从20多家旅社，600多个普通床位，发展到现有的75家宾馆，1600多个客房和近4000个床位。特别是经过2004年以来的治理整顿，各级政府加强了落水村的硬件建设和旅游管理，水、电、路、排污等设施明显改善；划船、牵马、晚会等服务项目进一步规范；特别是经过多年的积累，村民们有了一定的旅游服务和管理经营，已具备了接待国内外各种旅游团队和各类游客的条件。

按理说，落水村应该客源滚滚，生意兴隆，但事与愿违，现在我们看到的却是一派萧条的景象。就在以往的旅游旺季——暑假期间，昔日忙忙碌碌的划船队，现在经常无所事事；昔日湖边热闹非凡的傍晚，只看到寥寥无几的游客在散步；昔日深夜里歌声此起彼伏的烧烤城，如今成了本村年轻人参加完篝火晚会后的消遣之处。而且类似的境况日复一日，月复一月，落水人开始感到了前所未有的危机。对于祖祖辈辈都以打渔种地为生的农民来讲，旅游的快速进入曾让他们猝不及防，无以应对。在经历了彷徨、观望、尝试的过程后，终于看到了旅游带来的希望，尝到了旅游的甜头。在周边村子还没有行动起来时，落水村经常客满为患，正因为如此，村里人从2000年起，就争先恐后贷款修房子，房子一家比一家漂亮宽敞，设施一家比一家先进。万事俱备，只欠东风，但残酷的现实又把人搞懵了。由于客人少，落水村的75家宾馆大多数都空着，有客人住的人家也处于一种廉价竞争的局面，甚至到了每个标间30元还含早餐的地步。村民们说：为了发展旅游，土地丧失了，湖里也没有鱼可打了，如果再这样下去，落水村的未来怎么办?

为此，村民们再也坐不住了，他们开始反思，自己到底错在什么地方?是哪个环节出了问题?为什么处于优越地理条件和人缘关系的落水竟然会败给市场竞争?大家经过分析，认为造成这种局面的原因是多方面的，除了全球化的经济危机和各种天灾人祸外，主要有以下因素。

一、旅游市场的无序竞争是影响客源的一个主要原因。近年来，由于周边村子的崛起，落水村再也不是泸沽湖的“唯一”，虽然其他村的硬件设施远远不及落水村，但投入少的优势可以让旅游服务项目的价格一跌再跌。周边村落的服务设施及服务方式是落水村十多年前的模式，但低成本的服务和给旅游从业人员的高回扣却足以吸引大量游客。用压低价格的办法招徕客人，让投入几十万甚至上百万来建宾馆的落水人苦不堪言。但面对市场的残酷竞争，他们无可奈何，只有随波逐流，也只能在价格上作文章，但游客的入住率仍然不尽人意。

二、旅游宣传的误导是造成入住率低的一个重要因素。不管你是什么身份，只要坐在通往泸沽湖的车上，每次会听到游客们在相互提醒“落水村已经商业化了，只有里格才是正宗的”，“网上说了，落水村都是外地人承包的”等等，让人无法解释。曾经有一位记者说：“来泸沽湖之前，我认为网上说的是真的，但走了几个村子一比较，才知道并非如此，真正的文化旅游还是在落水村”。

谎言被说了无数遍就会变成“真理”！落水人至今仍然不重视网络宣传的作用，他们自认为有优越的接待条件，还在守株待兔。落水村的《村规民约》规定“不准用不正当的手段招徕客人”，“不准出租房屋经营不健康的娱乐项目”，“不准在村口拉客”等等。另一方面，由于过去出租房屋后的一些“经验教训”令他们不会轻易出租房屋，也不会让承包者随心所欲。这种自我保护意识，令外来经营者望而生畏，自然把目光转向了里格等周边的村子。而外地老板的经营管理理念和自我推销办法是本地人远远不及的，凡是没有到过泸沽湖的人，首先得到的信息都来自互联网，由于宣传的误导，许多游客的目的地已不是落水村了，落水村成了乘车的中转站。

三、现有的经营管理办法让外来者难以真正了解落水村的真貌。旅游发展初期的落水村，虽然接待设施差，但游客可以住进摩梭人的大家庭，是一种自助式的旅游，客人可以体验民风民情，住的时间一般都比较长。随着游客的增多，标间、电视等现代化设施的出现，拉远了人的距离，游客与当地人之间的互动越来越少。特别是随团进入泸沽湖的客人，晚上天黑到，忙着跳舞、吃烧烤，第二天一早又是乘船、家访（由旅行社指定的地点），忙的不亦乐乎，哪里还有时间去了解摩梭人的生活。另一方面，由于世人对摩梭人的种种误解，让落水人渐渐降低了对外人的信任度，学会了怎样应付形形色色的来访者。为了让老人安宁，许多人家的祖母屋都与宾馆分开了。久而久之，如果只看表面现象，落水村的变化足以让那些把摩梭人当做原始部落来参观的都市人失望。

事实上，落水村的变化是万变不离其宗，不论房子怎样漂亮，除了按照游客需求建的标间外，房屋的整个格局完全按照摩梭传统民居修建。只不过比过去宽敞明亮而已。更可贵的是，市场经济的冲击并没有改变摩梭人的大家庭和走婚习俗。落水村从1995年到现在一直是73户人家，经济发展了，生活富裕了，大家庭不仅没有解体，反而得到了巩固。因为大家庭人口多的优势正好适应了旅游接待的需求，村里几家规模较大的宾馆都是大家庭开的，而且老板都是能干的摩梭妇女。由于经济状况的改变，许多传统文化在落水村又得到了发扬光大。在落水村，一人有难大家帮，一家有事全村忙的风气还很浓厚；在落水村，老人安度晚年，孩子幸福快乐，从来没有出现过虐待老人和孩子辍学的现象；在落水村，保护和捍卫传统文化的意识正在觉醒，有一批像泸沽湖摩梭民俗博物馆的尔青和多吉一样的年轻人正在行动。

旅游市场的变幻莫测是每一个旅游开发区都难以回避的，尤其是民族地区，怎样才能做到在发展经济的同时保护好民族传统文化，是一个严峻的课题。落水村的出路在哪里？虽然现实不容乐观，但总结落水村十多年旅游开发的经验，认真分析现状，我们仍然对落水村的未来充满了希望。落水村在生存与发展，保护与开发方面有许多值得推广的经验，下一步需要从以下几个方面作出努力。

一、进一步规范旅游市场，以高质量的服务赢得市场。在有关部门的旅游总体布局规划中，落水村被定位为“摩梭民俗观光村”，正好适应了本村母系大家庭多、传统文化保留好、村民自我保护意识强等特点。但市场竞争是无情的，只有行动起来，变消极等待为积极应变，才能找到一条新的出路。根据落水村的特点，必须继续走集体化的道路，以集体的智慧和力量来战胜困难。一要提高服务质量，以优质的服务赢得信誉，坚决杜绝以压低价格来招徕客人的行为。二要发扬民族传统，将优秀的民族传统习惯贯穿于整个管理过程中，体现在《村规民约》和所有服务过程中，让游客虽然住在现代化的标间里，仍能了解摩梭人的传统习俗，体验摩梭人的生活。三要主动与旅游部门合作，结合本村优势，开发摩梭家访、民族体育竞技等旅游项目，用既有民族特色，又健康有趣的服务项目来吸引游客。四是打造节日亮点，利用各种传统节日开展活动，吸引各方朋友到泸沽湖度假。

二、加大宣传力度，让世人充分了解真正的落水村。一要正确对待各种误解，争取重塑新形象，以每一个村民的实际行动来消除误解。二要发出自己的声音，建立集体网站，形成一个村民与游客可以互动的网络空间。三要利用现有的博物馆、民族歌舞晚会等资源，积极主动地协调配合旅游部门组织旅游团队参观和体验正宗的民风民情。

三、扶持本村摩梭母系大家庭做好接待家访的工作。通过村民委员会向有关部门上报，为具备接待家访的人家颁发“摩梭母系大家庭”定点参观点的证书，让游客能在落水村了解到真正的摩梭文化。

总之，落水村是泸沽湖旅游区的前沿阵地，是丽江市泸沽湖旅游开发的一个对外窗口。因此，落水村的形象就是泸沽湖旅游的形象，也是丽江旅游的形象。为了丽江旅游发展的大局，必须打造好泸沽湖“女儿国”这个品牌。各有关部门和当地政府应从宏观发展的角度来关注落水村，认真总结落水村旅游开发十几年的利弊得失，从中寻求一条能继续带动整个泸沽湖景区发展的可行性路子。

2009年9月10日

泸沽湖：16年旅游开发的是与非

石高峰

任何人都没有办法对生活制定出一套完全合理和科学的规范，也没有人能制定出一种既具有预见性、又使人们能舒适生活的法律，谁也无法开出一副灵丹妙药。在传统与现代之间，会有淘汰，会有吸收，会有过滤，会有新生。它总是在不断发展变化、选择、整合中前进的。我们只能不断重构和调整。位于泸沽湖畔的落水村一直在这么做，这个村庄的失败与成功，也将对所有摩梭地区未来的发展提供经验借鉴。

落水村，是泸沽湖畔一个普通的摩梭人村庄。1989年，时任宁蒗县旅游局局长的曹学文，鼓动家里开办家庭式的旅馆。他腾出8间偏房，设立了20个床位，泸沽湖边破天荒有了第一家家庭旅馆“摩梭园”。令人意想不到的是，他家当年的收入达到4万元，这在当时是个天文数字。村里人猛然意识到旅游可以赚钱。于是，有一定经济条件的人家也着手建立旅馆，每天，抢客的村民从村庄一直坐到山丫口，受到经济利益的驱使，落水村已经无法回到往昔的平静。

从家族长老制到法规的萌芽，百密一疏

从1992年正式被国务院列为对外开放的旅游区，距今不到16年时间，落水村已被评为云南省丽江市的首富村。据村人简单估算，仅划船、牵马、歌舞等旅游项目，每户年均收入约为4万元，再加上旅馆收入，每户年均收入不少于8万元。

财富的增长有目共睹。然而，在游客来了，钱来了的同时，狼也来了。为了争夺客源，摩梭人之间吵架，甚至斗殴，有旅客不满于价格混乱，也有宰客现象，往日平静的村庄笼罩在一种火药味很浓的氛围中。

最让全村老人群情激愤的是：摩梭人历来的规矩是不能骑马进村，必须在村口下马，牵马进村，因为村里有长老、喇嘛之类德高望重的人。可现在，游客并不管这些，骑着马在村中游荡，甚至一些本族青年也骑着马在村里一溜烟跑过，见到自己的舅舅和母亲都不下马，这在传统文化中是不能被原谅的。

从1992年列为对外开放旅游区到1996年的4年间，旅客人数猛增，矛盾突出，也是规章法规订立的尝试时期。面对着纷乱的村内矛盾，村长格则次若成立了10人的村民委员会，制定村规民约，规定所有划船、牵马、跳舞的项目，由集体统筹安排；每个家庭都有一份统一的收入；每项收费明码标价，统一管理；还制定了许多罚款条例，如：服务于游客时不穿民族服装、在公众场合吵架、向游客多收钱、村人在本村内骑马……由于定了许多罚款条例，次若被村人命名为“罚款村长”。

通过这一系列改革之后，村子里复归宁静，人们从一个刚进入市场时的盲目争夺，又回到了往日的宁静。但是，新的矛盾、冲突或者棘手的问题不时在发生：比如：母系家庭还在分解，家庭正在走向小型化，这不是由于家庭矛盾，也不是由于母系文化走到了穷途末路，而是由于利益驱动。从1995年开始，陆续有一些外地小伙子到摩梭家入赘，他们经过衡量认为，分成小家庭更划算。理由是如果每个家庭一年能分到4万元钱，二十几口之家分成3家，就可以分到12万元，是原来的3倍。这番算盘打下来，家人都才醒悟过来，传统摩梭人分家闹分裂为耻辱的传统，就在这么一拨一算之中分崩离析。不到两年时间，落水村已经飞速发展为73户。村委会为此头痛不已，最后决定，承认现有的73户，但从此以后再有人家分成小家的不作数，分出去的小家庭不得参加划船、牵马、跳舞旅游项目。

可事实上，这些规定还是留下了隐患，由于村里目前的旅游项目很单调，有许多待开发的项目，如果新分出去的小家庭开发出新的旅游项目，村委会是无权禁止的。

旅游文化的瓶颈

由于旅游项目的单调，许多游客对落水村的旅游感到失望和不满。在那里，连一座比较简单的博物馆或展示都没有，表演的舞会也仅有几支舞蹈，大多是与游客打打闹闹，甚至有唱流行歌曲。游客缺乏直接了解摩梭文化的渠道，直到离开泸沽湖，对摩梭文化仍然一知半解。而村里旅游越来越浓重的商业化气息，也让游客极为失望。

最令人忧虑的是，旅游业并没有为摩梭文化的弘扬带来良性循环，村内的所有收入都由家庭主宰，并没有一分一毫投入在环保、教育和文化等公共领域。作为丽江地区的首富村，落水村每年的旅游收入大约300万元，但大部分的开支是盖房，家家盖起了三四层楼，这是财富和地位的象征；而对于公益的事业，很少有人关心和考虑。村里的中小学破烂不堪，直到云南省教委拨款修缮，才改变了面貌。在村民的意识中，认为那是政府的事，与自己无关。他们对自己的本土文化——达巴文化已很淡漠。尽管目前在整个永宁到泸沽湖，只有一个达巴活着。这份珍贵的遗产在未来的几年就很可能会消失，但他们都无动于衷。

落水村的村民对开辟旅游项目、提高服务质量，做到可持续发展的问题也毫无兴趣。甚至有一个年青人居然大言不惭的说："全国上亿人，只要每人来一次泸沽湖，我们落水人也吃不完。"

脆弱的生态环境

2004年6月5日，中央电视台"共同关注"栏目以"谁在污染泸沽湖"为题，对泸沽湖的垃圾堆放、污水处理、乱建酒店等问题进行了曝光。泸沽湖的生态环境和污染问题逐渐受到社会各界的关注。

过去，老百姓十分重视污水，当地没有洗澡池，也不允许将生活污水排进湖，甚至连洗澡、洗衣都不能在湖里。上世纪90年代，以保护泸沽湖为名成立起来的保护所引进了两台用柴油的铁船，由于柴油燃烧留下污迹，引起村民的反感和不满，暗中去捣坏船只，后来迫于压力取缔了铁船。由于泸沽湖分属云南和四川共有，在地界、湖界存在许多争议，这给管理带来许多不便。土地可以分开，湖水难以分割，这方禁渔，那方在捕捞；这方禁伐，那方在砍伐；这方在排污，那方在扩建；没有整体性的管理机构。湖边尽管没有工业，避免了大面积的工业污染，但是生产生活废水污染不可避免。由于泸沽湖岸边的土质是沙地，容易渗水，村民们为了满足游客的需要，家家设立标间，建起洗浴室，这样对湖水的污染可想而知。

而外来物种的涌入，更是从根本上砍断了当地生物链。在上世纪70年代，有关部门曾在湖中放养包括鲤鱼、草鱼、鲫鱼、鳙鱼等品种，不幸的是还混入了麦穗鱼、鰕虎鱼等杂鱼，它们会争食，还会吃其他鱼子，这对本地鱼种是沉重的打击，放养的草鱼吃掉了许多水生植物，这使得泸沽湖特有的菠叶海菜花遇到了极大的危机。1998年有部门在泸沽湖放养银鱼，由于银鱼繁殖非常快，死亡率也高，对当地水质形成了污染。泸沽湖的特种鱼裂腹鱼已经灭绝。

笔者最近一次到泸沽湖，在湖边的旅馆里接触了许多外地商人。他们在与当地人商谈投资项目，如水上飞机、脚踏游船、湖湾高档别墅，这些现代化的设施，将会给泸沽湖的生态环境带来更大的灾难。

冲击、磨合之后重构摩梭文化

泸沽湖的现代文明是与旅游业一起来的，旅游业的发展，使政府不能不解决电和交通，交通的发展和电的开通，又使那里的电视、电话普及起来，如今也有了电脑屋，游人和村人还可以上互联网，这在几年前真是不可思议的事情。这些事物的进入，冲击是不可避免的，关键是在新文明的进入中，如何来重新阅读自己的文化，修正自身的文化，并重构自己的文化。

到过落水村的人认为，落水村已经变味，变得商业性、没有人情味，但是与永宁山区相比，落水已经有了一套较为制度化、常规化的村规民约。落水村村民从电视、广播中，从外来游客的交谈中，了解和掌握了不少现代文明的游戏规则和民主意识。村内矛盾和纠纷不再以长老意志论定，而是由村委会在公众领域按规章制度以集体利益来裁定；是非标准比较明确，公众领域的扩大，带来民主机制与意识的提高，这不能不认为是一种进步。

而与落水村相比，一些未曾开放旅游的摩梭人聚居区显得封闭和落后，每当外人进入，总会说："我们没有文化，我们落后。"而落水人毕竟阵痛、冲击之后，经过长时间的磨合，有了更多的本民族文化自信心和自豪感。在开放旅游的16年间，落水人接触了上百万的中外游客，不论是地位显赫的领导，还是家财万贯的经理总裁，还是大名鼎鼎的作家学者，各行各业，各路神仙他们都领教过。

通过与主流社会的交往，落水人还知道了外面的世界并不都是精彩的，开始看到主流社会的问题，比如：虐待老人、性犯罪、环境恶化、人与人关系淡漠、婚姻急剧变化等。落水人以自己是摩梭人为荣，因为在那个社区，老人的生活是不成问题的，安度晚年；性暴力是不存在的，家庭和谐，婚姻自由。

主要参考书目

1. 恩格斯:《家庭、私有制和国家的起源》，见《马克思恩格斯选集》，中文1版，第四卷，北京，人民出版社，1972。

2. 费孝通:《乡土中国》1版，上海：上海观察社发行，1948。

3. 云南省宁蒗彝族自治县志编纂委员会编纂:《宁蒗彝族自治县志》1版，昆明：云南民族出版社，1993。

4. 郭大烈，和志武:《纳西族史》1版，成都：四川民族出版社，1994年。

5. 詹承绪，王承权，李近春，刘龙初:《永宁纳西族的阿注婚姻和母系家庭》1版，上海：上海人民出版社，1980。

6. 严汝娴，宋兆麟:《永宁纳西族的母系制》3版，昆明：云南人民出版社，1991。

7. 云南省编写组编:《宁蒗彝族自治县纳西族社会及家庭形态调查（宁蒗县纳西族家庭婚姻调查之一）》1版，昆明：云南人民出版社，1987年。

8. 云南省编写组编:《宁蒗彝族自治县永宁纳西族社会及其母系制调查（宁蒗县纳西族家庭婚姻调查之二）》1版，昆明：云南人民出版社，1988。

9.《女儿国诞生的活佛——罗桑益世活佛回忆录》1版，昆明：云南民族出版社，1995。

10. 陈烈主编:《云南摩梭人民间文学集成》1版，北京：中国民间文艺出版社，1990。

11. 宋恩常:《云南少数民族社会与家庭制度研究（1）》云南大学历史研究所民族组印，1978。

12. 拉木·嘎吐萨:《梦幻泸沽湖》1版，昆明：云南美术出版社，1993。

13. 杨学政:《衍生的秘律》1版，昆明：云南人民出版社，1994。

14. 杨学政:《藏族、纳西族、普米族的藏传佛教》1版，昆明：云南人民出版社，1994。

15. 云南社科院民族文学研究所编印:《民族文学研究集刊（3）》，1989。

后 记

“人生到处知何似，应似飞鸿踏雪泥；泥上偶然留指爪，鸿飞哪复计东西。”（苏轼）作为一名少数民族女知识分子，从走出金沙江大峡谷的那一天起，我就立下志愿，要为我的少数民族的兄弟姐妹们奉献自己所学到的知识，把他们的事情如实地告诉外界、让外界了解他们，而不仅仅是同情或怜悯、误解与偏见，更不是猎奇，因为历史与地域造成了他们与外界的距离。于是我就像一个虔诚的宗教徒，痴迷于我的梦，执着地耕耘、探索。

历经12年的实地调查和考证，这本书终于可以面世了，落笔之时，百感交集。12年风雨探索路，事业的艰辛、性别的差异、民族的自尊……这一切都使我对民族文化的探索和认识得到升华，更能透彻地看待人生。

12年的调查，我是在没有专项研究费用的情况下进行的，结合美中学术交流委员会1996年资助我的《少数民族妇女的参与和发展调查研究》项目，使我完成了问卷普查，中华海外妇女学会1997年度的小额资助，帮助我完成了补充调查。我所在的云南社科院社会学所领导给予了多方面的关注。

本书的出版，得到了云南省学术著作出版基金及我所在的云南省社会科学院的出版资助，并得到了云南教育出版社及何学惠社长、张强编审的大力支持，还有特邀编辑王家声对文字做了精心处理、对图片做剪裁编排，在此表示深切的谢意。

我也特别感谢李小江教授在百忙中为我写序，从我开始萌生写此书的念头到成书，她都给了我很大的鼓励和支持，我将永铭于心。

在这本书终于完成的时候，我忘不了直接、间接地协助我完成这一著作、圆了我那长久的梦的我的亲人及朋友们：我的丈夫杨允楠，身为大学教授，为支持我的研究，他担起了家庭担子，我的一些看法，他首先给予支持和鼓励，还帮助我做统计及校对。我这本书的完成，凝聚着他的深情。我的同事攸延春，是我涉足此领域的同路人。第一次的摩梭调查，我俩结伴同行，共同深入摩梭村寨、共同探讨问题、共同书写考察报告，我们合作得很愉快。报告中的基本观点及一些资料，为本书所采用。可以这样说，那次调查及考察报告为本书打下了基础，本书的撰写就，小攸功不可没！我的好友和鸿昌、李菊玉、和凤菊三位女士，是我下乡调查的同伴。她们在艰苦的条件下，与我一道爬山涉水、忍饥挨饿，常常是一天工作10多个小时，本书的不少资料凝结着她们辛勤的汗水。

更忘不了在我的调查中给予我无私帮助的摩梭朋友们：我的老同学阿国芳、阿民凉，他们是土司的后代，谙熟这里的风土民情，成了我的顾问。阿国芳还替我当向导和翻译及核对事实。原副乡长（现县民委副主任）何生诺、永宁乡党委书记杨圣明、永宁乡长郭怀忠、永宁中学校长阮学武，对我的调查给予了热情的帮助和支持，对我的书稿给予了充分肯定并对有的问题给予校正。还有一批摩梭干部，如在县里当领导的何甲泽、杨顺洪、杨彪、杨立志，县委统战部的杨红玉、才旦·多吉，县妇联副主席曹丽英、县教育局副局长曹建平、永宁法庭庭长阮奥智、永宁中心医院副院长郭尔车以及让茨尔、惹补生诺、茨汝而车等一批村干部，对我的调查工作给予了积极的支持和协助。更多的是像茨尔独玛、而车拉姆、瓦汝司给、独支玛、鲁若、丹史泽、茨拉措、扎史、独支、糯几拉姆等等一大批平凡的摩梭姐妹兄弟们，是他们以真诚、淳朴、热情的态度，对我的调查工作给予了莫大的支持和积极的配合，为我们提供了许多宝贵资料。

乡政府、乡法院、乡工商所、乡税务局、乡卫生院、乡校区办、永宁中学等机构的有关领导及干部积极支持和配合了我的调查工作。

在我完成了初稿去进行补充调查、核对及征求意见时，县政协杨顺洪主席专门为此召开了摩梭干部座谈会，参会者有科局级以上干部20余人，对书稿提纲给予了充分肯定，同时提出了一些真诚的建议，对他们的大力支持和鼓励，我表示由衷的感谢，恕不一一提名。

乡党校校长、普米族干部和学良、摩梭青年作家拉木·嘎吐萨、云南省社科院宗教所所长杨学政研究员（永宁藏族），对我的研究给予了很大的关注、鼓励和支持，并对我讨教的一些问题给予了认真的指点。

协助我完成问卷调查的有：和鸿昌、李菊玉、和凤菊、阿国芳、杨立新、杨丽珍、杨向东、和学良、和作新、李寿学。

对问卷做计算机处理及数理统计的是云南大学会计系研究生龙晓海及95级学生。

图表制作者：杨允楠。

在此，向所有协助过我的亲人及朋友们致以深切的谢意。

限于水平和条件，本书疏漏和不当之处在所难免，切盼得到本民族人士、专家和读者的指正。

面对社会经济发展很快的今天，摩梭社区又将会有新的变化，有些问题又得重新跟踪调查、重新认识和思考，我将继续努力。现谨以此书献给我所眷恋着的那一片土地——那一片两性平等和谐、古往今来女人能作为“人”而生存着的如梦如幻的土地；献给我所深深热爱着的那一方人——我的开朗豁达、热情自信的摩梭姐妹兄弟们。

作　者

1997年12月初稿

1998年11月二稿

1999年6月第三次

修改于昆明

学术年表

1958—1959年

发表论文《新民歌的浪漫主义手法》(以“中三七红专文学社”署名，本人为执笔者之一)、《一连小勇士》(革命回忆录)，载《西南师范学院学报》《重庆群众文艺报》。到四川大巴山革命根据地采访和撰写老红军革命回忆录。

1974—1976年

到长江航运局重庆至宜昌段进行社会调查，撰写码头工人家史。

1981年

《“四外”人的歌》，载《民间文学》1981，1982年获云南省民族民间文学优秀作品奖。

6月，负责组织中国社科院少数民族文学研究所云南分所召开的座谈会，讨论如何搜集整理和研究纳西族文学问题，为编写《纳西族文学史》做准备。

1982年

翻译整理民族民间文学作品：

《贺龙—活龙》，载《山茶》1982.1.

《碗》，载《山茶》1982.3.

《人类的传说》，载《玉龙山》1982.1.

撰写散文《长江第一湾》，载《旅游天地》1982.5.

4月，代表中国社科院少数民族文学研究所云南分所参加丽江地区成立“纳西族文学史研究委员会”的会议，被选定为委员会委员。会议决定由文学所与该委员会共同主持编写《纳西族文学史》的工作。从此代表文学所具体负责该项工作。

冬，参与组织在丽江召开的编写会议，负责撰写绪论、第四、五编、后记（全书共五编）。

1983年

《火把节习俗及其传说浅谈》，载《山茶》1983.5.

《浅谈马子云的雪山诗》，载《玉龙山》1983.2.

《从“抢婚”谈正确反映民族风情》，载《云南日报》1983.1.20.

《色彩灿烂的画卷》，载《云南日报》1983.12.21.

《起房歌》，载《山茶》1983.3.

12月，组织并参加在昆明召开的纳西族文学史讨论会（讨论各人的初稿）。

1984年

《旖旎风光扑面来》，载《云南日报》1984.4.4.

7月，参加中国少数民族文学学会在贵州召开的“中国少数民族神话学术讨论会”，在会上发表题为《试论纳西族神话的特点》的论文，该文发表于《云南民族学院学报》1984.2，收入《中国神话新探》论文集，贵州人民出版社1986.10。获中国少数民族文学学会主办的首届中国少数民族文学研究优秀论文奖。

10月，《纳西族文学史》被纳入“七五”国家重点科研项目《中国少数民族文学史丛书》，对稿子继续进行修改补充。

1985年

年初，编《民族文谈》论文集。

《范义田及其作品》，载《玉龙山》1985.3.

《试论纳西族新文学的崛起》，载《民族文谈》，中国民间文艺出版社

（云南版），1985.4.

《小羊和狼》，载《山茶》1985.3.

《鸡鸣唤亲人》，载《民间文学》1985.11.

4月，完成了《纳西族文学史》第二稿，并对全书进行初次统稿。

5月，出席在北京召开的“中国民间文艺研究会第三次学术讨论会”，在会上宣读《云南少数民族山川景物传说刍议》的论文，该文载《金沙江文艺》1987.3。收入《中国民间传说论文集》，中国民间文艺出版社，1986.

6月，24—7.28，为搜集纳西族文学史资料，到迪庆州中甸县（今香格里拉县）三坝乡白地进行田野调查。收集到了丰富的第一手资料。以后写了多篇调查报告、论文及编了《纳西东巴圣地民间文学选》。

1986年

《生产习俗歌》，载《山茶》1986.2。

《略谈纳西族长诗中的殉情》，载中国民间文艺研究会云南分会编：《云南民间文艺源流新探》，云南民族出版社，1986.12.

《纳西文化三类型》，载《民族文学研究集刊（1）》，后收入郭大烈编：《纳西族研究论文集》，民族出版社，1992.10.

撰写《中国大百科全书·中国文学卷》纳西族辞条之民族民间文学部分。

1987年

《青年作家李寒谷及其创作成就》，载《玉龙山》1987.1。收入白庚胜主编：《金沙万里走波澜》，内蒙古大学出版社，1998.12.

《Bringing Naxi Literature to Light》，载《Women of China》Feb.1987.

《Among the Naxi,Using Her Pen》，载《Women of China》Apr.1987.

《两点体会》，载《山茶》1987.2.

《东巴圣地的文学》，载《云南民族学院学报》1987.2.

《壮心不已—纳西族女作家赵银棠延安之行》，载《女声》1987.5.

8月—9月，与文学所同事攸延春到宁蒗彝族自治县永宁乡进行田野调查，发现昔日的一些误传，力求站在摩梭人的立场，厘清外界一些失真观点。回来后一起写了《古老的传统与现代的选择—永宁纳西族（摩梭人）婚姻和家庭现状探讨》一文，载《民族文学研究集刊（3）》，云南省社科院民族文学研究所编，1989.12。

提出了摩梭研究中的文化隔层问题，对摩梭人的婚姻关系、家庭观念进行了新的诠释。

1988年

《再谈纳西族的殉情长诗》，载中国民间文艺家协会云南分会编《边疆文化论丛（1）》，1988.

《纳西族创世神话与古羌文化》，载《民族文学研究集刊（2）》，云南省社科院民族文学研究所编，1988.3。

《神话内涵与文化背景》，载《玉龙山》1988.2.

《纳西族民歌的艺术表现手法》，载《原野》1988.2.

《白地纳西族丧俗》，载《云南民俗集刊》第四集。

《再探女儿国》，载《桥》1988.7.

《泸沽湖纪行》，载《玉龙山》1988.3.

《自卫军的歌》，载《山茶》1988.1.

《纳西族阮可人生活习俗和民间文学调查》，载《纳西族社会历史调查（三）》，云南民族出版社，1988.

《中华民族风俗辞典》纳西族部分，并担任编委、负责编审云南25个民族稿件。江西教育出版社，1988.5出版。

4月底，组织召开纳西族文学史讨论会。对第三稿进行讨论。之后，再一次进行了统改，并定稿。

1989年

《别忘了这位诗人—和柳》，载《玉龙山》1989.4.

《魂系玉龙大雪山》，载《玉龙山》1989.3.

《美哉，泸沽湖》，载《丽江文化》1989.10.5.

2月，《纳西族文学史》经全国编审委员会决审通过。

2—6月，为云南民院在职干部进修班讲授民族民间文学课程（54学时），学生考试成绩优良。

1990年

《饶有意味的哲思—谈纳西族的<挽歌>》，载《山茶》1990.1.

《言出肺腑情发心底—谈纳西族古代作家文论》，载《民族文学研究》1990.1.

《伦理道德的民族性和顺应性—从摩梭人的固定走婚谈起》，载张哲敏主编《民族伦理研究》，云南民族出版社，1990.

《为了掌握第一手资料》，载《云南社科动态》1990.6.

《纳西族文学的发展概况及其特色》，《玉龙山》1990.3.

《中国西南少数民族道德研究》（合著，担任副主编及统稿，撰写《恋爱道德》一章）。云南民族出版社，1990.12.

《永恒的纪念》，载《原野》1990.2.

2月，到宁蒗拉伯进行摩梭父系制调查。

4月，参加在昆明召开的“中华民族文化海峡两岸学术讨论会”，在会上作了《祭天即祭祖—纳西族祭天文化质辩》的发言，受到了与会学者的好评，云南民族学院教授黄惠龈、杨智勇、云大教授李子贤等都给与了较高评价。台湾龚鹏程、黄世雄等教授说这是一篇精彩的发言，很有见地。该文被收入郭大烈、杨世光主编：《东巴文化论》，云南人民出版社，1991.3.

3—6月，为云南民院澳大利亚博士研究生蓝诗田讲授“纳西族妇女专题”（12学时）。

8月，被云南省文化厅等三单位聘请为《中国歌谣集成.云南卷》编委。

1991年

《纳西东巴圣地民间文学选》（与和尚礼合编，担任统编），云南民族出版社，1991.12.

《论东巴教的女性崇拜及其演变》，载《云南师范大学学报》1991.4.

《东巴教中的巫文化》，载《云南文史丛刊》1991.2.

《巫祭一体—东巴教与巫文化探索之一》，载《边疆文化论丛》，云南民族出版社，1991.

《纳西族妇女在经济开发中的作用》，载《促进山区民族经济开发与社会进步国际学术会议论文选集》1991.9.

《竹枝词中的纳西民俗》，载《民族文学研究集刊（5）》，云南省社科院民族文学研究所编，1991.11.

《和大爹挨饿记》，载《民间文学》1991.11。

《婚俗歌》，载《纳西东巴圣地民间文学选》，云南民族出版社，1991.12.

《丧俗歌》，载《纳西东巴圣地民间文学选》，云南民族出版社，1991.12.

3—6月，受聘担任云南民院民语系藏缅语专业硕士研究生讲授纳西族语言文学课主讲。又为民院研究生班讲授纳西族文学专题。

10月，参加西南民族学会召开的“促进山区民族经济开发与社会进步学术会议”（国际会议），在会上作了《纳西族妇女在经济开发中的作用》的发言，引起外国专家的重视，于次年受邀赴美参加国际学术会议。

10—11月，到宁蒗永宁进行摩梭母系文化调查。

1992年

《纳西族文学史》出版（合著，由本从及杨世光任主编及统稿），四川民族出版社，1992.8.

《中国少数民族道德概览》（合著，担任副主编及统稿，撰写“纳西族”），云南民族出版社，1992.11.

《传统与现实—对小凉山妇女状况考察的思考》，载《民族学》1992.

《传统与现代的衔接—从纳西族妇女谈起》，载《云南社会学》，1992.1—2合期。

1月，应邀参加云南社科院农经所主持的“社会林业”课题组，1—4月到双柏、墨江、景洪、景谷、景东进行调查。写了调查报告《妇女参与社会林业情况考察》（与罗荣芬合写），载赵俊臣主编：《云南社会林业》云南科技出版社，1993.

8—9月，应邀赴美、加参加学术会议及进行学术考察，具体日程如下：

8月2—8日，应国际地理学会性别研究会之邀，赴美参加“世界经济发展中妇女的作用—有酬与无酬劳动问题”专题学术讨论会。在会上发表了《中国妇女的生产性工作》的报告及摩梭母系制的发言，获得了会上唯一的一次掌声，引起强烈反响。发言刚完，法国、南美几国的代表纷纷上台来祝贺，台湾代表台大教授姜兰虹教授激动得上台来紧紧拥抱。

8.9—9月中旬，应邀到加州大学戴维斯分校进行关于妇女问题的学术研讨及学术访问。并商讨该校与云南社科院的合作项目“玉龙山区域生态环境及生态旅游考察”的实施。

8月10—9.9日，应加拿大西门大学之邀请，到该校与从云南社科院专程前来的同仁汇合，到BC省进行工合及印第安部落考察。

回国后写了《在地球那一边—北美印第安部落考察记》一组文章。其中已发表的有：

《回归民族文化与发展经济》，载《云南日报》1993.10.20.

《牛仔部落的旅游业》，载《云南日报》1993.1.23.

《不寻常的毕业典礼》，载《云南日报》1994.1.26.

《大马哈鱼情思》，载《云南日报》1994.

《加拿大堪卢普斯教育中心访问记》，载《民族工作》1993.8.

《在地球那一边—印第安部落考察记》，5篇连载于《丽江日报》2006.7.15、7.29、8.12、9.2、9.23、9.30。

12月，被昆明市妇女问题理论研究会聘任为顾问，参加该会的学术讨论会。

1993年

《玉龙雪山的女儿—20世纪三代纳西族知识女性》，载李小江等主编：《让女人自己说话》，生活读书新知三联书店，2003.1.

《少数民族古代文论选译·纳西族》，新疆人民出版社，1993.12.

1月，被郑州大学妇女研究中心聘为《20世纪妇女口述史》编委。赴郑州大学参加编写“20世纪妇女口述史”座谈会，负责主编《少数民族妇女口述史》。从此开始了组稿及纳西族部分的编写及采访工作。

3月，陪同郑州大学教授李小江等到丽江、宁蒗进行民族妇女调查。

5月，3—17日，陪同美国加州大学戴维斯分校教授Peggy到路南县石林五棵树村进行民族调查，做了详细笔记。6月9—14日，进行第二次调查。做了详细笔记。回来后写了调查报告。

10—11月下旬，作为课题副组长，参加中美联合考察队绕丽江玉龙山一周，进行合作项目“玉龙山区域生态环境及生态旅游考察”。

11月16—20日，应邀参加在菲律宾马尼拉召开的“亚太地区非政府组织论坛”，为95第四次世界妇女大会作准备。会上就我国的民族教育、妇女参与旅游业等问题进行了发言。有三处被吸收进大会最后形成的文件中。同时针对达赖的代表及会上某些敌对分子的反华言论，用现身说法进行了反驳。受到了中国代表团的表扬，并作为中国代表团中的5位嘉宾之一，出席中国驻菲律宾大使馆的招待会，并与菲律宾总统夫人联欢。事后，中国代表团团长、全国妇联副主席、书记处第一书记黄启操告诉云南省参加95世妇会筹备工作负责人、省妇联副主席朱惠娥，云南组织95世妇会代表团时点名要让和钟华参加。

11月底，应邀参加“北京大学第二届妇女问题国际研讨会”。

1994年

《对纳西族摩梭人母系家庭的再认识》，载李小江等主编 :《性别与中国》，生活读书新知三联书店，1994.

《传统与现代的衔接—少数民族妇女在经济开发中的优势浅见》，载《中国妇女报》1994.12.19.

《新形势新课题》，载《昆明日报》1994.

主编的《纳西族文学史》获云南省人民政府颁发的社会科学优秀成果二等奖。

与赵捷合写的论文《当代中国妇女解放的目标、道路及其特点》获云南省人民政府颁发的社会科学优秀成果三等奖。

1月，参加云南省妇联主持的“云南省妇女问题理论研讨会”，在会上宣读论文《旅游开发中的娘子军—石林五棵树村妇女现状考察》，获三等奖。

4月，应邀参加云南省林业厅、林勘院主持的“妇女与农村能源”项目，担任项目组副组长，并到玉溪市、通海县调查。写了调查报告《因地制宜多能互补—玉溪市农村能源利用情况调查》，受到在荷兰参会专家的好评，被认为是质量最高的一篇。

5月，参加“云南社会林业研讨会”，作了社会林业相关知识的讲座。

7月，应亚洲理工学院妇女研究中心之邀，到泰国参加研究生课题设计研讨会，作了《中国的妇女及性别研究概况》的发言。

6月，到丽江、宁蒗进行纳西妇女、永宁及蒗蕖摩梭妇女调查。

8月，7—17，9月9—14，到昭通市进行社会林业调查。

9月：

（1）组建了云南社科院妇女参与与发展研究中心。这是全国社科系统创建的第一个妇女研究中心。

（2）9—14日，参加《农家女百事通》杂志社、天津师大妇女研究中心主办的“当代农村妇女发展与对策”研讨会，在会上发表了《云南农村妇女的科技文化素质研究》论文。

（3）《妇女与农村能源》课题组到绥江县调查。

1995年

《在女神的天地里》（著作，《云南民族女性文化丛书》之一），云南教育出版社，1995.5，丛书获国家图书奖。

《云南农村妇女现状研究》（主编），云南教育出版社，1995.12.

《论少数民族妇女的经济参与》，载《云南社会科学》，1995.4.

《旅游开发中的娘子军—石林五棵树村妇女现状考察》，载《云南学术探索》1995.4.

《传统与现实—对小凉山妇女状况考察的思考》载《云南学术探索》1995.4.

《三代纳西女与老酒》（民族学“家庭实录：女人自述”），载《山茶》1995.3.

《四方街上的女人们》（民族学“老街系列”），载《山茶》1995.3.

《提高云南农村妇女科技文化素质研究课题》总体报告，载和钟华、乔亨瑞主编：《云南农村妇女现状研究》，云南教育出版社，1995.12.

《国内妇女问题研究简介》，载《云南社科情报资料》，1995.3.

2月，28—3.5，应邀参加国家民委、全国妇联等四单位主办的“中国少数民族妇女论坛暨发展与对策研讨会”，发表了论文“云南农村妇女的科技文化素质研究”。

6月，主持召开了全国性的“经济欠发达地区妇女参与与发展研讨会”。

8.30—9.8，参加在北京召开的联合国第四次世界妇女大会NGO论坛，担任云南代表团副团长，并在云南论坛上作《云南各民族姐妹和睦相处》的主旨发言。与代表团中的8位代表受到当时外经贸部吴怡部长的接见。

7月，15—8.1日、11月，到宁蒗永宁进行摩梭森林资源管理和木质能源调查。

1996年

《回报太阳—中国少数民族儿童的现状与未来》（著作，与胡本常合著），四川少年儿童出版社1996.7，作为《中国儿童保护书系》，获四川省首届优秀科普图书一等奖。

《欠发达地区妇女的参与与发展研究》（主编），云南大学出版社，1996.12.

《云南农村妇女的科技文化素质研究》，载《当代农村妇女发展与对策》论文集，中国妇女出版社，1996.6.

《屹立在废墟中的女人》，载《中国妇女报》1996.4.17.

参与策划、编写的《云南民族女性文化丛书》获第十届中国图书奖。

1—2月，到西双版纳州进行“少数民族妇女参与与发展”项目调查。

5月，到上海参加社会学课题设计研讨班。

5.16—6.7日，被聘请为新西兰政府援助云南社会林业项目考察组顾问，对丽江、中甸、宁蒗进行了预可行性考察。

8月，到丽江塔城进行民族文化调查，发现当今走红的纳西民歌世家和文光一家。

10—11月，到宁蒗永宁拖支进行摩梭土司及父系制调查；海衣角、平静进行家庭结构等调查。

12月，出席“澄江县撤县建市理论研讨会暨云南省社会学会96年会”。

1997年

《妇女与农村能源》(副主编)，云南科技出版社，1997.1.

参与主持的《妇女在农村能源建设中的地位和作用》项目，获1997年度云南省科技兴林三等奖。

《因地制宜多能互补—玉溪市农村能源调查》，载上书。

被贵州省社科院民族文化研究所聘为客座研究员。

4月，应邀参加云南省植物研究所民族植物研究室主办的“妇女与发展研讨会”，在会上作了“云南省妇女研究概况”的发言。

4—5月，应香港乐施会之邀请，担任西南项目点妇女口述项目组长，主编《大山的女儿：经验心声和需求》(西南卷)，贵州民族出版社，1998.10

6—10月，被聘请为新西兰政府援助的《滇西北农村综合发展项目》新方专家组成员，到中甸县(今香格里拉县)进行项目前期调查、评估、设计工作。写了《滇西北农村综合发展项目有关性别分析的评估报告》，从社会性别的角度对项目提出了6项建议，结果被吸收了4项，被告知是命中率最高的一份建议。

7月，参加在南京召开的“第二届中国妇女与发展研讨班”。

1998年

《云南社会科学院妇女研究论文集萃》，任主编，云南民族出版社，1999.8.

《固定专偶走婚—永宁摩梭人婚姻的当代变迁》，载《浙江学刊》1998.5.

《面对贫困切盼改变》，载和钟华主编：《大山的女儿：经验、心声和需求》，贵州民族出版社，1998.10.

《范义田及其作品》，载白庚胜主编：《金沙万里走波澜》，内蒙古大学出版社，1998.12.

被省政协工青妇委员会聘任为委员。

12月1—5日，出席四川省妇联与海外中华妇女学会合作在成都召开的

“社会性别　贫困与农村发展参与式”研讨会，在会上发表论文《当代永宁摩梭母系制婚姻家庭的变迁和民族社区发展》。

6月9—28日，到宁蒗永宁、四川左所作摩梭调查：问卷调查、代表人物采访、旁听乡法庭调解纠纷等，同时到县里对《摩梭母系制及其现代变迁》一书初稿进行资料核实、听取意见。

12月17—1999年1.9，与亚洲理工学院妇女研究中心合作课题：《文化　两性与林业》到丽江的拉市、龙泉、石头进行调查。

1999年

《以砚池命名的城—丽江古城寻踪》（著作），云南民族出版社，1999.4。

《摩梭母系家庭在当代的变迁》，载李小江等主编：《主流与边缘》，生活读书新知三联书店，1999.7。

《纳西族文化大观》伦理道德、作家文学、习俗部分（计5五万多字），载格桑顿珠主编：《云南民族文化大观丛书．纳西族文化大观》，云南民族出版社，1999.9.

年初，参与策划编辑出版“纳西族文化丛书”，担任主编。

7月，到宁蒗永宁进行摩梭调查（补充调查）。

10月，与杨福泉、于小刚、习煜华共同发起成立了“丽江民族文化与性别研究会”，被选为会长。以此为基地开始了扎根基层搞科研、开展社区发展项目、促进妇女能力建设等等工作。

与亚洲理工学院妇女研究中心合作开展联合国粮农组织“妇女与渔业”项目。11—12月在丽江进行调查。写出了调查报告：《妇女与池塘养鱼—云南丽江县寨后下村养鱼业调查》，载和钟华主编：《社会性别与自然资源民族文化》，云南教育出版社，2005.12.

10.17—19日，应邀参加“99中国丽江国际东巴文化学术研讨会”，作了“东巴教的女性崇拜及其演变”的发言。

11月，应邀参加云南社科院农经所“林业资源的持续管理与林权演变”课题，到丽江石鼓、東河调查。写出调查报告《丽江县上凤山村及竹园村林地使用权和森林资源管理的调查研究》。载和钟华主编：《社会性别与自然资源民族文化》，云南教育出版社，2005.12.

2000年

《生存和文化的选择—摩梭母系制及其现代变迁》，（著作）云南教育出版社，2000. 获云南省政府颁发的社会科学优秀成果三等奖。

《当代永宁纳西族摩梭人母系制婚姻家庭的变迁和民族社区发展》，载徐午等主编 :《社会性别分析 : 贫困与农村发展》，四川人民出版社，2000.7.

《少数民族妇女与森林》，载何丕坤主编 :《森林树木与少数民族》，云南民族出版社，2000.

《为了我们一席之地》（征文），载《中国妇女报》2000.8.29.

1月，到丽江老君山进行民族及生态调查。

2月，15—19，到泰国参加亚洲理工学院召开的渔业、林业讨论会，在会上作了《妇女与池塘养鱼》、《母系文化与森林》的报告。

3月，应 IFAD（国际农业发展基金）之邀请，担任由 IFAD 主持、世界银行贷款的《中华人民共和国武陵山区少数民族地区农业开发项目》贵州项目点的社会性别评估专家，到贵州黔东南苗族侗族自治州进行调研和评估，写了评估报告，对下一步的工作提出了具体建议，受到邀请者的好评。

6月，参加并主持由丽江民族文化与性别研究会、海外中华妇女学会等6单位联合举办的“社会性别与民族社区发展、资源管理讲习班”。

12月，参加“社会性别与发展方法论研讨班”。

2001年

《Forest Management in Mosuo Matrilineal Society》，载《Gender Technology and Development》,2001.

年初，参与组织云贵川三位学者与海外中华妇女学会合作的研讨会。

5月，被聘任为美国大自然保护协会与丽江民族文化与性别研究会、丽江东巴文化研究院合作项目“照片之声”高级顾问、总协调员。每月下乡抽样调查一次，一直工作到2002年。

6月，参与主持在贵阳召开的“社会性别　民族社区发展研讨会”。在会上作了《中国少数民族社会性别研究概述》发言。

8.11—16，参加在延边召开的“兴边富民与少数民族发展研讨会”，发表了关于民族社区发展的论文。

8月，参加在北京召开的“社会性别与发展在中国第二届年会”。会议决定第三届年会在云南召开。

12月，参加主持日本驻华使馆援助丽江生态旅游项目。

2002年

7月，参加陕西省妇联在西安召开的“社会性别与发展在中国：回顾与展望”研讨会，发表了论文《民族社区发展项目中社会性别问题的几点思考》，载高小贤等主编：《社会性别与发展在中国：回顾与展望》，陕西人民出版社，2002.8.

1—7月筹备由丽江民族文化与性别研究会与丽江地区妇联合作举办的“社会性别与发展在中国第三届年会”。8月13—19日，主持“社会性别与发展在中国第三届年会”。

10月，应邀出席联合国机构在不丹Paro举行的“国际山地妇女大会”，受到不丹总理的接见。会后，对农业部长、河流管理官员及当地一些居民家庭进行了采访。

11月，应邀为“丽江地区实施妇女儿童发展规划乡长、主席培训班”讲课：男女平等的基本国策及社会性别。

2003年

《社会性别民族社区发展研究文集》（主编之一），贵州人民出版社，2003.10.

《阴阳相谐的摩梭母系制》（评论），载《寻根》，2003.3.

2005年

《社会性别与自然资源民族文化》（主编），云南教育出版社，2005.12.

收进该论文集的有：《云南少数民族婚姻家庭伦理道德及其特点》、